DAS SOCKEN-PROJEKT

Für Dave, immer,

und für meine beiden allerbesten Küken,

Memphis und Sailor.

Abrams. The Art of Books
195 Broadway
New York, NY 10007
www.abramsbooks.com

Titel der Originalausgabe: The Sock Project

Zum ersten Mal in englischer Sprache 2024 veröffentlicht
von Abrams, einem Imprint von ABRAMS, New York

Dieses Werk wurde vermittelt durch die Literarische Agentur Thomas Schlück GmbH, 30161 Hannover.

Übersetzung: Katrin Marburger
Lektorat: Petra Puster, Niederpöcking
Produktmanagement: Mareike Upheber
Cover: Lena Sofie Schmitt
Satz: Petra Theilfarth
Druck und Bindung: BALTO print, Litauen

2. Auflage 2025

ISBN 978-3-7358-7131-2 • Best.-Nr. 27131

MIX
Papier | Fördert gute Waldnutzung
FSC® C107574

Penguin Random House Verlagsgruppe
FSC® N001967

DAS SOCKEN-PROJEKT

Bunte Socken zum Stricken und Zeigen

SUMMER LEE

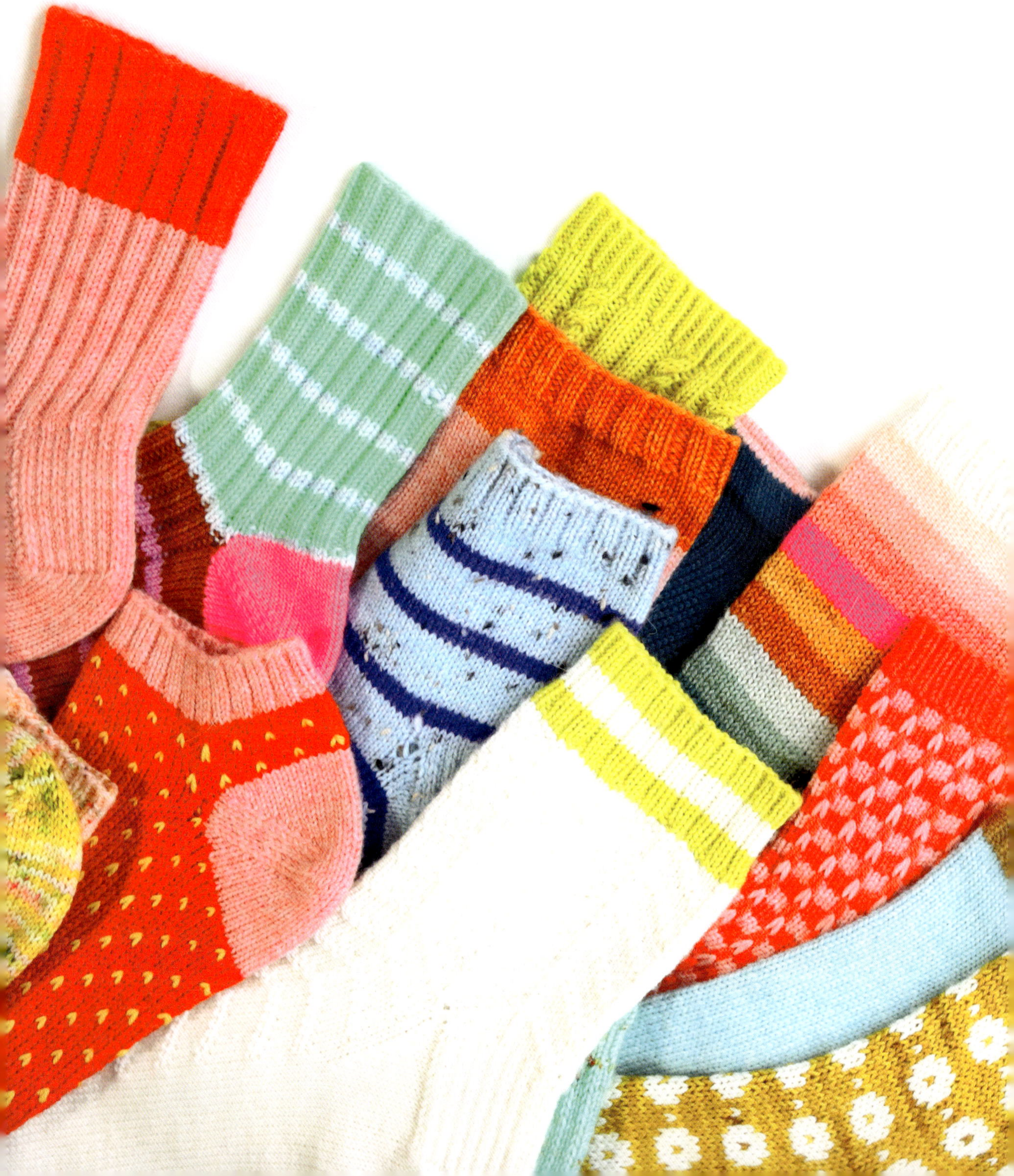

INHALT

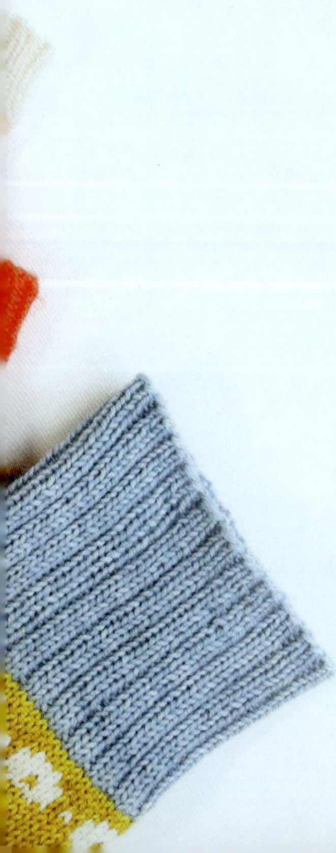

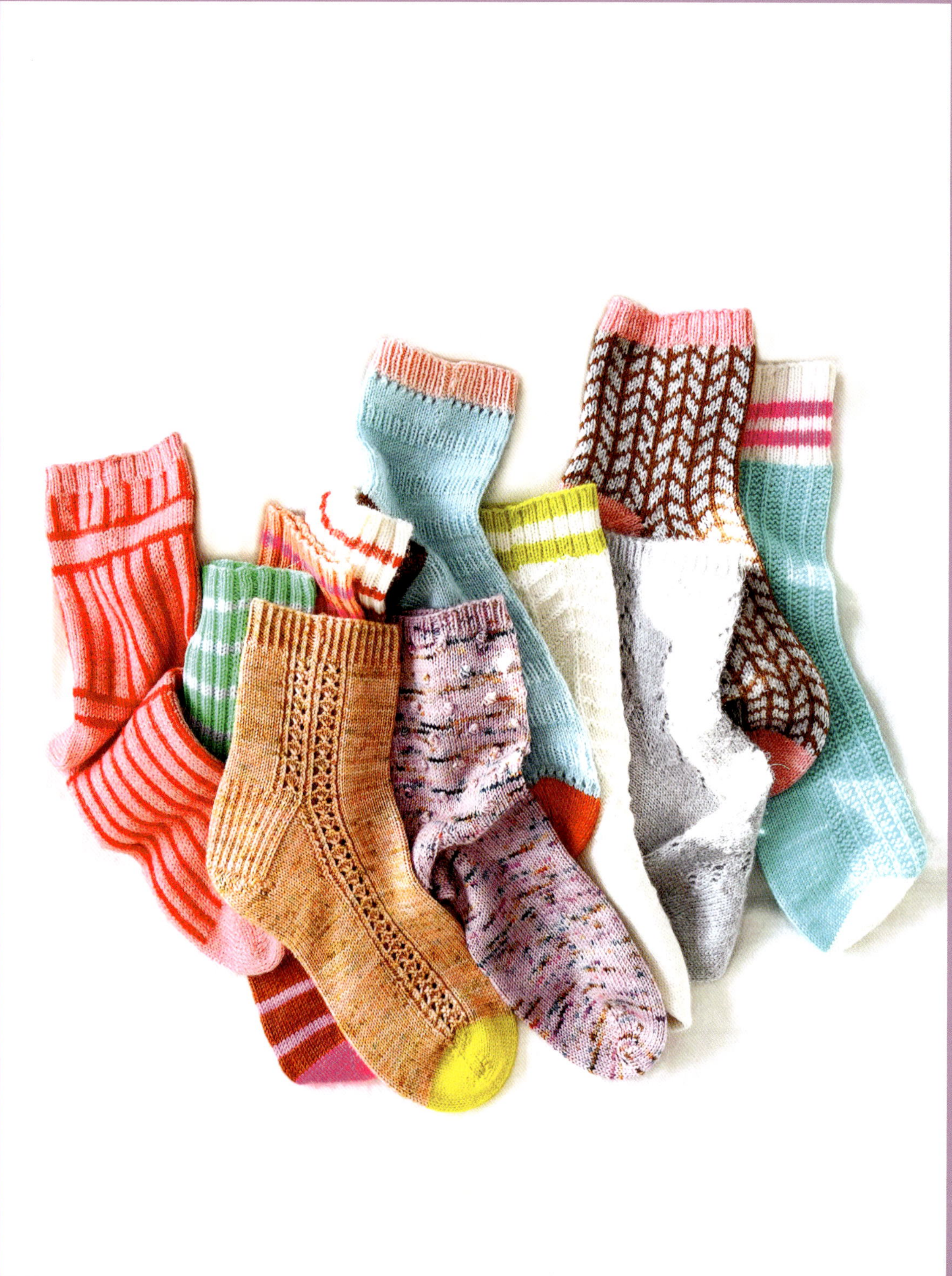

EINLEITUNG

Vielleicht hast du dieses Buch in der Hand, weil du lernen möchtest, wie man Socken strickt. Oder du hast schon Erfahrung und bist auf der Suche nach neuen Modellen für deine Sockenschublade. Auch möglich, dass du das Buch von einer lieben Freundin geschenkt bekommen hast, die dich Pullover stricken gesehen hat und dachte, Sockenstricken könnte dir auch Spaß machen.

Wie auch immer du zu diesem Buch gekommen bist, schön, dass du da bist (ja, auch du mit dem Pullover auf den Stricknadeln, die du nun dieses Buch durchblätterst und überlegst, ob du es mal mit Socken probierst).

Dieses Buch ist so aufgebaut, dass du das Sockenstricken von der Pike auf lernst, wir beginnen mit den Grundlagen – dem Aufbau einer Socke, der Herstellung ihrer einzelnen Partien sowie einfachen Ringeln und Farbverläufen. Dann folgen Stricktechniken für fantastische Socken, die allen die Schuhe ausziehen werden, die sie zu Gesicht bekommen. Strukturmuster, Lace, Zöpfe, Jacquard und mehr werden vorgestellt, dazu gibt es Tipps, Tricks und Tutorials. Jedes Kapitel baut auf dem zuvor Gelernten auf, sodass alle am Ende des Buches kampferprobte Sockenstrickprofis mit einer Schublade wollener Schätze sein werden.

Für alle, die wissen möchten, wie man Socken strickt, die ihren besonderen und außergewöhnlichen Füßen besser passen, gibt es ein extra Kapitel! Also schnapp dir dein Lieblingsgetränk sowie Stricknadeln und Garn, such dir ein gemütliches Eckchen, und los geht's. Klar sind auch Pullover und Schals super, und ab und zu eine Mütze oder ein Paar Handschuhe zu stricken, ist ganz schön. Aber Socken stricken? Das ist pure Magie. Mögen deine Füße immer in kuscheligen, eigenhändig angefertigten Socken stecken!

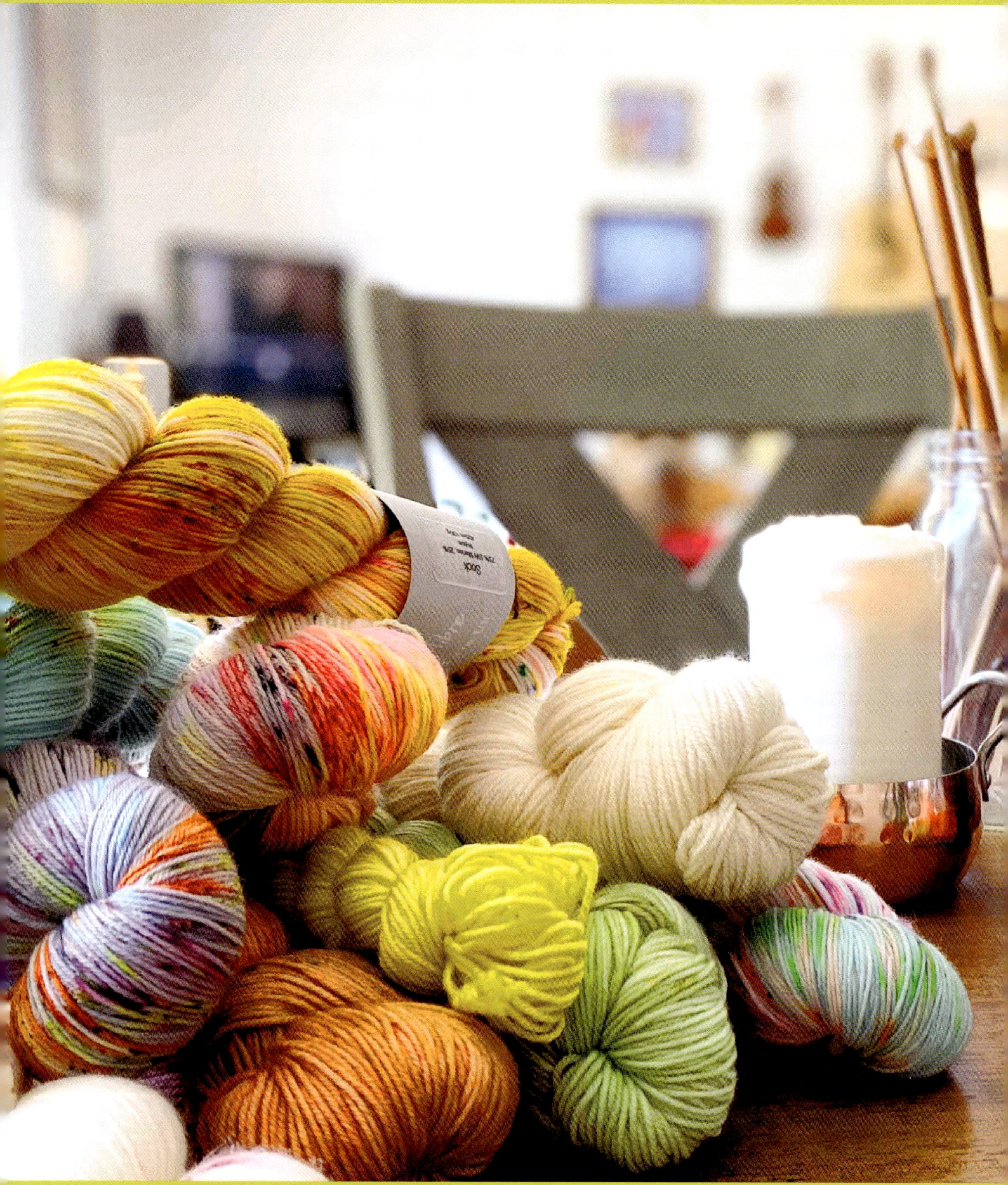

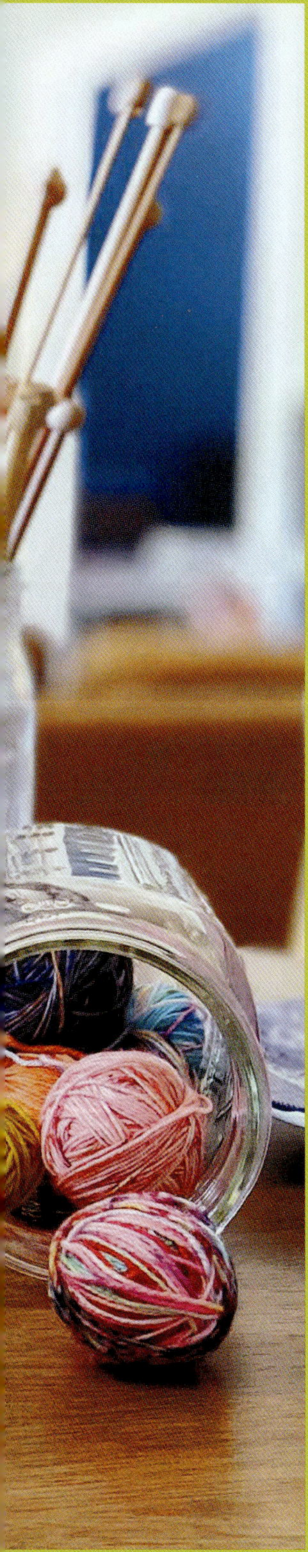

I

MATERIAL, GRÖSSEN & PASSFORM

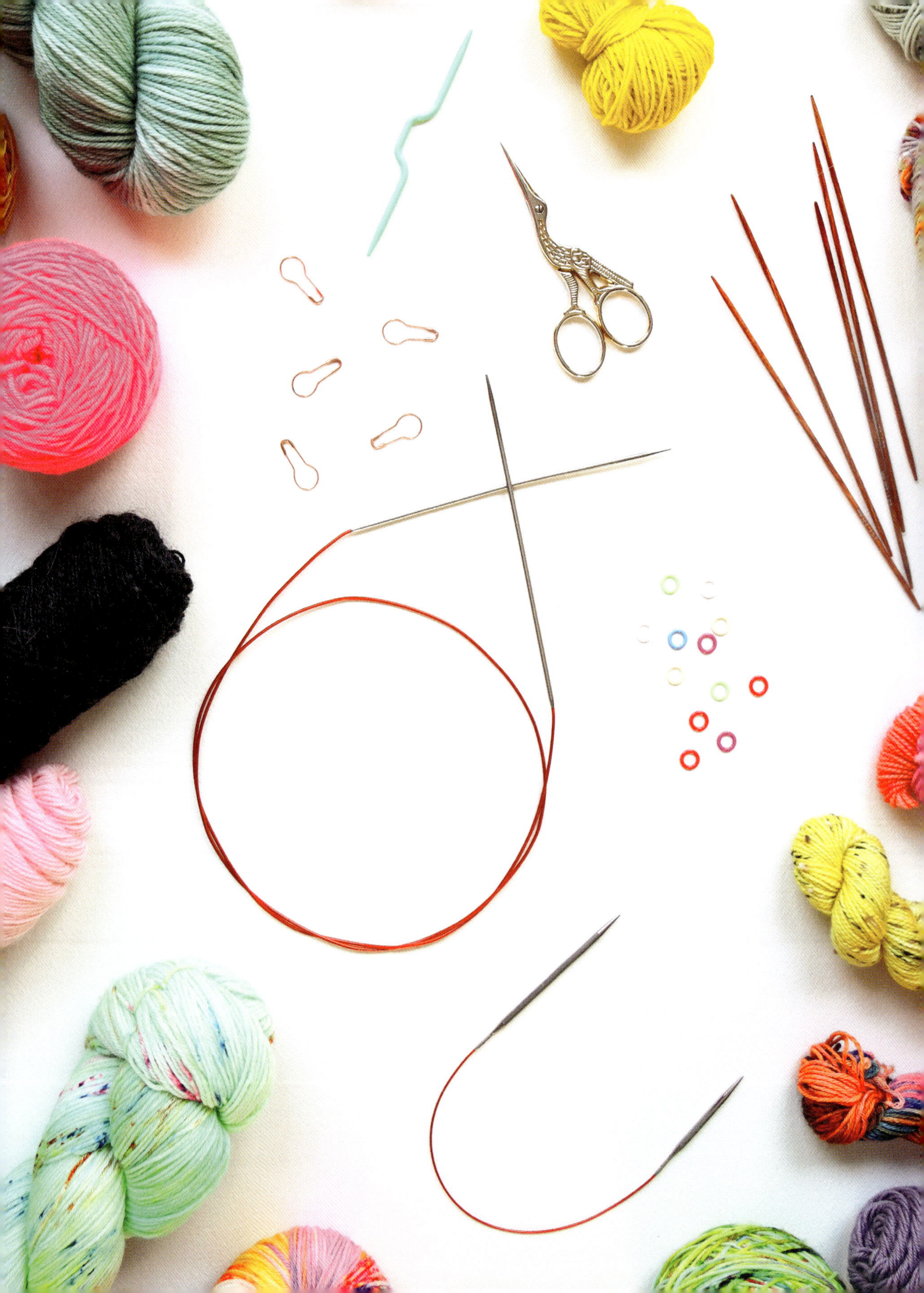

Kapitel 1

GARN, STRICKNADELN & ZUBEHÖR

Zum Sockenstricken benötigt man zum Glück nicht viel. Um anzufangen, brauchst du eigentlich nur Stricknadeln und Garn. Doch nicht jedes Garn eignet sich für Socken, und welche Art Nadel du benötigst, hängt davon ab, welche Methode des Sockenstrickens du bevorzugst. Ansonsten gibt es noch Zubehör, das man nicht unbedingt braucht, das einem den Weg zu einer gut gefüllten Sockenschublade aber etwas erleichtern kann.

Garn

Merino-Polyamid-Mischungen sind meine liebsten Sockengarne. Merinowolle ist besonders weich und durch die Beimischung von Polyamid werden Socken strapazierfähiger und haltbarer. Auf der Garnbanderole kannst du verschiedene Angaben lesen: 80/20, 90/10, 85/15 oder 75/25. Dies bezeichnet einfach den Anteil der Merinowolle (die größere Zahl) und den Polyamid-Anteil (die kleinere Zahl). Wenn du deine Socken tragen willst, während du in deinem gemütlichen Lieblingssessel eine britische Murder-Mystery-Serie auf Netflix guckst, ist ein 90/10-Verhältnis perfekt. Bist du jedoch selbst bei einer Spezialeinheit der Polizei und willst deine Socken auf Mörderjagd und zu Einsätzen bei Wind und Wetter tragen, bist du mit einem höheren Polyamid-Anteil wie 75/25 besser bedient.

Merino-Kaschmir-Polyamid-Mischungen haben ebenfalls die oben beschriebenen Eigenschaften, mit einem entscheidenden Unterschied: Diese edlen Sockengarne haben einen geringen Anteil an Kaschmir, jener unglaublich weichen, luxuriösen Faser, die ausgerechnet von einer Ziege stammt! Als meine Kinder noch klein waren, sind mir bei all unseren Besuchen in Streichelzoos immer nur kratzige Ziegen begegnet – daher erstaunt mich, dass eine der begehrtesten Fasern der Welt von so einem Tier stammt.

BFL-Garn besteht aus der Wolle von Bluefaced-Leister-Schafen. Diese robuste britische Schafrasse liefert strapazierfähige, langfaserige Wolle, die vor allem mit einer Polyamid-Beimischung sehr haltbare Socken ergibt. Sie ist nicht ganz so weich wie Merinowolle, doch alle, die Socken für ihre täglichen Abenteuer draußen in der Welt brauchen, erhalten aus BFL eine Socke, die etwas aushält und auch bei extremer Belastung nicht auseinanderfällt.

Reine Merinowolle eignet sich nur für die Risikofreudigen, Puristen und Unbekümmerten. Ohne Polyamid nutzt sich Merinowolle an Fersen und Spitzen der Socken schneller ab. Stundenlang hast du liebevoll Masche um Masche gestrickt, doch schon nach wenigen Monaten können an deinen Socken erschreckend viele Löcher erscheinen, die immer größer werden, je länger du sie ignorierst. Heißt das, aus reiner Merinowolle solltest du lieber keine Socken stricken? Natürlich nicht! Manchmal bin ich geradezu vernarrt in einen bestimmten Farbton, den es nur bei einer reinen Merinowolle gibt, und dass diese kein Polyamid enthält, hindert mich bestimmt nicht daran, sie zu kaufen. Entweder schone ich dann diese Socken und trage sie nur auf dem Sofa, oder ich stricke Bündchen, Fersen und Spitzen aus einem Garn mit Polyamid.

Andere Fasern: Was ist mit weniger gebräuchlichen Fasern wie Yak, Seide, Bambus, Baumwolle oder Polyacryl? Diese findet man in Sockengarnen seltener, und das aus gutem Grund. Sie sind einfach nicht so strapazierfähig wie Wolle. Wenn du ein Yak siehst, könntest du denken, dass dieses majestätische Nutztier aus dem Himalaja nichts als grobe, robuste Wolle liefert. Von wegen – Yak-Wolle ist wunderbar weich, aber empfindlich, sodass sie sich wie Seide und Bambus am besten für Schals oder Mützen eignet.

Polyacryl ist zwar strapazierfähig, aber nicht atmungsaktiv. Es transportiert Feuchtigkeit nicht von der Haut weg, und, nun ja, du kannst dir vorstellen, in welchem Zustand deine Socken nach einem langen Tag sind.

Wer allergisch gegen Wolle ist, wählt am besten eine Mischung aus Bambus, Baumwolle, Seide und Polyamid. Diese Zusammensetzung ist nicht ganz so haltbar wie Wolle, doch du kannst daraus trotzdem wunderbare Socken stricken, die du gern trägst und gut verträgst.

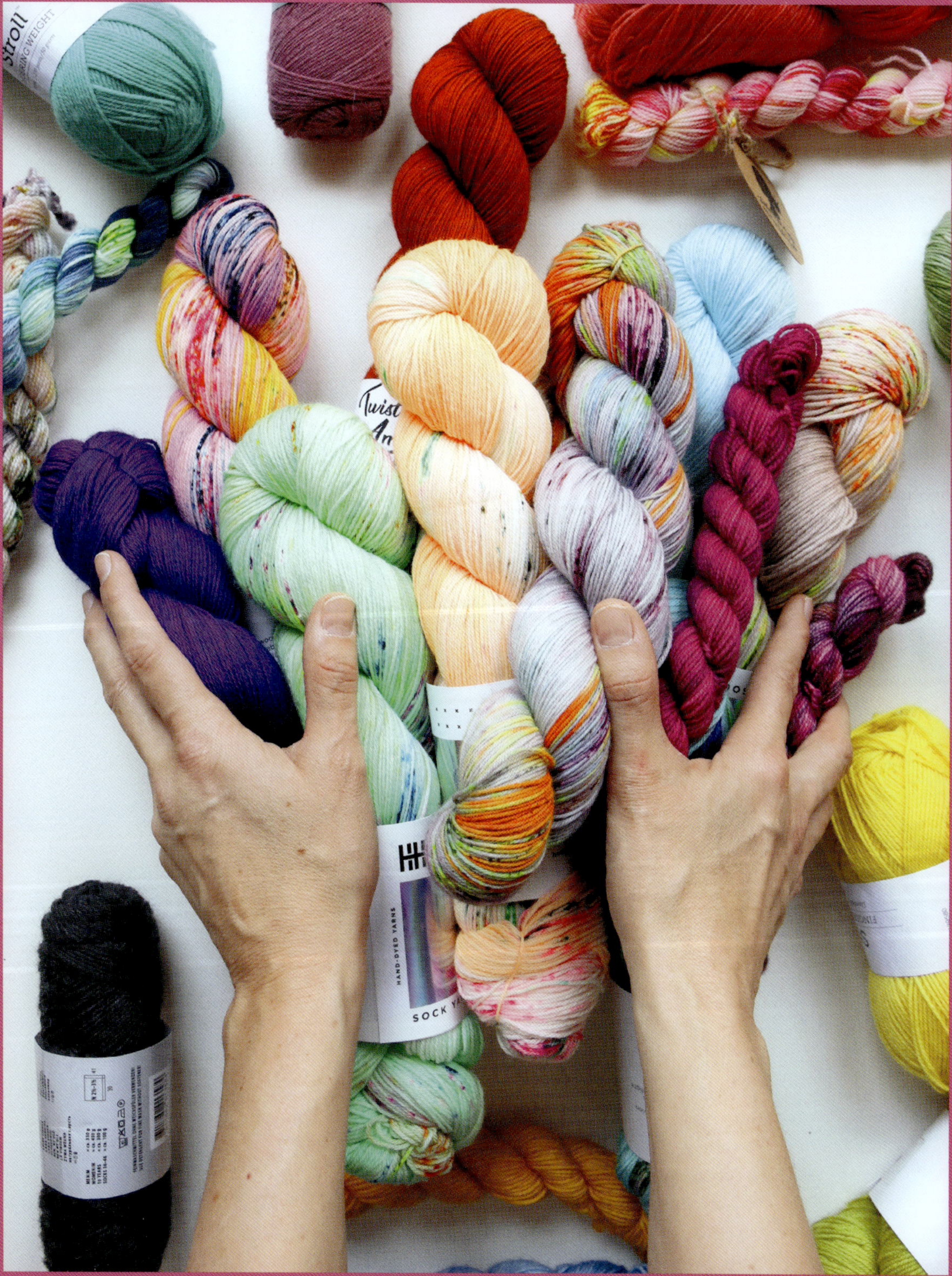

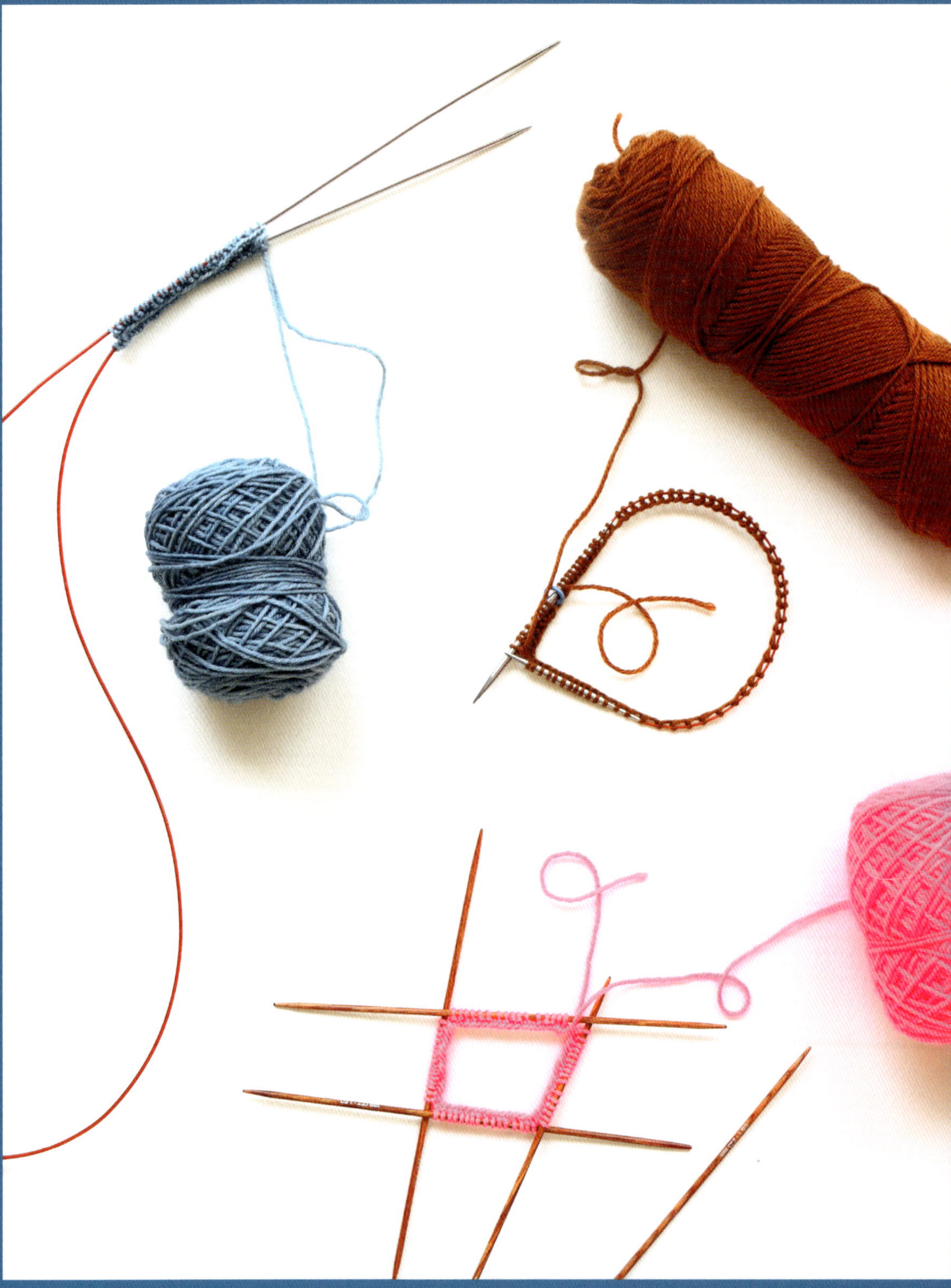

Stricknadeln

Ich besitze verschiedene Stricknadeln, sodass ich immer die richtigen parat habe, wenn ich gerade eine ganz bestimmte Socke stricken will. Zum Sockenstricken gibt es im Wesentlichen drei Methoden: mit dem Magic Loop (mein persönlicher Favorit), auf einem Nadelspiel oder auf ganz kurzen Rundstrick-Nadeln. Socken aus dünnerem Sockengarn werden meist auf Nadeln der Stärke 2,25 mm, 2,5 mm oder 2,75 mm gestrickt, dickere Socken auf 3,25 mm oder 3,5 mm. Stricknadeln bestehen meist aus Holz oder Edelstahl. Viele lieben Holzstricknadeln aufgrund der Wärme, die sie ausstrahlen. Andere bevorzugen die unverwüstlichen Metallnadeln, auf denen das Garn oft besser rutscht.

Rundstrick-Nadeln: Wenn du mit dem Magic Loop (Zauberschlinge) arbeitest, brauchst du eine mindestens 80 cm lange Rundstricknadel. Ich persönlich könnte für meine geliebte ChiaoGoo-Nadel sterben (Stärke 2,25 mm, 100 cm lang). Nahezu alle meiner Socken sind auf diesem Edelstahlwunder entstanden. Wenn es bei mir zu Hause jemals brennt, brauche ich sie nicht einmal zu retten, weil ich weiß, dass sie das Feuer übersteht.

Das Nadelspiel eignet sich am besten, wenn du gern traditionell strickst wie unsere Großmütter (und glaub mir, ich ticke im Grunde analog und liebe alles, auf dem „traditionell" draufsteht). Meist werden Sets aus fünf Nadeln angeboten, sodass du die Maschen auf drei Nadeln legen und mit der vierten stricken oder die Maschen auf vier Nadeln legen und mit der fünften stricken kannst (oder mit dreieinhalb, weil eine Nadel durchgebrochen ist, nachdem du dich draufgesetzt hast, und die andere in der Ritze zwischen deinen Autositzen verschwunden ist).

Extra kurze Rundstrick-Nadeln, die meist nur 23-30 cm lang sind, eignen sich ebenfalls. Damit kannst du einfach rundstricken wie bei einer Mütze oder einem Pullover – doch diese winzigen Dinger sind nichts für zarte, schwache Hände. Man bekommt leicht einen Krampf und Schmerzen an den Fingerknöcheln. Viele stricken jedoch problemlos stundenlang damit, also probiere es aus, wenn es dich reizt. Mal ganz abgesehen von den Wehwehchen sind extra kurze Rundstrick-Nadeln superpraktisch für Jacquard-Socken (mehr dazu in Kapitel 11). Ich mag die Shorties von ChiaoGoo, da deren eine Spitze etwas länger ist als die andere – das hilft mir gegen die erwähnten Handkrämpfe.

Wenn du erst mit dem Sockenstricken beginnst und die drei genannten Methoden gern einmal live sehen würdest, suche im Internet. Es gibt unzählige tolle Video-Tutorials großzügiger Strickbegeisterter, die dir alle Einzelheiten der Techniken auf verschiedenen Nadel zeigen.

Zubehör

Strickfans auf der ganzen Welt erzählen nur zu gern, wie viel Spaß ihnen ihre Projekte machen, mit denen sie Stunden zubringen. Insgeheim müssen wir uns jedoch eingestehen, dass Manches auch ermüdend sein kann – endlose Rippen, komplizierte Zöpfe und das berühmt-berüchtigte Perlmuster, um nur Einiges zu nennen.

Nach ein, zwei Stunden eines alles andere als entspannenden Musters beginnen unsere Hände, nach dem Handy oder Laptop zu zucken. Vielleicht ein bisschen shoppen, als Belohnung für all die geisttötenden Maschen? Aber es wäre ganz schön teuer, wenn du jedes Mal Garn kaufen würdest, sobald du eine Pause machst.

Zubehör wie Maschenmarkierer, Wollnadeln, Projekttaschen und Stickscheren sind weit weniger kostspielig und zufälligerweise sehr praktisch fürs Sockenstricken.

Maschenmarkierer: So etwas Simples wie der zu einem Ring geknotete Garnrest kann als Markierer dienen. Wenn du jedoch gern etwas Stabileres hättest, empfehle ich das Set kleiner Maschenmarkierer von Cocoknits. Sie haben die perfekte Größe für Sockennadeln und verschiedene bunte Farben, sodass man den Rundenbeginn leicht von den Zu- und Abnahmestellen unterscheiden kann. Oft verwende ich auch einfache runde Sicherheitsnadeln, die ich leicht anbringen und abnehmen kann.

Kleine Stickschere: Zum Schneiden verwende ich am liebsten eine kleine Stickschere. Ich habe zwei davon in meinem Strickkorb, denn ich habe zwei Kinder, die alles mopsen, was nicht niet- und nagelfest ist. Wenn ich online lese, dass irgendwo ein Gemälde von unschätzbarem Wert gestohlen wurde, frage ich mich, ob sie vielleicht ohne mein Wissen nach Luxemburg oder wohin auch immer geflogen sind und den Raub des Jahres verübt haben.

Kleine Häkelnadel: Sie ist praktisch zum Aufheben gefallener Maschen (ich verwende die Stärke 2,75 mm).

Zopfnadel: Ein Zahnstocher, eine extra Nadelspielnadel (2,25 mm) oder eine Zopfnadel sind super für Socken mit Zopfmuster.

Eine Projekttasche ist praktisch zum Aufbewahren von halb fertigen Socken, Maschenmarkierern, Süßigkeiten, Schere, Maßband (das total süße, das nicht so gut geht, und das hässliche Werbegeschenk der Versicherung, das perfekt funktioniert), Tabletten gegen Sodbrennen, Nikotinkaugummis (gut, um mit dem Rauchen aufzuhören!), Kleingeld usw.

Denke daran, dass nichts von diesem Zubehör wirklich notwendig ist. Ein Knäuel Garn und Stricknadeln sind alles, was du brauchst, um ein Paar schöner Socken zu stricken, die du lieben und tragen und wertschätzen wirst bis ans Ende deiner Tage. Ich liste das alles nur auf, weil manche Leute (ich auch) sich gern mit Haut und Haar in ein neues Hobby stürzen, und das Zusammenstellen dieser Hilfsmittel einfach sooo viel Spaß macht!

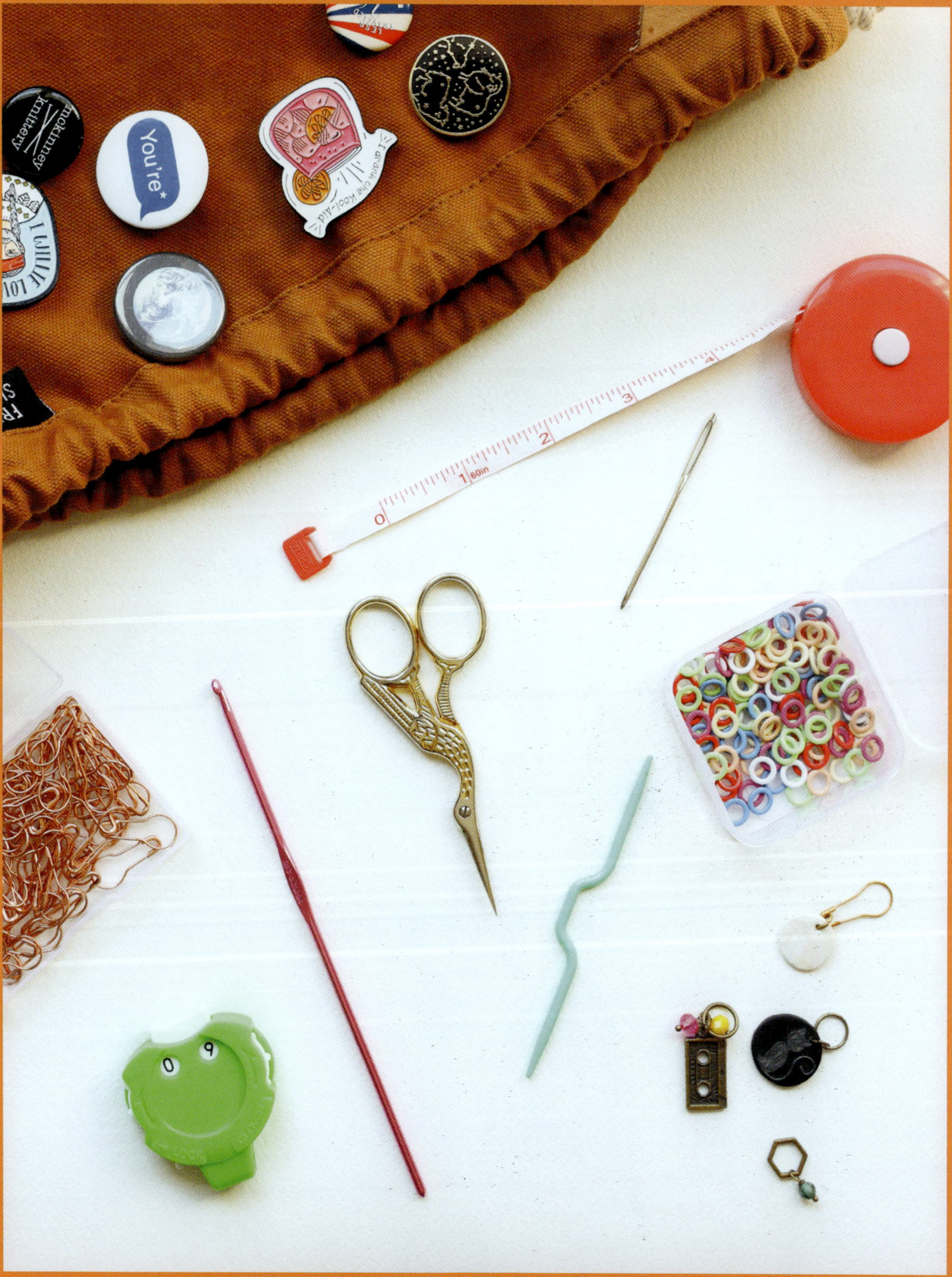
You're*

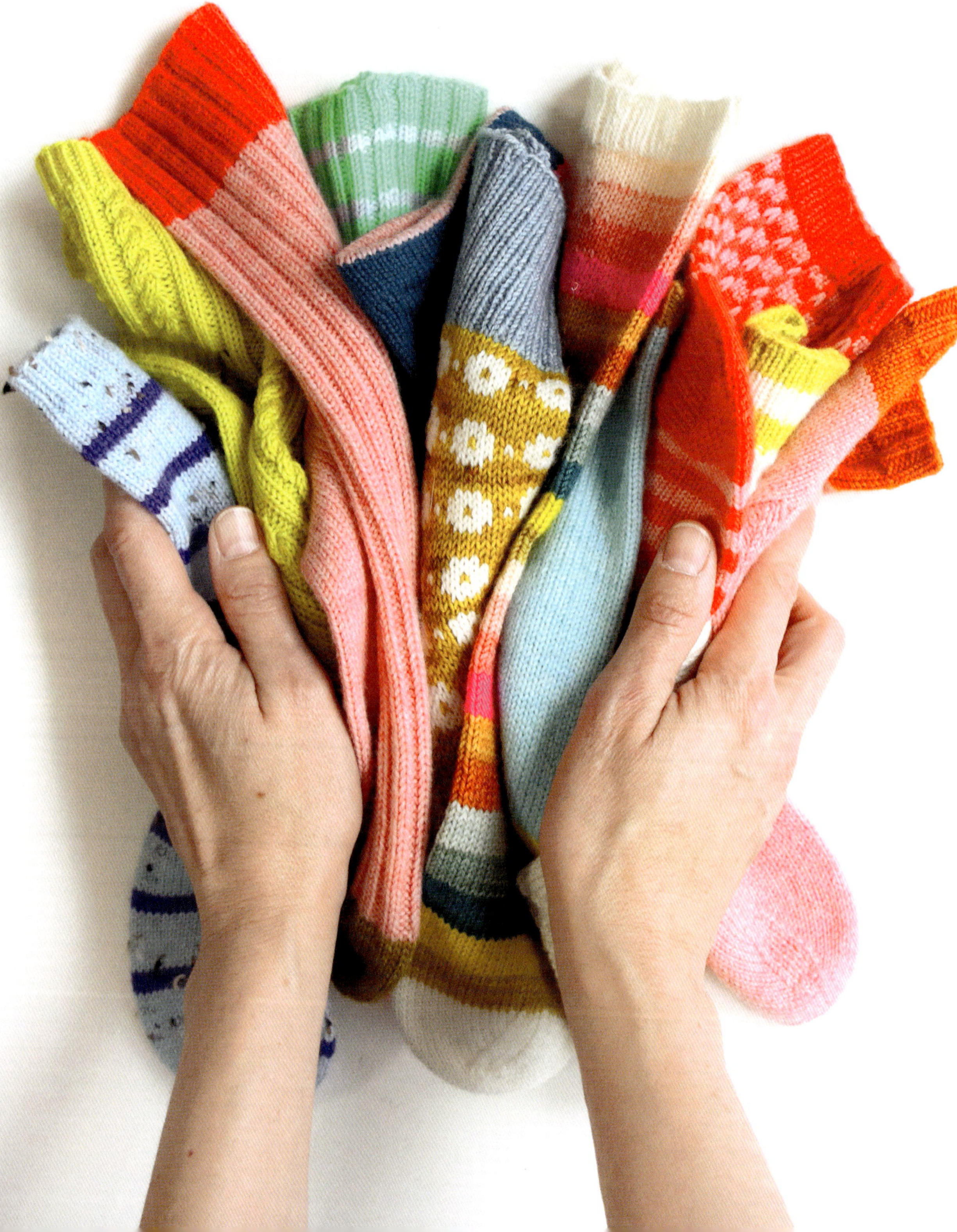

Kapitel 2
GRÖSSEN & PASSFORM

Meine erste selbst gestrickte Socke konnte man nicht anziehen. Der Fuß war zu kurz, sodass die Ferse mitten unter der Fußsohle hing. Die Socke war eine armselige, hässliche Beleidigung der Strickkunst, und ich versenkte sie rasch in der Mülltonne. Ich brachte es nicht einmal fertig, das Garn zu retten – ich wollte sie einfach nicht mehr sehen. So viele Abende hatte ich an dieses wollige Scheusal verschwendet, das nun unter Bananenschalen und Kaffeesatz vergraben liegt.

Doch als ich (viele Wochen später) meine Nadel und ein neues Knäuel Sockenwolle nahm und ganz langsam und vorsichtig begann, eine weitere Socke zu stricken, geschah etwas Seltsames. Da mein erster Versuch nicht nur zu kurz am Fuß, sondern auch zu eng am Bein gewesen war, schlug ich mehr Maschen an. Ich googelte auch: „Warum ist meine doofe Socke oben am Fuß zu eng?", und lernte, dass ich vermutlich einen hohen Spann habe und daher eine längere Fersenwand stricken muss.

Und ich stieß auf eine wundervolle Seite des Craft Yarn Council, auf der genau aufgelistet war, welche Fußlänge zu welcher Schuhgröße passt. Ich überwand auch meine Angst, die Socke anzuprobieren, während sie noch auf den Nadeln war, und fand es genial, dass ich so den Fuß exakt bis zur Spitze meines kleinen Zehs stricken konnte.

Das war Stricken in Reinkultur! Aus Versuchen lernen, neuen Mut fassen und es noch einmal probieren. Es brauchte noch einige Basic-Socken, bis ich die Konstruktion wirklich kapierte und begriff, wie ich Socken am besten an meinen individuellen Fuß anpasste.

Was bedeutet all das für dich? Also, es kann passieren, dass du ebenfalls ein paar hässliche, zu kleine Socken fabrizierst, die in der Mülltonne landen (obwohl ich dir rate, diese ersten Fehlversuche aufzuheben – ich gäbe alles dafür, wenn ich meine erste Socke in einem Bilderrahmen präsentieren könnte). Aber worauf du achten musst, findest du nur heraus, indem du eine Basic-Socke strickst.

Die meisten Sockenanleitungen sind für vier bis sechs Größen geschrieben. Die Angaben für die verschiedenen Größen sind durch Schrägstriche getrennt. Steht nur eine Angabe, gilt diese für alle Größen. Die Größen im Buch basieren auf dem Umfang des Vorfußes. Der erste Auftrag an dich lautet deshalb: lege ein Maßband um deinen Fuß, knapp hinter den Zehen, um deinen Fußumfang zu messen.

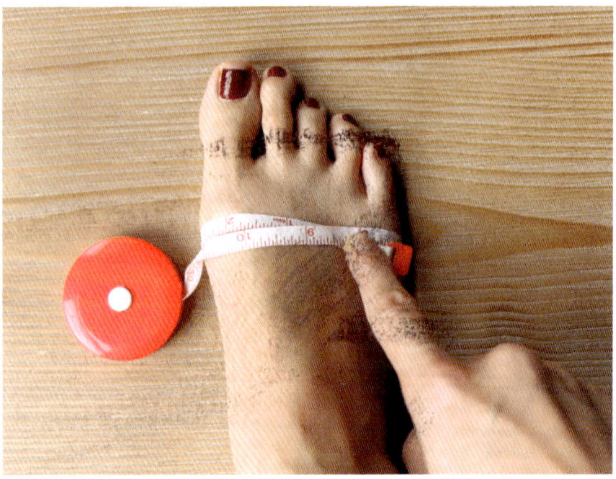

Mithilfe dieses Maßes und der folgenden Tabelle kannst du deine Größe ermitteln.

S:	18 cm	L:	23 cm
M:	20 cm	XL:	25 cm

Es kann sein, dass du irgendwo zwischen diesen Zahlen landest. Im Laufe der Jahre habe ich viele E-Mails dieser Art erhalten: „Mein Fußumfang ist 19 cm, was mache ich denn JETZT?"

Hier kommt ein wichtiger Aspekt ins Spiel: Ausprobieren. Du kannst erst wirklich wissen, welches deine perfekte Größe ist, wenn du eine Socke strickst und die Passform untersuchst. Wie fest oder locker du strickst, spielt dabei auch eine entscheidende Rolle. Da ich ein chronisch ängstlicher Mensch bin, stricke ich FEST – meine Maschen sind so winzig, dass man sie quasi nur mit dem Mikroskop erkennen kann. Aber vielleicht bist du der geborene Optimist. Deine Maschen sind so locker wie du selbst und so groß wie dein fröhliches Herz. Da hilft nur, eine Maschenprobe stricken und sehen, was passiert. Ich stricke dazu gern das Bündchen plus etwa 3 cm des Schafts. Die Maschen lege ich auf einen Hilfsfaden, spanne meine kleine Maschenprobe, und dann zaubere ich wieder mein Maßband hervor und zähle, wie viele Maschen ich in einer Reihe habe.

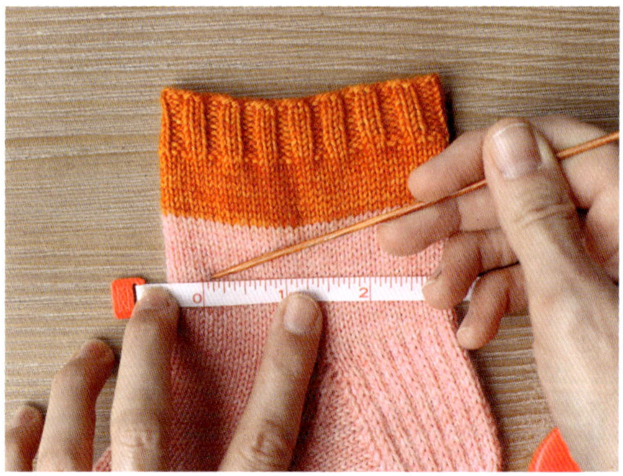

Wenn du irgendwo zwischen neun und zehn Maschen pro Reihe landest, Glückwunsch! Du bist wie ich aus lauter Ängsten zusammengesetzt und strickst fest; wenn dein Fußumfang also zwischen zwei Größen liegt, wähle die größere.

Liegst du zwischen sieben und acht Maschen, bist du locker und entspannt und bereit, beim Stricken Bob Seger zu hören und Wein aus der Bag-in-Box zu trinken. Wähle die kleinere Größe, wenn du zwischen zwei Größen liegst.

Vielleicht fragst du dich, warum der Fußumfang so wichtig dafür sein kann, ob eine Socke am Bein gut passt. Ehrlich gesagt funktioniert das auch nicht immer. Manche Menschen haben schmale Füße und dicke Waden. Andere haben breite Füße und dünne Beine. Wir sind alle verschieden gebaut und entsprechen nicht immer den Standardmaßen.

Meiner Ansicht nach ist der Fußumfang jedoch ein guter Ausgangspunkt: Wenn du erst eine Socke gestrickt hast und anprobierst, siehst du eindeutig, was geht und was nicht. Sitzt sie an der Wade zu locker, passt jedoch am Fuß? Ist sie überall zu eng oder nur am Bein? Passt sie an der Wade wie angegossen, ist jedoch am Fuß zu weit (ich nenne dies das Footloose-Problem)?

All diese Probleme lassen sich durch Anpassen der Maschenzahl lösen. Hast du etwa Größe M gestrickt und die Socke passt am Fuß, ist jedoch am Bein zu eng, dann strickst du bei der nächsten Socke den Fuß in Größe M, den Schaft jedoch in Größe L. Bei einer Standardsocke mit Herzchenferse und Spickel (siehe Anleitung im folgenden Kapitel) würdest du einfach beim Spickel so viele Maschen abnehmen, bis die Maschenzahl der Größe M erreicht ist.

Dieses Buch bietet dir verschiedene „Rezepte“ für schöne Basic-Socken, dazu Anleitungen, in denen verschiedene Techniken angewendet werden, sodass du dein Repertoire erweitern und deine Sockenschublade füllen kannst.

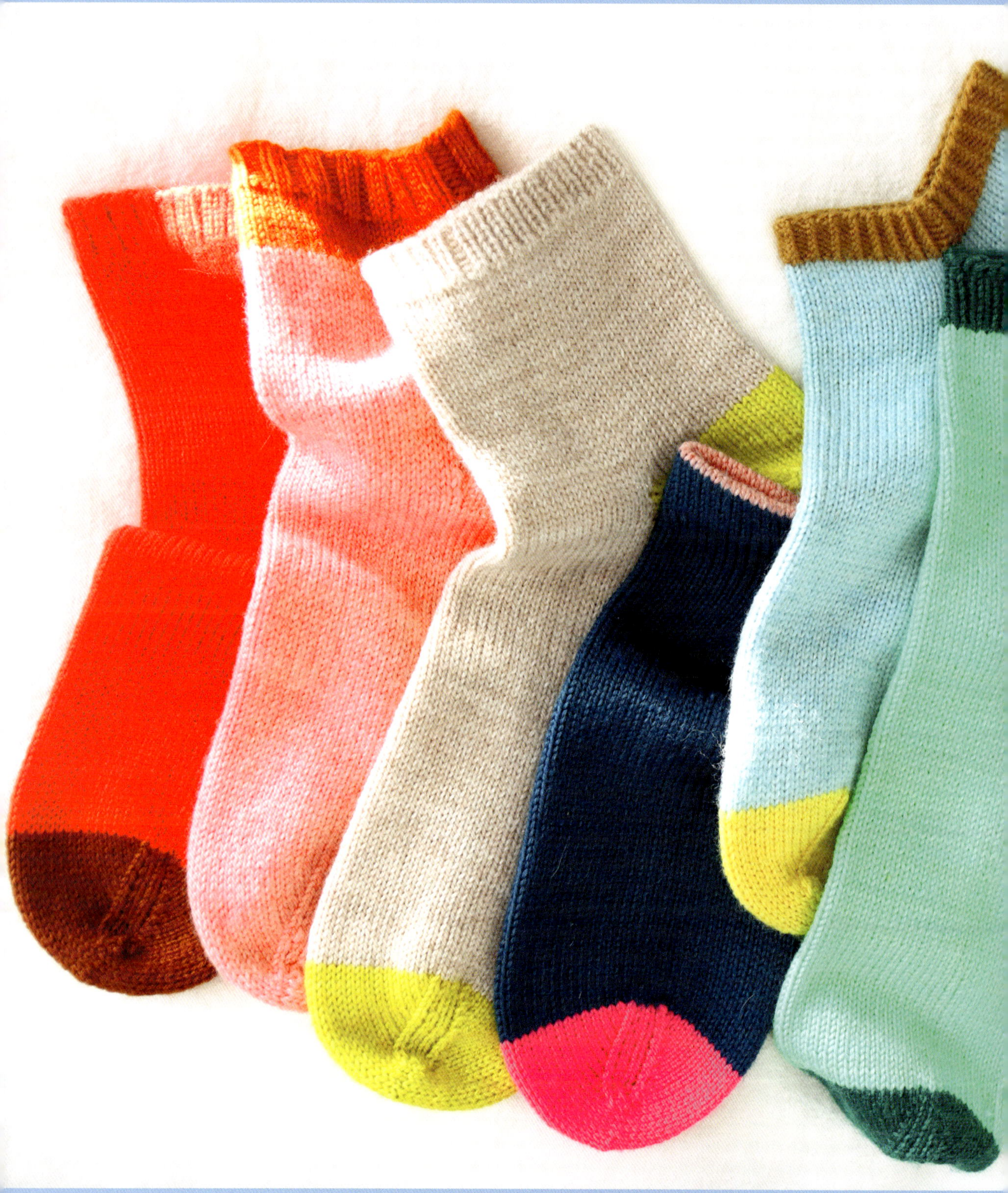

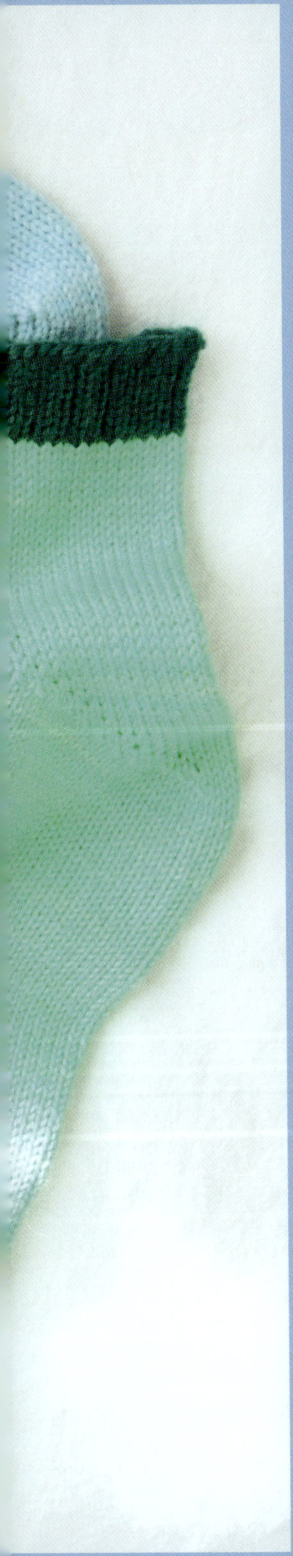

II

BASICS

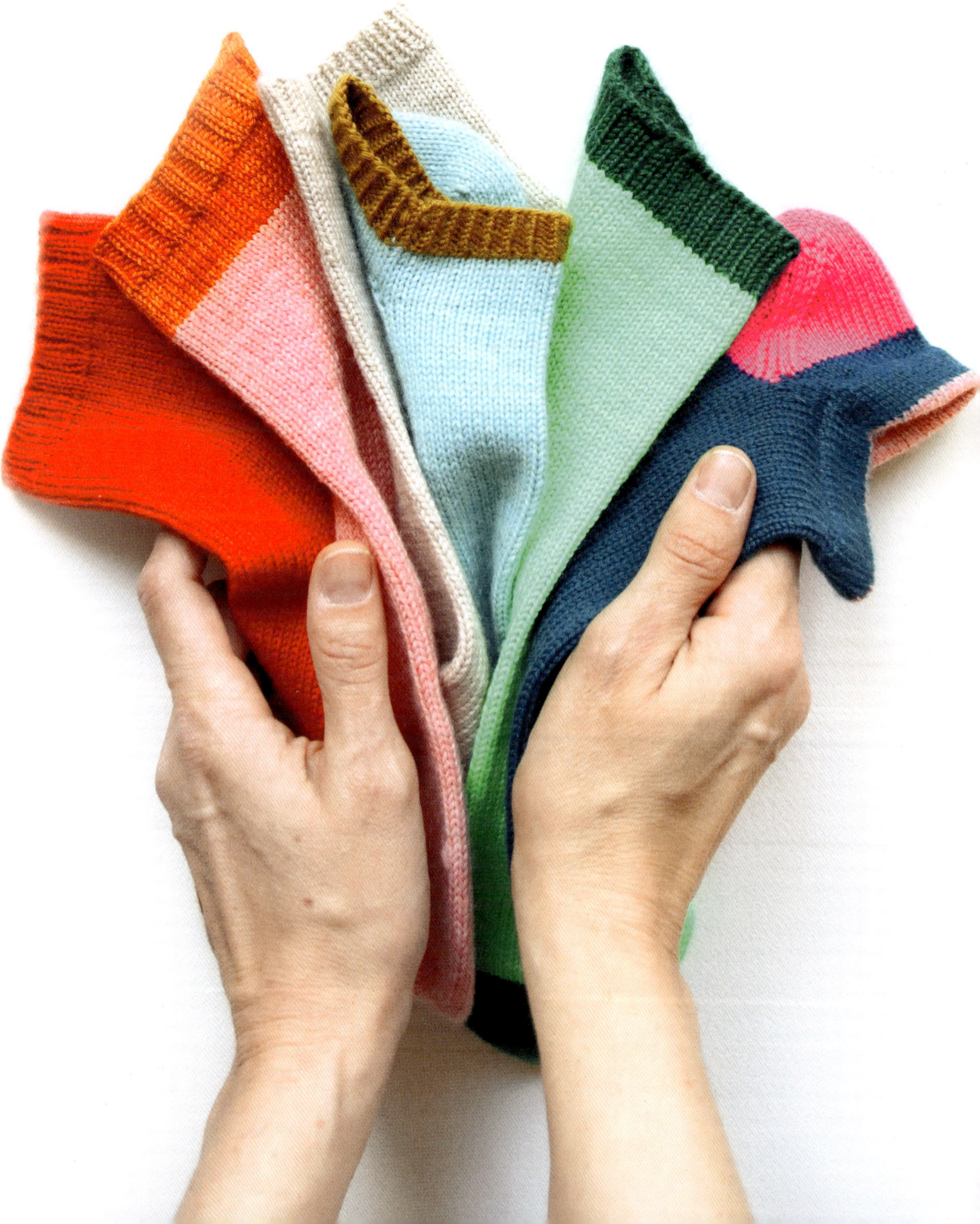

Kapitel 3

BASIC-SOCKEN

So gern ich auch an Lace- und Zopfmustern herumfrickele und an Jacquard-Strickschriften tüftele – das Stricken einer schlichten Basic-Socke hat etwas wunderbar Geradliniges. Kein Schnickschnack, kein Firlefanz, nur meterweise glatt rechte Maschen, jede einzelne dazu geeignet, eine besondere Garnfarbe hervorzuheben.

Die erste Basic-Socke, die ich stricken lernte, war eine Standardsocke von oben, mit Herzchenferse, Spickel und 2/2-Rippenbund (ja, das war die Socke, die im Müll landete). Ich dachte, dies sei die einzige Art, Socken zu stricken, und strickte ein Dutzend, bis ich erfuhr, dass es auch verschiedene Fersen und Bündchen gibt und man sie sogar von der Spitze nach oben stricken kann!

In diesem Kapitel findest du Anleitungen für fünf Basic-Modelle – so kannst du alles ausprobieren und die Version finden, die gut passt und dir Spaß macht. Wenn Sockenstricken Neuland für dich ist, betrachte dies als Beginn deiner Reise in diese Wunderwelt. Ich zeige dir unterschiedliche Bündchen und Fersenarten, die du beliebig kombinieren kannst (mein Favorit? Ein 2/1-Rippenbündchen mit Herzchenferse und Spickel).

Wenn du schon Erfahrung hast, ist dies die Gelegenheit, etwas Neues zu lernen! Wenn man bedenkt, dass ich beim Italiener seit 22 Jahren immer dasselbe bestelle (Fettucine Alfredo – ich bin einfach gestrickt, okay?), ist es ein Witz, dass ausgerechnet ich dir rate, Neues zu wagen. Doch ich habe gelernt, dass man beim Sockenstricken fast immer für diesen Mut belohnt wird!

Wir alle haben beim Stricken unsere Vorlieben, doch letztlich wünsche ich mir, dass du die Methoden findest, mit denen das Sockenstricken für DICH zum puren Genuss wird!

Basic-Socke Nr. 1: Herzchenferse mit Spickel

Ich liebe diese Fersenart so sehr, dass ich dir zwei Varianten dieser süßen kleinen Socke zeige. Version A (rote Socke) ist meine absolute Lieblingssocke unter den Basics: Herzchenferse (eine Variante der Käppchenferse), Spickel und 2/1-Rippenbündchen. Die zweite Version (rosa Socke) hat ebenfalls Herzchenferse und Spickel, aber ein farblich abgesetztes 2/2-Rippenbündchen.

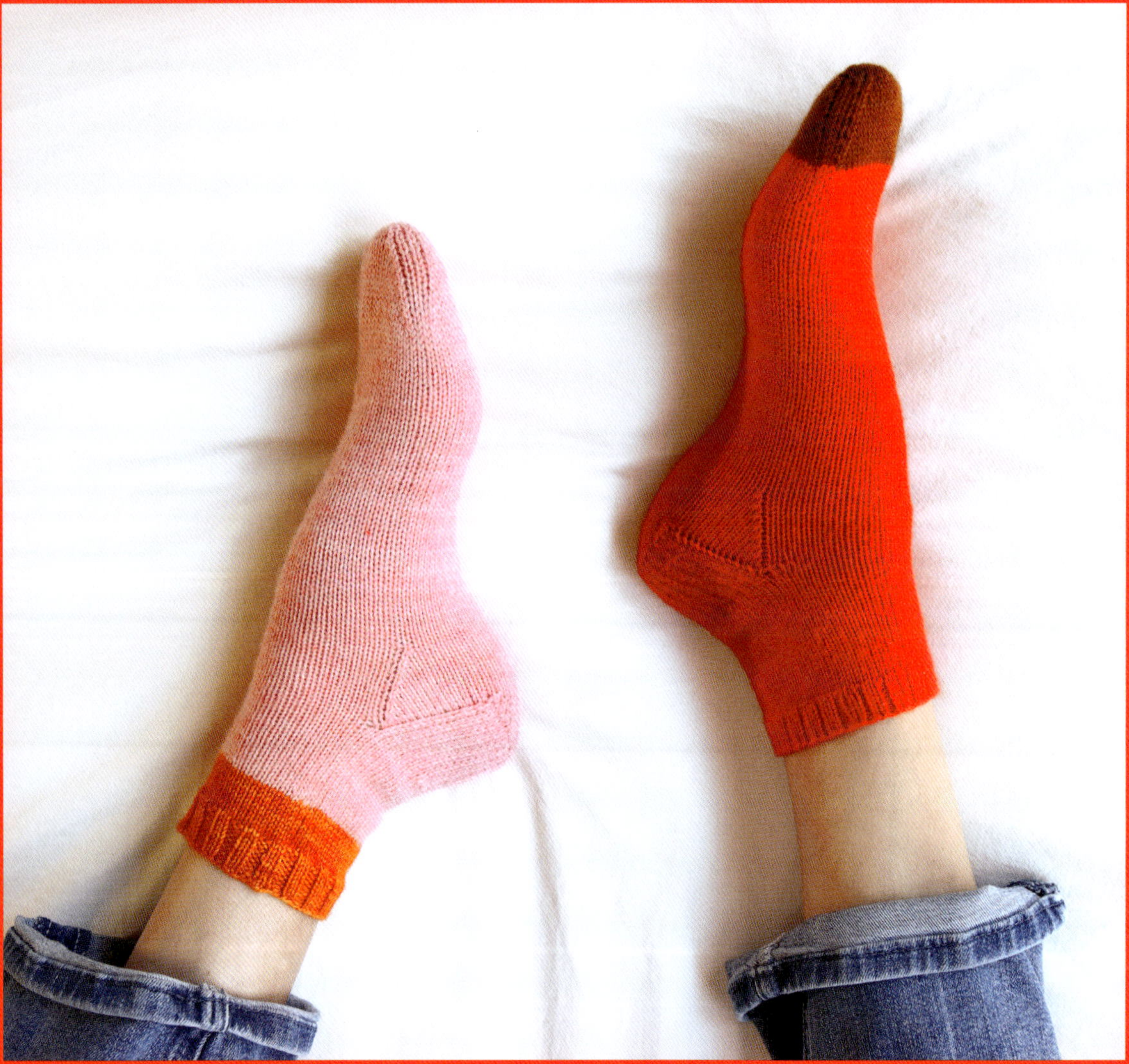

MATERIAL

Garn (Option A): Knit Picks Stroll (75% Superwash Merino, 25% Polyamid; LL 211 m/50 g): 91/112/136/161/177/205 m in Buoy (HF)

Filcolana Arwetta (80% Superwash Merino, 20% Polyamid; LL 210 m/50 g): 9/11/13/15/16/18 m in Red Squirrel (KF)

Garn (Option B): Knit Picks Stroll (75% Superwash Merino, 25% Polyamid; LL 211 m/50 g): 83/107/124/154/182/215 m in Dogwood Heather (HF)

Das Garn in Orange für das Bündchen (KF) ist ein Rest aus den Tiefen meines Wollvorrats und hat kein Etikett. Wer weiß, was das ist oder wo es herkam! Sehr ähnlich ist Lang Yarns Jawoll (75% Superwash Merino, 25% Polyamid; LL 210 m/50 g), in Yam: 11/15/18/22/26/29 m

Tipp: Jedes 4-fädige Sockengarn ähnlicher LL ist geeignet!

Stricknadeln: 2,25 mm

Sonstiges: Wollnadel, Maschenmarkierer, Schere, Maßband

Maschenprobe: 38 M = 10 cm glatt rechts in Rd und gespannt

Größen

Kleinkind/Kind/S/M/L/XL

Maße

Die Zahlen unten beziehen sich auf den Umfang am Fußballen; es sind nicht die Maße der fertigen Socke.
8-10/13-15/18/20/23/25 cm

ANLEITUNG

Bündchen Option A: 2/1-Rippenmuster

Achtung: Für die meisten Socken wird eine gerade M-Zahl angeschlagen, doch für ein 2/1-Rippenbündchen muss die M-Zahl durch 3 teilbar sein.

In der HF **39/48/57/63/72/81 M** anschl und zur Rd schließen, darauf achten, dass die M sich nicht verdrehen. Beginne im 2/1-Rippenmuster: Fortl [2 M rechts, 1 M links].

2 cm oder bis zur gewünschten Länge im Rippenmuster str. In der letzten Rd des Bündchens müssen wir unsere M auf eine gerade Zahl bringen! In der Kinder- und L-Größe ist sie ohnehin gerade und du kannst direkt am Schaft weiterarb. Ansonsten je nach Größe folg Zu- oder Abnahme arb:

Kleinkind: Rippen bis 3 M vor Ende, kfb, 1 M rechts, 1 M links. **40 M.**

S: Rippen bis 3 M vor Ende, 3 M rechts zusammen, 1 M links. **56 M.**

M: Rippen bis 3 M vor Ende, kfb, 1 M rechts, 1 M links. **64 M.**

XL: Rippen bis 3 M vor Ende, 3 M rechts zusammen, 1 M links. **80 M.**

Bündchen Option B: Farbiges 2/2-Rippenbündchen

In der HF **40/48/56/64/72/80 M** anschl und zur Rd schließen, darauf achten, dass die M sich nicht verdrehen. Beginne im 2/2-Rippenmuster: Fortl [2 M rechts, 2 M links].

2 cm oder bis zur gewünschten Länge im Rippenmuster str.

Schaft

Das Bündchen ist fertig – jetzt ist es Zeit, den Autopiloten einzuschalten, denn es geht ganz ruhig glatt rechts weiter! Einfach alle M rechts str, Rd um Rd, bis der Schaft der Socke (mit Bündchen) die gewünschte Länge hat. Bei Option B noch 9 Rd in der KF str, dann das Garn abschneiden. Den Rest der Socke in der HF str.

Nicht sicher, wie lang der Schaft werden soll? Ich str bei Option A und B eher kurz (8 cm). Wenn du deine Socke gern länger oder noch kürzer hättest, hier einige gängige Maße für verschiedene Größen:

Sneakersocken: 2,5-5 cm
Kleinkinder: 8-10 cm
Kinder: 10-15 cm
Erwachsene, halblang: 10-15 cm
Erwachsene, lang: 18 cm und mehr

Wenn du mit der Schaftlänge zufrieden bist, geht es weiter mit der Ferse. Falls das neu für dich ist, Kopf hoch! Es ist nicht so schwer, wie es aussieht, versprochen!

Fersenwand

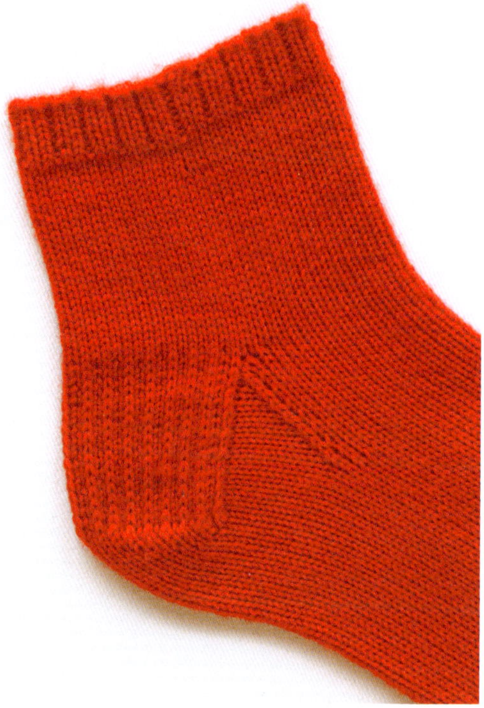

Ich liebe diese Ferse, aus mehreren Gründen. Zum einen war es die erste Ferse, die ich gestrickt habe, und wie ich schon anhand meiner Bestellungen beim Italiener gezeigt habe, bin ich ein Gewohnheitstier. Doch sie ist auch meine Lieblingsferse, weil sie so gut sitzt und ganz leicht an verschiedene Fußformen angepasst werden kann. Flacher Spann? Die Fersenwand etwas kürzer stricken. Hoher Spann? Die Fersenwand länger stricken. Dieses Wunder der Strickkonstruktion ist die Mutter aller Fersen – sie taucht immer wieder auf und beeindruckt mit ihrem tadellosen Sitz.

Mit einfachen Hebemaschen ist sie besonders haltbar – ein Muss, wenn unsere handgestrickten Socken etwas aushalten sollen! Die Konstruktion der Ferse sieht kompliziert aus, doch die einzelnen Schritte sind im Grunde einfach.

Die Fersenwand wird in R über die letzte Hälfte der M gestrickt. Die 1. Hälfte ruht einfach auf den Stricknd. Wenn du mit kurzen Rundstrick-Nd arb, brauchst du für die Fersenwand 2 Ndspiel-Nd. Die 1. Hälfte kann aber auf der Rundstrick-Nd bleiben.

Die ersten **20/24/28/32/36/40 M** rechts str, dann über die übrigen **20/24/28/32/36/40 M** die Fersenwand in R str wie folgt:

1. R (Hin-R): 2 M rechts, fortl [1 M abh, 1 M rechts]. Wenden.
2. R (Rück-R): 1 M abh Fv, linke M bis Ende. Wenden.
3. R: Fortl [1 M abh, 1 M rechts]. Wenden.

Die 2. und 3. R wdh, bis die Fersenwand **4/4,5/5/5/6/6,5 cm** hoch ist. Nach einer 3. R enden.

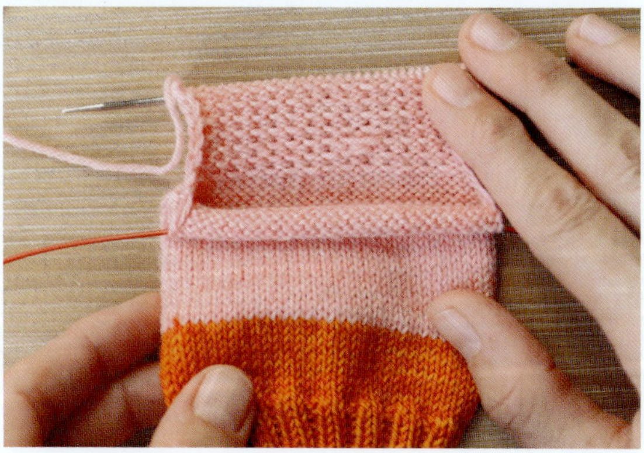

So sieht die Fersenwand in Arbeit aus. Du siehst, wie die 1. Hälfte der M einfach auf den Nd ruht, während die Fersenwand in R über die 2. Hälfte der M gestrickt wird.

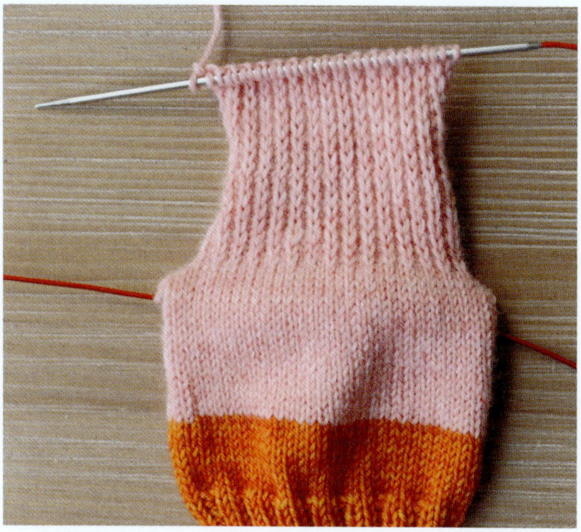

Die fertige Fersenwand von der rechten Seite betrachtet

Tipp: Erinnerst du dich, dass ich sagte, die Fersenwand könne für besseren Sitz individuell angepasst werden? Die häufigste Klage, die ich über handgestrickte Socken höre, ist, dass sie im Knöchelbereich über dem Fuß zu eng sind. Die Lösung dafür ist herrlich unkompliziert: Einfach an der Fersenwand ein paar zusätzliche R str (aber trotzdem mit einer 3. R der Anleitung enden!). Dadurch nimmst du später an der Seite für den Spickel mehr M auf und die Socke wird über dem Fuß logischerweise weiter.
Wenn du weißt, dass du einen hohen Spann hast, und die Fersenwand vorsorglich etwas länger str möchtest, nur zu! Wenn du dir jedoch unsicher bist, halte dich an die oben angegebenen Maße; dann probiere die fertige Socke an. Wie fühlt sie sich an? Sitzt sie am Spann im Knöchelbereich zu eng, weißt du, dass du beim nächsten Socken die Fersenwand etwas länger str solltest.
Ähnlich kannst du bei einem flachen Spann die Fersenwand etwas kürzen, sodass die Socke im Knöchelbereich nicht zu weit wird. Kürze zunächst um 2 R. Passt dies immer noch nicht perfekt, kannst du bei der nächsten Socke noch mehr kürzen!

Käppchen

Jetzt müssen wir die 3D-Form der Ferse hinbekommen. Du wirst staunen, wenn wie durch Zauberhand eine abgerundete kleine Ferse vor deinen Augen erscheint! Die Ferse wird durch einfache verkürzte R gestrickt. Die linke Seite (Rückseite) deiner Arbeit liegt vorn.

1. R (Rück-R): 1 M abh Fv, **10/12/14/16/18/20 M** links, 2 M links zusammen, 1 M links, wenden.
2. R (Hin-R): 1 M abh, 3 M rechts, ssk, 1 M rechts, wenden.
3. R: 1 M abh Fv, 4 M links, 2 M links zusammen, 1 M links, wenden.
4. R: 1 M abh, 5 M rechts, ssk, 1 M rechts, wenden.

Du hast folg Muster für dein Käppchen eingeteilt: 1 M abh, rechte oder linke M bis 1 M vor der Lücke vom Wenden in der Vor-R, ssk oder 2 M links zusammen, 1 M rechts oder links, wenden. In diesem Muster fortfahren, bis alle Fersen-M gestrickt sind. Mit einer Hin-R enden. Du solltest nun **12/14/16/18/20/22 Fersen-M** haben.

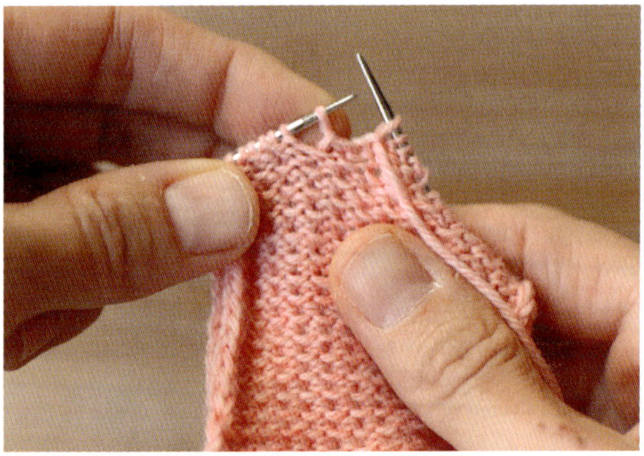

Siehst du die Lücke zwischen der 1. und 2. M auf meiner linken Nd? Das ist das Erkennungszeichen dafür, dass diese beiden M links zusammengestrickt werden müssen. Damit wird die Lücke geschlossen!

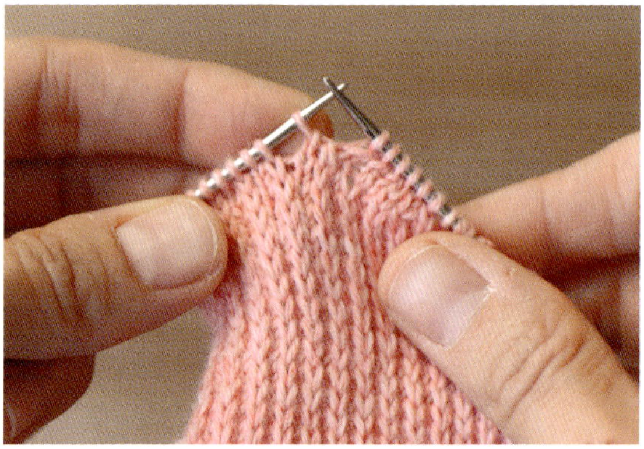

Hier die Lücke in einer Hin-R. 2 M ssk zusammenstricken, um sie zu schließen.

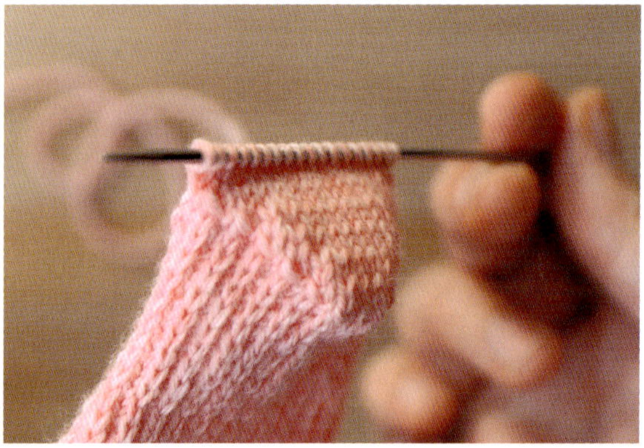

Eine fertige 3D-Ferse aus einfachen verkürzten R!

Jetzt solltest du schon eine herzallerliebste Ferse erkennen können. Das ist für mich immer wie pure Magie. Aus flachen R wird plötzlich eine Wölbung, die sich an unsere Ferse schmiegt! Bewundere kurz deine Arbeit, dann geht es weiter mit dem Spickel.

Spickel

Ein Spickel ist einfach eine zusätzliche Fläche mit M beidseits der Ferse, durch die der Fuß in diesem Bereich der Socke genügend Platz erhält.

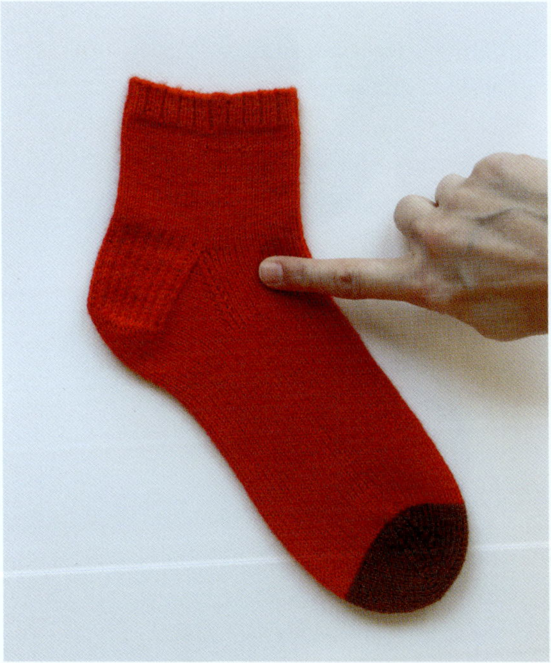

Siehst du die diagonale Linie aus M neben der Ferse? Das Dreieck zwischen dieser Linie und der Ferse ist der Spickel.

Dazu nimmst du beidseits der gerade gestrickten Fersenwand zunächst M auf. Durch folg einfache Abnahmen dieser M entsteht das hübsche kleine Dreieck an den Knöcheln. Beim Str der Fersenwand hast du immer die 1. M abgehoben – dadurch hast du dort schöne große M, die du leicht aufnehmen kannst!

Die rechte Seite der Arbeit zeigt zu dir. An der linken Seite der Fersenwand **8/10/12/14/16/18 M** aufnehmen und rechts str.

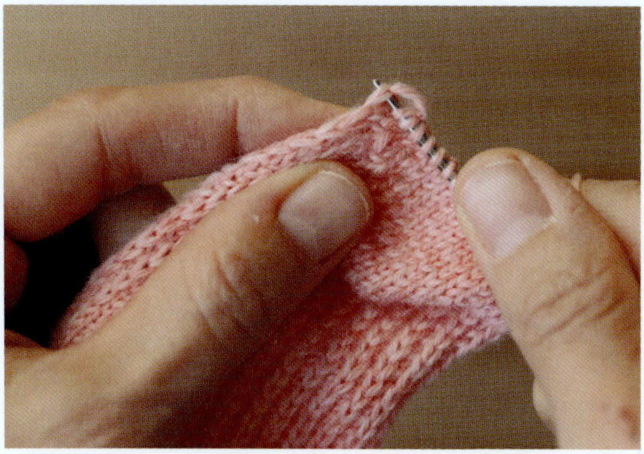

Zum Aufnehmen einer M einfach mit der rechten Nd zwischen den M-Giedern der M einstechen.

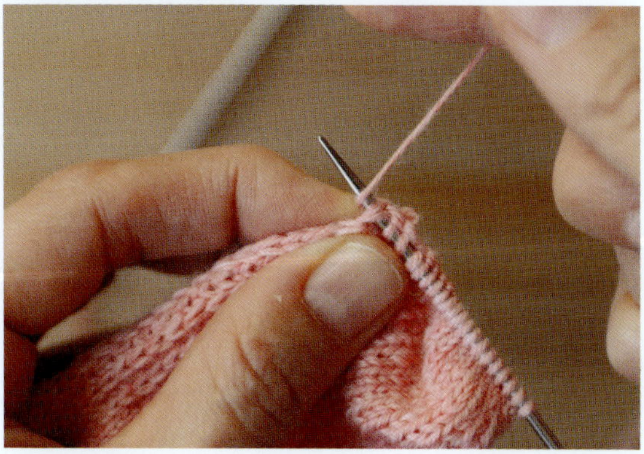

Lege den Faden wie zum Rechtsstr um die Nd und ziehe ihn durch die M.

Nun die stillgelegten **20/24/28/32/36/40 M** der Fersenwand rechts str. MMs und **8/10/12/14/16/18 M** aus der rechten Seite der Fersenwand aufnehmen und rechts str. Die Fersen-M rechts str, dann die zuvor aus der Fersenwand aufgenommenen M rechts str. Damit bist du am Rd-Ende angekommen und hast alle M aufgenommen. Du solltest insgesamt **48/58/68/78/88/98 M** auf den Nd haben. Nun arbeitest du wieder in Rd und beginnst mit den Abnahmen für den Spickel.

Spickelabnahmen

Erinnerst du dich an all die M, die du aus der Fersenwand aufgenommen hast? Die meisten davon müssen wir nun wieder loswerden, haha!

1. Rd: 20/24/28/32/36/40 M rechts, MM abh, 1 M rechts, ssk, rechte M bis 3 M vor Rd-Ende, 2 M rechts zusammen, 1 M rechts.
2. Rd: Ohne Abnahmen str.

Diese beiden Rd wdh, bis noch **40/48/56/64/72/80 M** auf den Nd liegen.

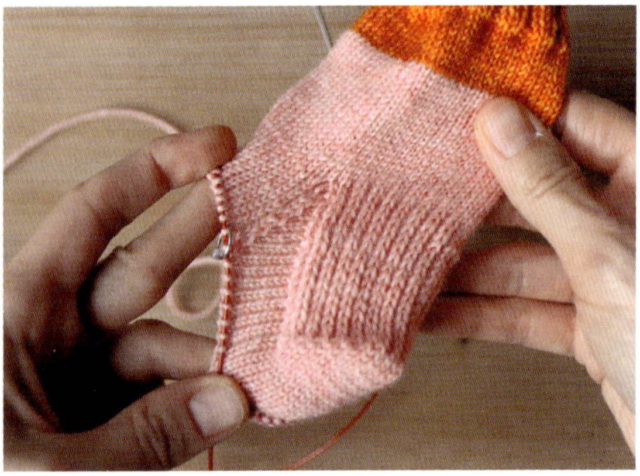

Der fertige Spickel!

Das ist auch schon alles! Du hast eine Käppchenferse mit Spickel gestrickt und du lebst noch (hoffentlich). Nun den Fuß, im Bewusstsein str, dass du den Mount Everest des Sockenstrs gerade erklommen hast und keine Stricktechnik dich jemals wieder verwirren kann.

Fuß

Leute, von nun an segeln wir in ruhigem Fahrwasser. Den Fuß zu str ist relativ simpel: einfach in Rd glatt rechts str, bis deine Arbeit die Spitze deines kleinen Zehs erreicht.

Für den Fall, dass du deine Arbeit beim Str nicht gut anprobieren kannst (bei einem Ndspiel oder extra kurzen Rundstrick-Nd kann das schwierig sein) oder deine Socken ein Geschenk sein sollen, hilft dir die folg Tabelle beim Bestimmen der richtigen Länge – gemessen vom hinteren Ende der Ferse bis zum Ende der Spitze.

(Alle Größen sind europäische Schuhgrößen)
Kleinkind: 11-15 cm
Kind: 15-19 cm
Damen Größe 34-37,5: 20,5-23 cm
Damen Größe 37,5-41: 23-25,5 cm
Damen Größe 41,5-44,5: 26-28 cm
Herren Größe 37,5-41: 23,5-25,5 cm
Herren Größe 41,5-44,5: 26-28 cm
Herren Größe 45-48: 28,5-30,5 cm

Bei einer Socke mit Käppchenferse musst du auch die Länge der Spitze berücksichtigen:

Kleinkind: 2,5 cm
Kind: 3 cm
S: 4 cm
M: 4 cm
L: 4 cm
XL: 4,5 cm

Nun nimmst du deine gewünschte Fußlänge von der Ferse bis zum Ende der Spitze und ziehst die Länge der Spitze davon ab. Beispiel: Meine gewünschte Fußlänge beträgt 23 cm. Ich ziehe die Länge meiner Spitze (4 cm) ab und erhalte 19 cm. Beim Messen hinten an der Ferse beginnen.

Hat dein Fuß die gewünschte Länge, trennt dich nur noch eine einfache kleine Spitze vom Ruhm einer fertigen Socke (Einblendung Musik von Bruce Springsteen oder vielleicht etwas von der frühen Courtney Love).

Spitze

Nach allem, was du bereits hinter dir hast, ist die Spitze ein Klacks. Nur ein paar einfache Abnahmen in jeder 2. Rd, und dann schließen wir das Ganze mit einem abgewandelten M-Stich.

Wenn du die Spitze in einer anderen Fb str (wie bei Option A), schneide die HF ab, setze das neue Garn an und str 1 Rd rechte M ohne Abnahmen. Ansonsten einfach weiterstr nach folg Anleitung.

1. Rd: 1 M rechts, ssk, **14/18/22/26/30/34 M** rechts, 2 M rechts zusammen, 1 M rechts, MMs, 1 M rechts, ssk, **14/18/22/26/30/34 M** rechts, 2 M rechts zusammen, 1 M rechts.
2. Rd: rechte M str.
3. Rd: 1 M rechts, ssk, rechte M bis 3 M vor folg MM, 2 M rechts zusammen, 1 M rechts, MM abh, 1 M rechts, ssk, rechte M bis 3 M vor Rd-Ende, 2 M rechts zusammen, 1 M rechts.

Die 2. und 3. Rd wdh, bis noch **16/20/24/28/32/36 M** verbleiben.

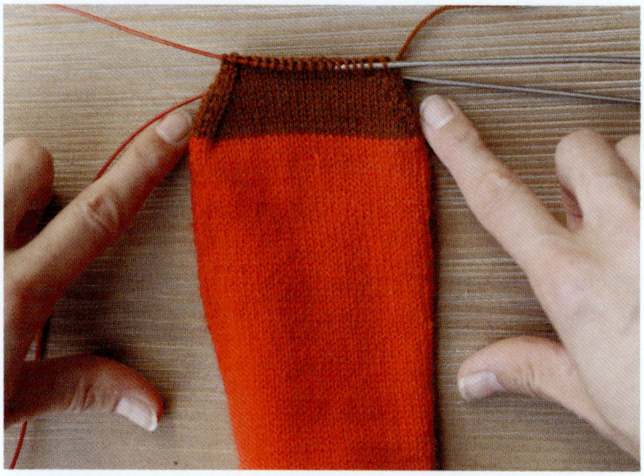

Beim beidseitigen Abnehmen von M an der Spitze, siehst du, wie sie allmählich schräg zuläuft.

Um die Öffnung an der Spitze zu schließen, wenden wir nun eine geniale Technik an, die sich „Maschenstich" nennt! Dazu sind normalerweise einige vorbereitende Schritte notwendig, doch die überspringen wir hier, damit an den Seiten der Sockenspitze keine Zacken entstehen.

Zuerst die M gleichmäßig auf 2 Nd verteilen (wenn du mit dem Magic Loop, also der langen Rundstr-Nd arbeitest, hast du das schon!). Die M so verschieben, dass die 1. M auf beiden Nd vorn an der Spitze sitzt.

Das Garn lang abschneiden (mindestens 30 cm; ich lasse es oft länger, da ich ängstlich und paranoid bin). Den Faden in eine Wollnd einfädeln.

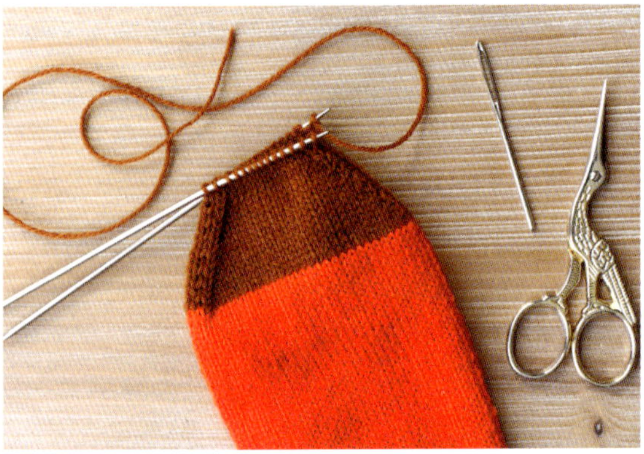

Halte deine Arbeit so, dass die Nd parallel zueinander und dicht zusammen liegen – eine Nd vorne, eine Nd hinten.

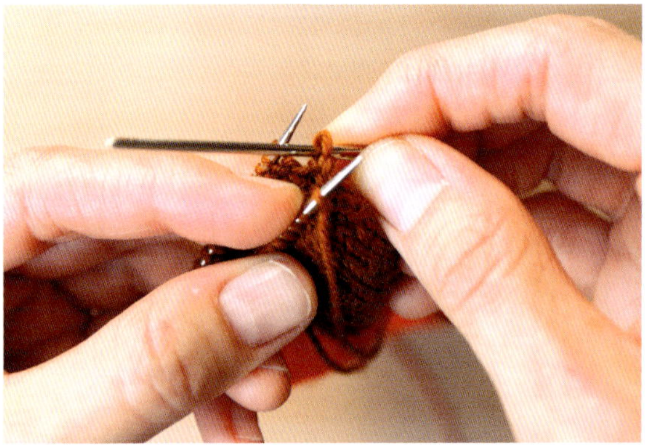

Stich mit der Wollnd *wie zum Linksstr* in die 1. M auf der hinteren Nd ein. Ziehe den Faden durch und hebe die M von der Stricknd.

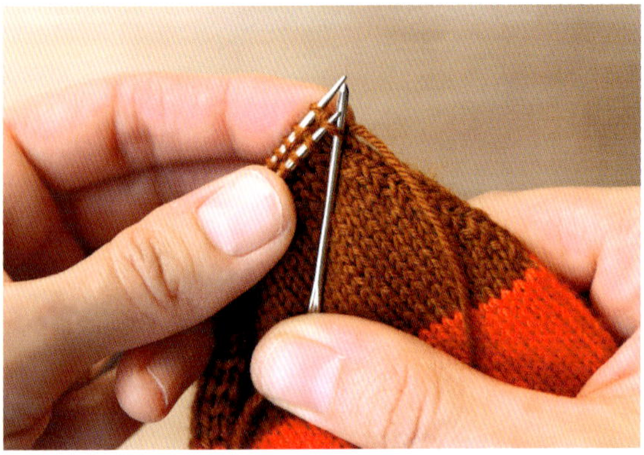

Stich mit der Wollnd *wie zum Rechtsstr* in die 1. M auf der vorderen Nd ein. Hebe diese M von der Stricknd ab und ziehe den Faden durch.

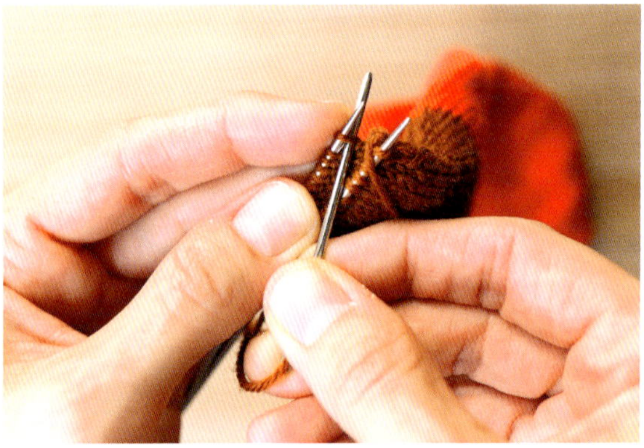

Stich zum Schluss mit der Wollnd *wie zum Rechtsstr* in die folg M auf der hinteren Nd ein. Ziehe den Faden durch, lasse die M jedoch auf der Stricknd.

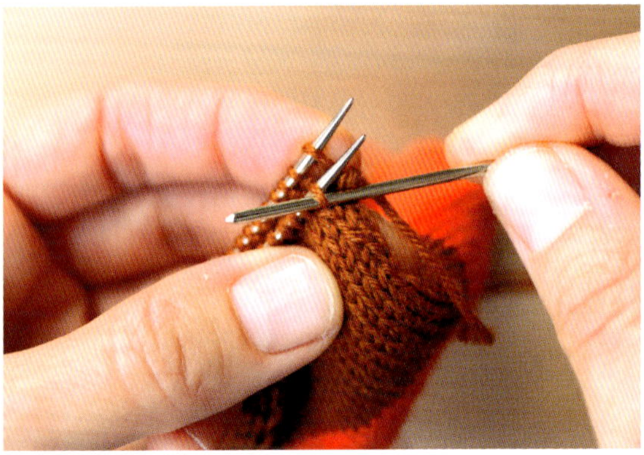

Stich mit der Wollnd *wie zum Linksstr* in die 1. M der vorderen Nd ein. Ziehe den Faden durch, lasse die M jedoch auf der Stricknd.

Und das war's! Diese vier Schritte wdh, bis auf jeder Nd nur noch 2 M übrigbleiben. Faustregel:

Vordere Nd: *rechte M abheben, linke M str ohne Abh.*
Hintere Nd: *linke M abheben, rechte M str ohne Abh.*

Wenn du am Ende angekommen bist und noch 2 M auf jeder Nd hast, machst du Folgendes:

Wie zum Rechtsstr in die 1. M auf der vorderen Nd einstechen, den Faden durchziehen und die M abh. Wie zum Linksstr in die letzte M auf der vorderen Nd einstechen, den Faden durchziehen und auch diese M abh. Nun sind keine M mehr auf der vorderen Nd!

Wie zum Linksstr in die 1. M auf der hinteren Nd einstechen, den Faden durchziehen und diese M abh. Wie zum Rechtsstr in die letzte M auf der hinteren Nd einstechen, den Faden durchziehen und diese letzte M abh.

Mit der Wollnd dicht neben der zuletzt abgehobenen M an der Seite der Socke einstechen und den Faden auf die Innenseite der Socke durchziehen.

DU BIST (fast) FERTIG! DU HAST EINE SOCKE GESTRICKT! Jetzt musst du nur noch die Fäden vernähen und die Socke spannen (alle Infos dazu findest du in Kapitel 4).

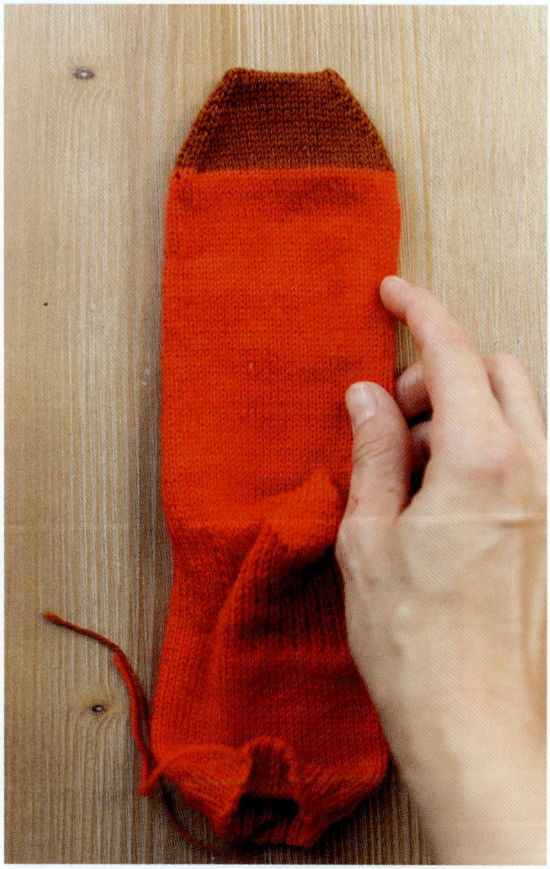

Eine fertige Socke mit Herzchenferse und Spickel!

Basic-Socke Nr. 2: Nachträglich eingestrickte Ferse

Dies ist meine zweitliebste Ferse. (Merkst du, wie ich ganz dezent versuche, dich dazu zu bringen, all meine Lieblingsversionen zu str, indem ich sie strategisch günstig im Buch platziere? Tja, ich bin eben parteiisch.) Ich liebe diese Ferse, weil sie so schnell und einfach zu stricken ist, toll aussieht und Jacquard-Socken damit ein Kinderspiel sind! Wie die Käppchenferse kann sie für mehr oder weniger Weite am Spann angepasst werden. Zur Strapazierfähigkeit: Es werden keine Hebemaschen zur Verstärkung gestrickt, doch man kann die nachträgliche Ferse ganz einfach heraustrennen und neu stricken, wenn sie abgewetzt ist und man zu faul zum Stopfen ist (ähm, so wie ich!).

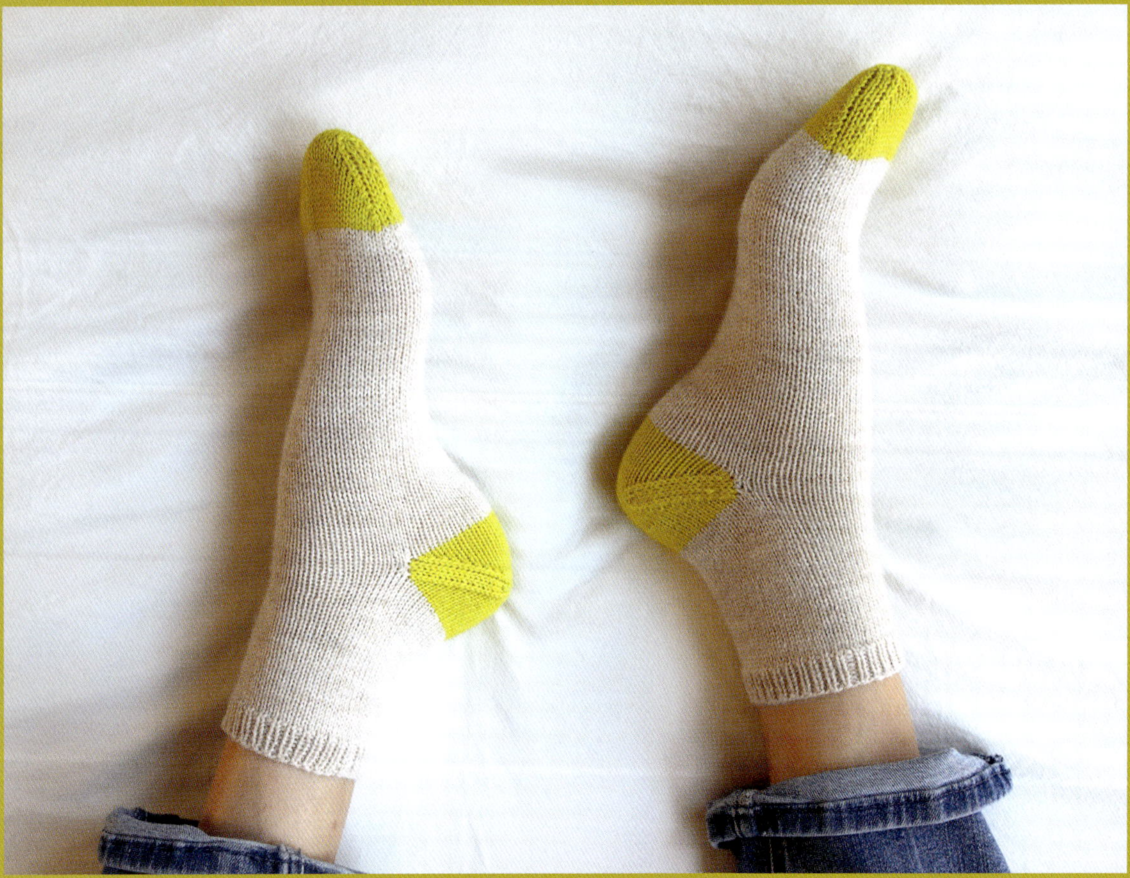

MATERIAL

Garn: Filcolana Arwetta (80% Superwash Merino, 20% Polyamid; LL 210 m/50 g): 79/102/122/146/172/198 m in Oatmeal (HF)

Hedgehog Fibres Sock (90% Superwash Merino, 10% Polyamid; LL 400 m/100 g): 18/22/26/29/33/37 m in UFO (KF)

Tipp: Jedes 4-fädige Sockengarn ähnlicher LL ist geeignet!

Stricknadeln: 2,25 mm

Sonstiges: Wollnadel, Maschenmarkierer (davon 1 verschließbar), Schere, Maßband

Maschenprobe: 38 M = 10 cm glatt rechts in Rd und gespannt

Größen

Kleinkind/Kind/S/M/L/XL

Maße

Die Zahlen unten beziehen sich auf den Umfang am Fußballen; es sind nicht die Maße der fertigen Socke.
8-10/13-15/18/20/23/25 cm

ANLEITUNG

Bündchen

In der HF **40/48/56/64/72/80 M** anschl und zur Rd schließen, darauf achten, dass die M sich nicht verdrehen. Beginne im 1/1-Rippenmuster: Fortl [1 M rechts, 1 M links].

2 cm oder bis zur gewünschten Länge im Rippenmuster str.

Schaft

Glatt rechts in Rd str (einfach alle M rechts), bis der Schaft (mit Bündchen) die gewünschte Länge hat. Nicht sicher, wie lang der Schaft werden soll? Unten findest du einige gängige Maße für verschiedene Größen. Der Schaft meiner Beispielsocke ist 10 cm lang.

Sneakersocken: 2,5-5 cm
Kleinkinder: 8-10 cm
Kinder: 10-15 cm
Erwachsene, halblang: 10-15 cm
Erwachsene, lang: 18 cm und mehr

Maschenmarkierer für die nachträgliche Ferse setzen

Wenn du mit der Schaftlänge zufrieden bist, in der nächsten Rd einfach **30/36/42/48/54/60 M** rechts str und die letzte soeben gestrickte M mit einem verschließbaren MM markieren. Dann einfach weiterstr! Der MM sitzt in der Mitte der letzten Hälfte deiner M – dort kommt später die Ferse hin. Jetzt zuerst den Fuß samt Spitze str und später an diese Stelle zurückkehren. Du musst zugeben, dass das super ist: einfach den MM einhängen, die Ferse zunächst komplett vergessen, einfach glatt rechts str und dir dabei alle Folgen von Buffy, der Kultserie der 90er, reinziehen.

Fuß

Weiter glatt rechts str, bis dein Fuß die gewünschte Länge hat. Die folg Tabelle hilft dir beim Bestimmen der Länge (gemessen vom hinteren Ende der Ferse bis zum Ende der Spitze).

(Alle Größen sind europäische Schuhgrößen)
Kleinkind: 11-15 cm
Kind: 15-19 cm
Damen Größe 34-37,5: 20,5-23 cm
Damen Größe 37,5-41: 23-25,5 cm
Damen Größe 41,5-44,5: 26-28 cm
Herren Größe 37,5-41: 23,5-25,5 cm
Herren Größe 41,5-44,5: 26-28 cm
Herren Größe 45-48: 28,5-30,5 cm

Bei einer Socke mit nachträglicher Ferse musst du sowohl die Länge der Ferse als auch die Länge der Spitze berücksichtigen (beide sind gleich lang):

Kleinkind: 2,5 cm	**M:** 4 cm
Kind: 3 cm	**L:** 4 cm
S: 4 cm	**XL:** 4,5 cm

Von deiner gewünschten Fußlänge (vom hinteren Ende der Ferse bis zum Ende der Spitze) ziehst du nun beide Maße (Ferse und Spitze) ab. Beispiel: Meine gewünschte Fußlänge ist 23 cm. Ich ziehe die Länge meiner Spitze (4 cm) und Ferse (4 cm) ab; es bleiben 15 cm, die ich bis zum Beginn der Abnahmen für die Spitze str muss.

Spitze

Die HF abschneiden und zur KF wechseln. 1 Rd rechte M str, dann mit den Abnahmen für die Spitze beginnen:

1. Rd: 1 M rechts, ssk, **14/18/22/26/30/34 M** rechts, 2 M rechts zusammen, 1 M rechts, MMs, 1 M rechts, ssk, **14/18/22/26/30/34 M** rechts, 2 M rechts zusammen, 1 M rechts.
2. Rd: Alle M rechts str.
3. Rd: 1 M rechts, ssk, rechte M bis 3 M vor folg MM, 2 M rechts zusammen, 1 M rechts, MM abh, 1 M rechts, ssk, rechte M bis 3 M vor Rd-Ende, 2 M rechts zusammen, 1 M rechts.

Die 2. und 3. Rd wdh, bis noch **16/20/24/28/32/36 M** verbleiben.

Die Öffnung an der Spitze im M-Stich schließen (siehe Seite 33).

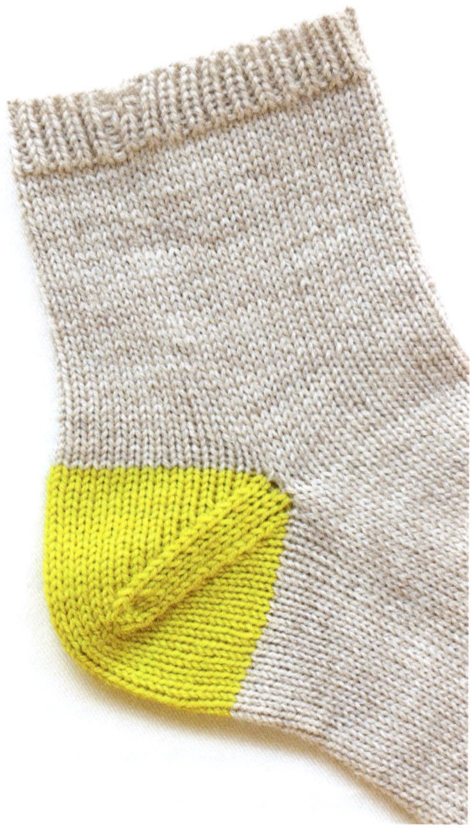

Die Ferse nachträglich einstricken

Spitze fertig? Drück bei Buffy mal auf Pause, denn jetzt str wir die Ferse nachträglich ein. Da du gerade die Spitze gestrickt hast, findest du diese Ferse bestimmt ganz einfach, denn dabei machst du GENAU DAS GLEICHE! Dazu müssen wir zuerst M auf die Nd bekommen.

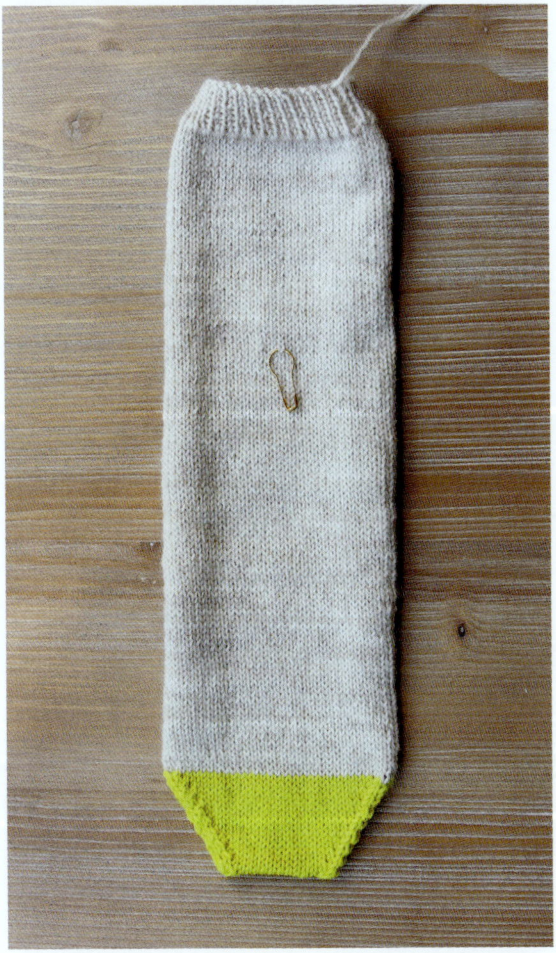

Vor dir liegt ein langer glatter Schlauch mit dem Bündchen am einen und der Spitze am anderen Ende. Gehe zu der Stelle, an der dein MM sitzt. Die Hälfte der M zeigt nach oben zu dir, die andere liegt auf dem Tisch. Die Spitze sollte aussehen wie ein Keil, an dessen Kanten die Abnahmelinien verlaufen.

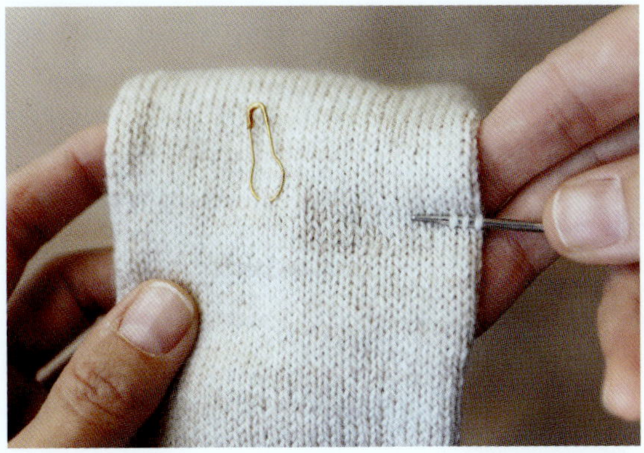

Suche die R mit den M direkt unter der markierten M. Gehe zur 1. M dieser R am Rand des Schlauchs und stich mit einer Nd (Stärke 2,25 mm) unter dem rechten M-Glied der M ein. Dann nimm das rechte M-Glied der nächsten M auf und danach das rechte M-Glied der 3. M.

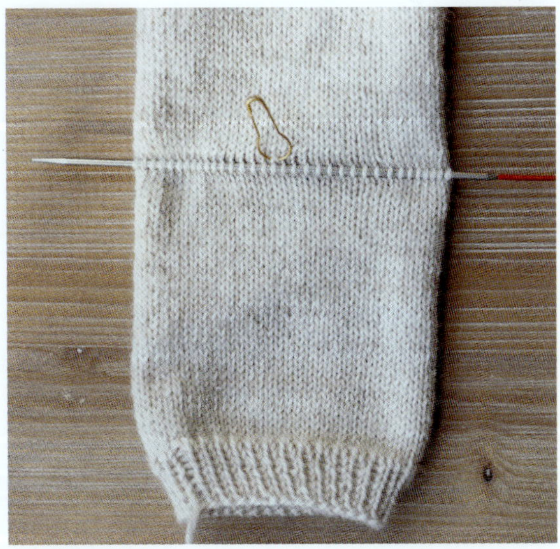

Fahre so mit dem rechten M-Glied jeder M fort, bis du **20/24/28/32/36/40 M** aufgenommen hast.

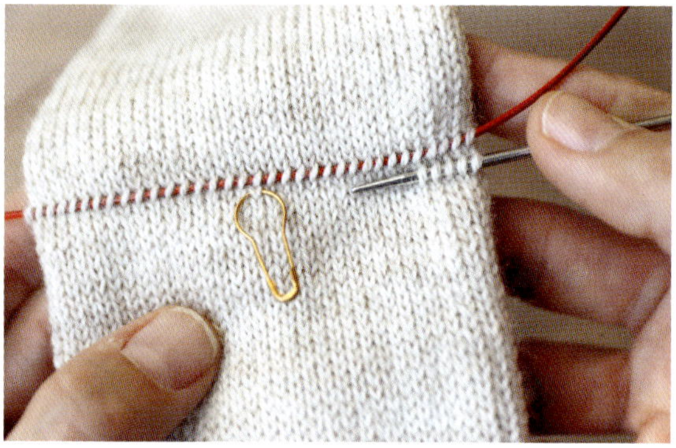

Wdh das Gleiche noch einmal auf der anderen Seite, also an der R unterhalb des MM.

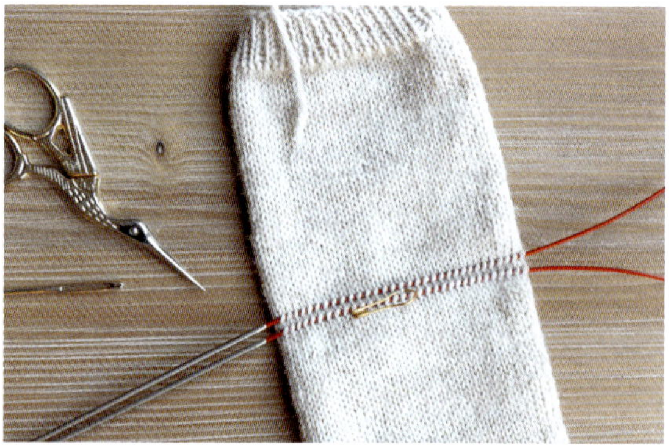

Du solltest nun insgesamt **40/48/56/64/72/80 M** gleichmäßig verteilt auf den beiden Nd haben. Wenn du mit dem Magic Loop (also der langen Rundstr-Nd) arbeitest, schiebe alle M auf die Seile der Nd.

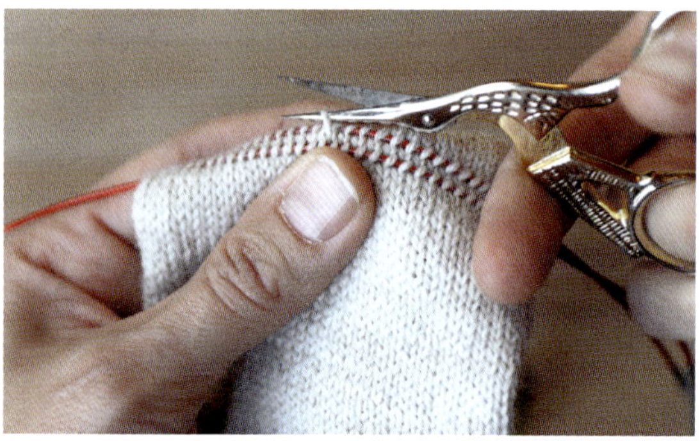

Jetzt kommt das Beste (aber auch das Unheimlichste!). Entferne den MM und ziehe diese M mithilfe der Wollnd etwas heraus. Halte die Luft an und schneide diese M (aber sonst nichts!) mit der Schere durch.

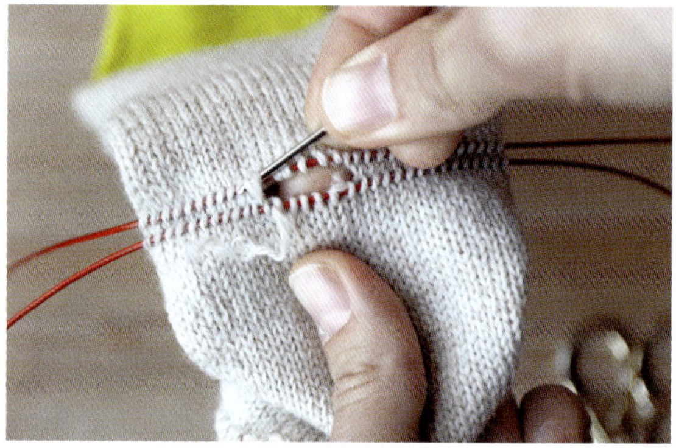

Ziehe mit der Wollnd die M der durchgeschnittenen R zwischen den Strickd auf – zuerst ab der Mitte (dort, wo du geschnitten hast) bis zum einen Ende, dann wieder von der Mitte zum anderen Ende.

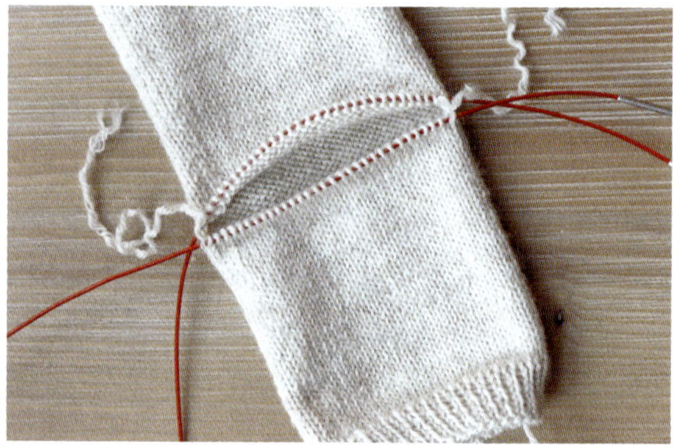

Nun klafft ein Loch mitten in deinem Sockenschlauch – dafür hast du M auf den Nd und kannst damit die Ferse str! Beidseits des Lochs hängt ein Faden herunter – der kann später nützlich sein – ich nähe damit eventuelle Löcher zu, die an der Ecke der Ferse entstanden sind.

Nun die nachträgliche Ferse genau wie zuvor die Spitze str. Das Garn ansetzen und 3 Rd ohne Abnahmen rechts str. Dann M abnehmen wie folgt:

1. Rd: 1 M rechts, ssk, **14/18/22/26/30/34 M** rechts, 2 M rechts zusammen, 1 M rechts, MMs, 1 M rechts, ssk, **14/18/22/26/30/34 M** rechts, 2 M rechts zusammen, 1 M rechts.

2. Rd: Alle M rechts str.

3. Rd: 1 M rechts, ssk, rechte M bis 3 M vor folg MM, 2 M rechts zusammen, 1 M rechts, MM abh, 1 M rechts, ssk, rechte M bis 3 M vor Rd-Ende, 2 M rechts zusammen, 1 M rechts.

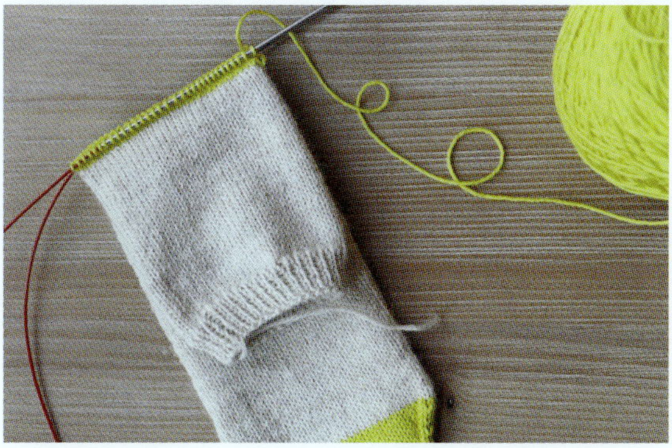

Die nachträgliche Ferse genau wie zuvor die Spitze str, sodass eine Keilform entsteht.

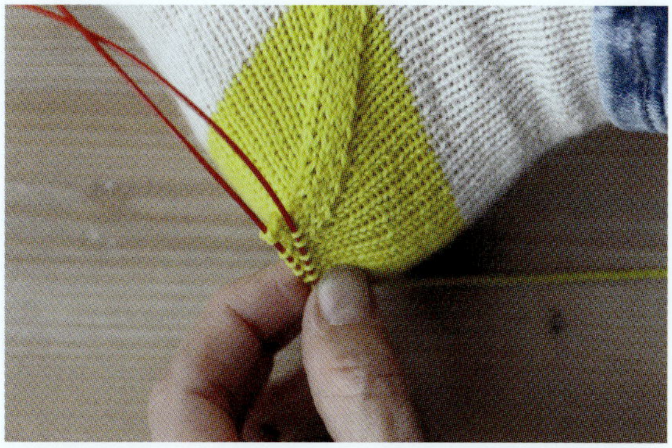

Wenn du die M leicht aneinanderlegen kannst, ist die Ferse fertig!

Die 2. und 3. Rd wdh, bis noch **16/20/24/28/32/36 M** verbleiben. Die Öffnung an der Ferse im M-Stich schließen (siehe Seite 33).

Tipp: Höhe und Passform deiner Ferse kannst du anpassen, indem du mehr oder weniger Abnahme-Rd str. Probiere die Socke zwischendurch an, um zu sehen, wie sie passt. Beende die Abnahmen, wenn du die M an der Fersenspitze leicht ohne Lücke aneinanderlegen kannst. Wenn du noch an den M ziehen musst, um die Lücke zu schließen, musst du weitere Abnahme-Rd str, damit deine Ferse Platz genug hat und die Socke am Fußrücken nicht spannt. Str an der nächsten Socke mehr gerade Rd, bevor du mit den Abnahmen beginnst.

Nun hast du die Socke fertig und kannst zu Kapitel 4 springen. Dort erfährst du alles über das Fertigstellen der Socke. (Stelle dir jetzt vor, wie ich dir für deine herausragende Leistung einen Preis überreiche! DU HAST EINE SOCKE GESTRICKT!)

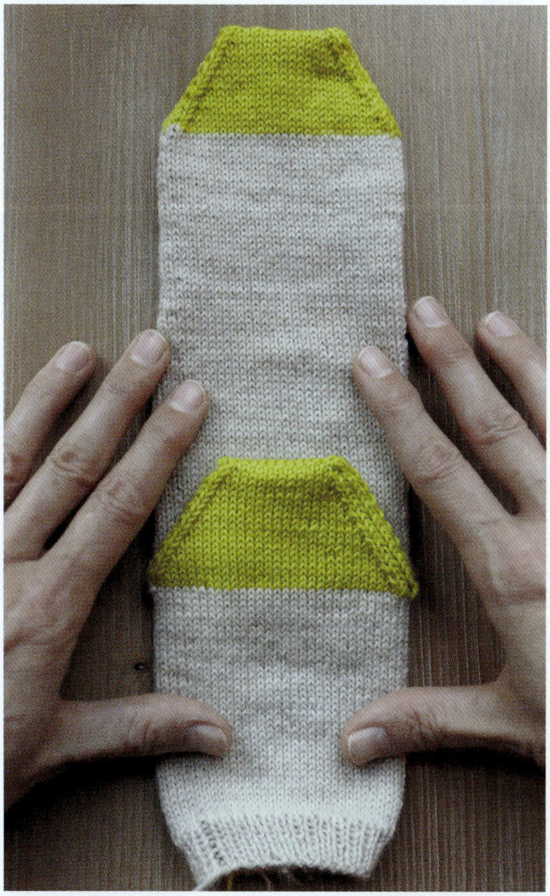

Fertige Socke mit nachträglich eingestrickter Ferse.

Basic-Socke Nr. 3: Nachträglich eingestrickte Ferse mit Hilfsfaden

Manchmal wird diese Fersenart auch Bullaugenferse genannt. Sie wird genauso gestrickt wie die nachträglich eingestrickte Ferse, doch statt Maschen durchzuschneiden (was echt schwer auszuhalten ist – ich werde mich nie daran gewöhnen, MEIN Gestrick AUFZUSCHNEIDEN), strickst du an der Stelle der späteren Ferse eine Reihe mit einem Kontrastfaden.

Außerdem zeige ich dir ein neues Bündchen! Du magst keine Rippenbündchen oder du strickst sie einfach nicht gern? Zum Glück gibt es viele andere Möglichkeiten: Glatt rechts, falsche Zöpfe oder Umschlagbündchen. Letztere stelle ich dir hier vor.

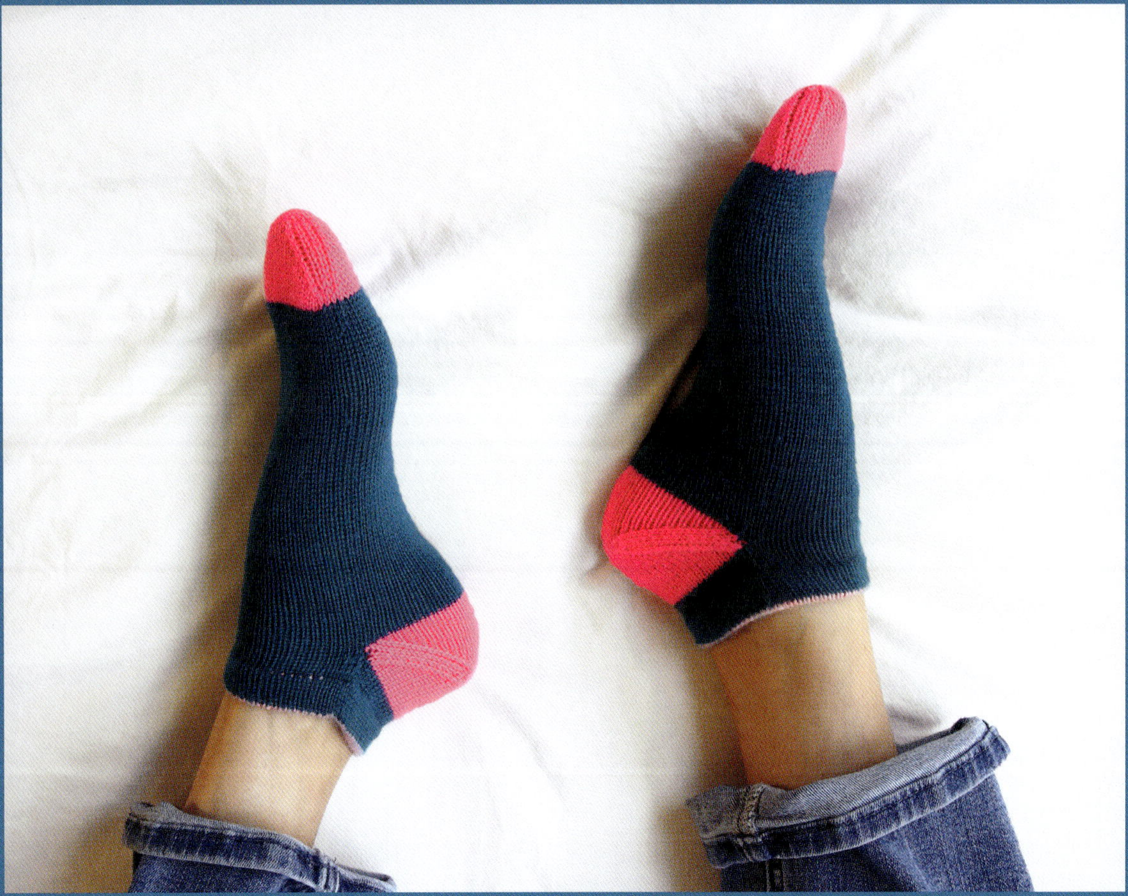

MATERIAL

Filcolana Arwetta (80% Superwash Merino, 20% Polyamid; LL 210 m/50 g): 43/58/79/95/117/134 m in Teal (HF)

Knit Picks Stroll (75% Superwash Merino, 25% Polyamid; LL 211 m/50 g): 18/22/26/29/33/37 m in Pucker (KF1)

Knit Picks Stroll (75% Superwash Merino, 25% Polyamid; LL 211 m/50 g): 4/5/5/6/7/8 m in Dogwood Heather (KF2)

Tipp: Jedes 4-fädige Sockengarn ähnlicher LL ist geeignet!

Stricknadeln: 2,25 mm

Sonstiges: Wollnadel, Maschenmarkierer, Schere, Maßband

Maschenprobe: 38 M = 10 cm glatt rechts in Rd und gespannt

Größen

Kleinkind/Kind/S/M/L/XL

Maße

Die Zahlen unten beziehen sich auf den Umfang am Fußballen; es sind nicht die Maße der fertigen Socke.
8-10/13-15/18/20/23/25 cm

ANLEITUNG

Umschlagbündchen

Der erste Teil ist ganz einfach: Zuerst M anschl und glatt rechts str. Als Hingucker str ich bei Umschlagbündchen gern die Innenseite in einer KF.

In KF2 **40/48/56/64/72/80 M** anschl und zur Rd schließen, darauf achten, dass die M sich nicht verdrehen. 9 Rd glatt rechts (nur rechte M) str. KF2 abschneiden und zur HF wechseln. Weitere 9 Rd glatt rechts str.

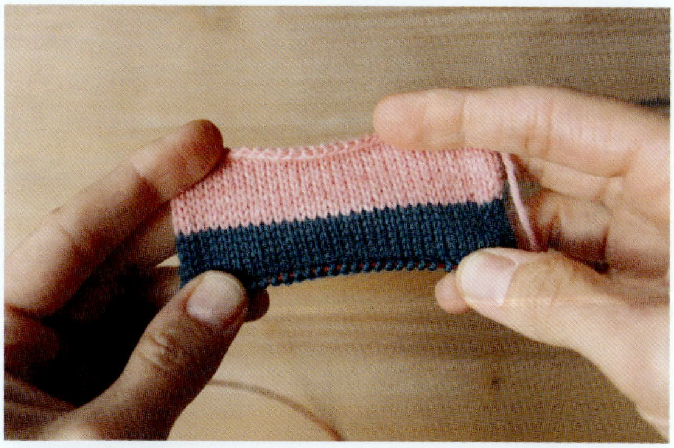

Die KF (Hellrosa) wird auf die Innenseite des Bündchens umgeschlagen.

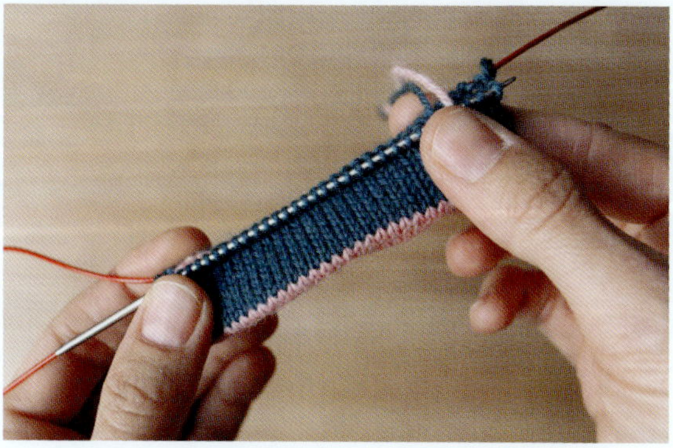

Das Bündchen nach innen umschlagen und zusammenstr. Schlage es so um, dass die KF innen, die HF außen liegt. Das Bündchen liegt links auf links. Halte das Bündchen so, dass die Kante des M-Anschlags genau an den M auf der Nd liegt.

Jetzt wird gestrickt! Für das Umschlagbündchen die M des M-Anschlags mit den M auf der Nd zusammenstr.

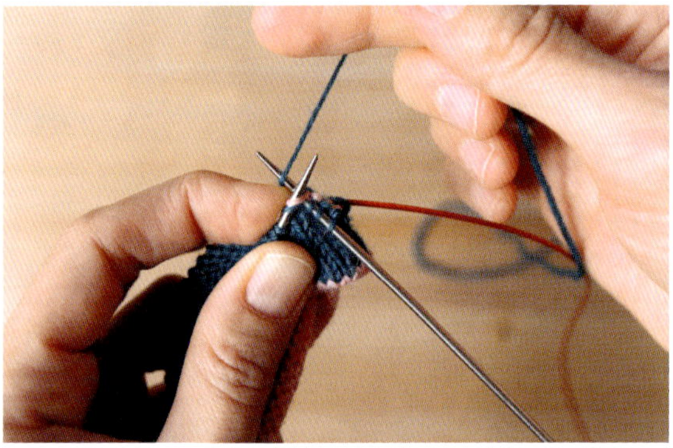

Stich einfach mit der rechten Nd in die 1. M des M-Anschlags ein und hebe sie auf die linke Nd. Dann die 1. M auf der Nd mit dieser M des M-Anschlags zusammenstr. Nimm die 2. M des M-Anschlags auf und lege sie auf die linke Nd. Str sie mit der 2. M zusammen. Fahre so fort, bis zum Rd-Ende.

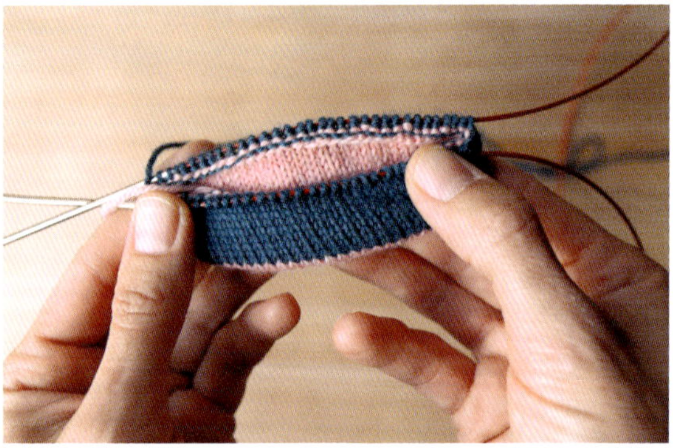

Nun hast du das Bündchen zusammengestrickt und kannst mit dem Schaft fortfahren!

Schaft

Weiter glatt rechts str, bis der Schaft die gewünschte Länge hat. Ich habe Sneakersocken gestrickt; der Schaft ist daher (mit Bündchen) nur 2,5 cm lang. Wenn du die Länge anpassen möchtest, hier einige gängige Maße für verschiedene Größen:

Sneakersocken: 2,5-5 cm
Kleinkinder: 8-10 cm
Kinder: 10-15 cm
Erwachsene, halbhoch: 10-15 cm
Erwachsene, hoch: 18 cm und mehr

Einfügen des Hilfsfadens für die Ferse

Wenn der Schaft der Socke lang genug ist, in der nächsten Rd **20/24/28/32/36/40 M** rechts str. Den Arbeitsfaden lang abschneiden, die übrigen **20/24/28/32/36/40 M** mit einem Hilfsfaden in Kontrast-Fb rechts str. Den Hilfsfaden abschneiden, in der HF weiterstr. Nun folgt die Fußpartie. Nach der Spitze kehrst du wieder an diese Stelle der Ferse zurück.

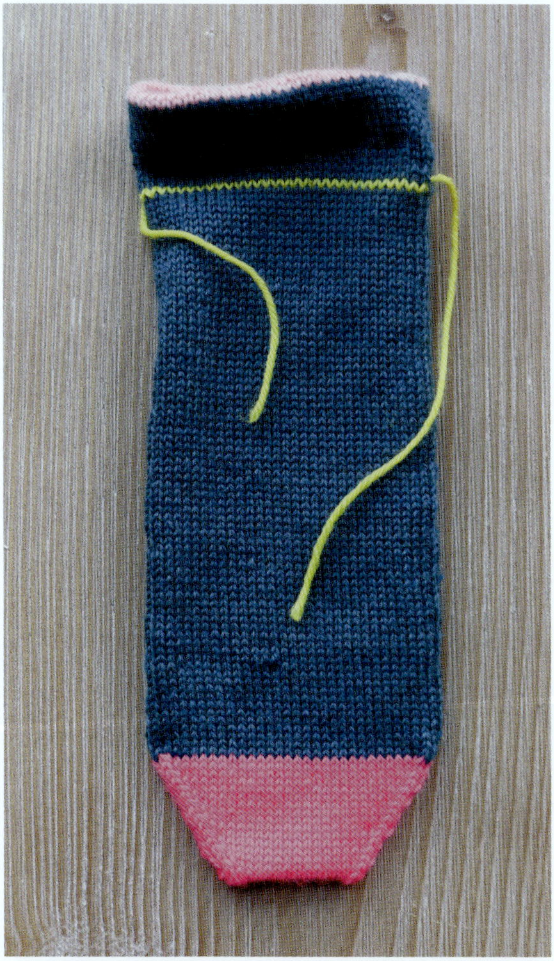

So sollte deine Socke vor Beginn der Ferse aussehen. Siehst du die R, die ich an der Rückseite mit dem Hilfsfaden gestrickt habe? An diese Stelle kommt später die Ferse!

Fuß

Weiter glatt rechts str, bis dein Fuß die gewünschte Länge hat. Die folg Tabelle hilft dir beim Bestimmen der Länge (gemessen vom hinteren Ende der Ferse bis zum Ende der Spitze).

(Alle Größen sind europäische Schuhgrößen)
Kleinkind: 11-15 cm
Kind: 15-19 cm
Damen Größe 34-37,5: 20,5-23 cm
Damen Größe 37,5-41: 23-25,5 cm
Damen Größe 41,5-44,5: 26-28 cm
Herren Größe 37,5-41: 23,5-25,5 cm
Herren Größe 41,5-44,5: 26-28 cm
Herren Größe 45-48: 28,5-30,5 cm

Bei einer Socke mit nachträglicher Ferse musst du sowohl die Länge der Ferse als auch die Länge der Spitze berücksichtigen (beide sind gleich lang):

Kleinkind: 2,5 cm
Kind: 3 cm
S: 4 cm
M: 4 cm
L: 4 cm
XL: 4,5 cm

Spitze

Die HF abschneiden und zu KF1 wechseln. 1 Rd rechte M str, dann mit den Abnahmen für die Spitze beginnen:

1. Rd: 1 M rechts, ssk, **14/18/22/26/30/34 M** rechts, 2 M rechts zusammen, 1 M rechts, MMs, 1 M rechts, ssk, **14/18/22/26/30/34 M** rechts, 2 M rechts zusammen, 1 M rechts.
2. Rd: Alle M rechts str.
3. Rd: 1 M rechts, ssk, rechte M bis 3 M vor folg MM, 2 M rechts zusammen, 1 M rechts, MM abh, 1 M rechts, ssk, rechte M bis 3 M vor Rd-Ende, 2 M rechts zusammen, 1 M rechts.

Die 2. und 3. Rd wdh, bis noch **16/20/24/28/32/36 M** verbleiben.

Die Öffnung an der Spitze im M-Stich schließen (siehe Seite 33).

Ferse nachträglich einstricken mit Hilfsfaden

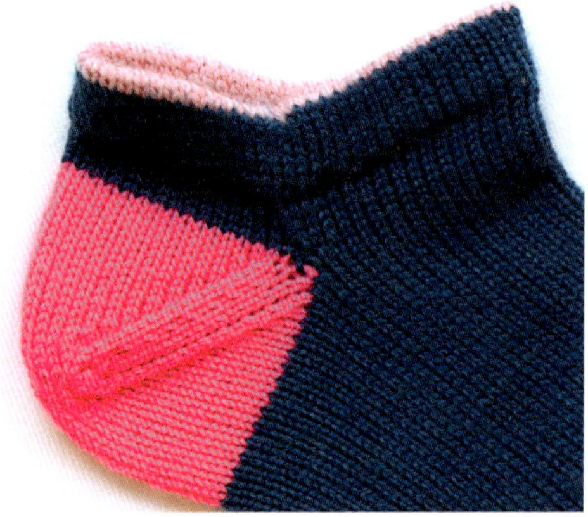

Nachträglich eingestrickte Ferse mit Hilfsfaden

Bereit, die Ferse zu str? Perfekt! Zuerst müssen wir wieder M auf die Nd bekommen (das klingt verdächtig ähnlich wie bei der anderen nachträglich eingestrickten Ferse? Ich sagte doch, dass sie fast identisch sind!)

Vor dir sollte ein langer glatter Schlauch mit einem Bündchen am einen und einer Spitze am anderen Ende liegen. Gehe zu der Stelle, an der du die R mit dem Hilfsfaden gestrickt hast. Die Hälfte der M zeigt nach oben zu dir, die andere liegt nach unten auf dem Tisch. Die Spitze sollte aussehen wie ein Keil, an dessen Kanten die Abnahmelinien verlaufen.

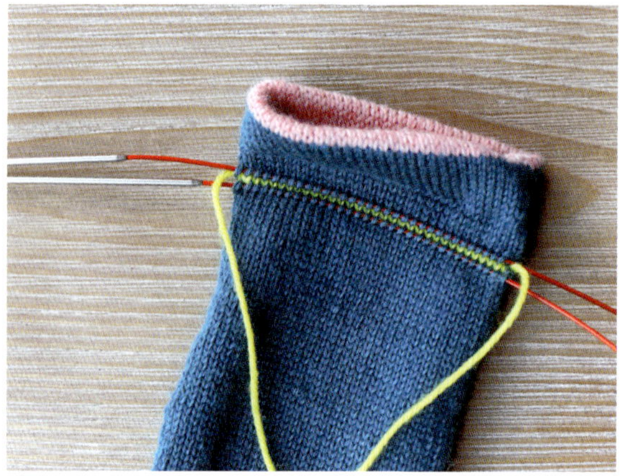

Suche die R mit den M direkt unter dem Hilfsfaden. Gehe zur 1. M dieser R am Rand deines Schlauchs und stich mit der Stricknd in das rechte M-Glied dieser M ein, danach in das rechte M-Glied der 2. und in das rechte M-Glied der 3. M. Fahre so an allen M fort, bis du **20/24/28/32/36/40 M** aufgenommen hast.

Wdh das Gleiche noch einmal an der R mit den M auf der anderen Seite des Hilfsfadens. Du solltest nun insgesamt **40/48/56/64/72/80 M** gleichmäßig verteilt auf den beiden Nd haben. Wenn du mit dem Magic Loop (also mit der langen Rundstr-Nd) arbeitest, schiebe alle M auf die Seile der Nd.

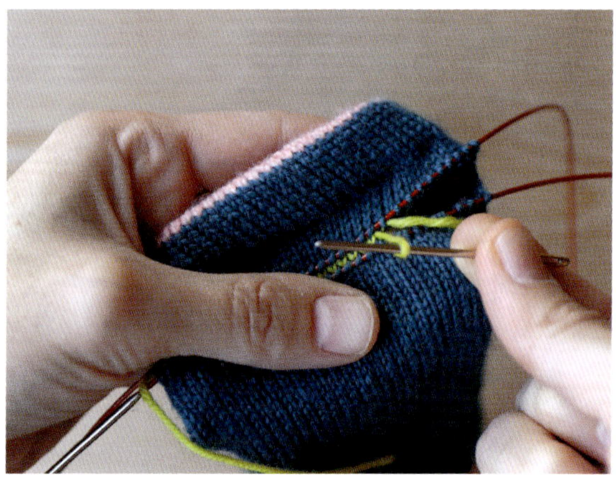

Lockere den Hilfsfaden mithilfe der Wollnd und ziehe ihn vollständig heraus.

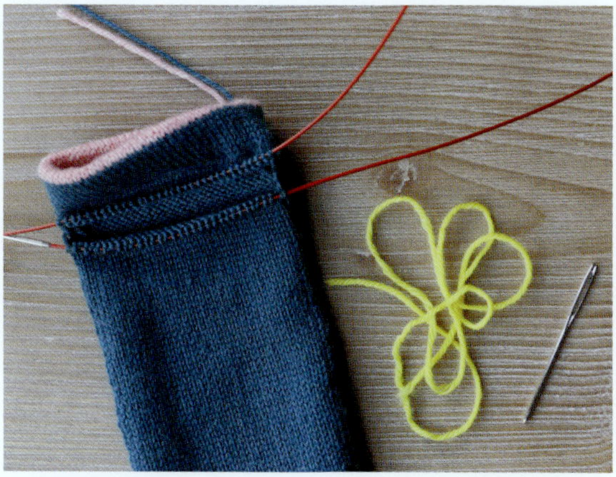

Du solltest nun ein großes Loch in deiner Socke haben. Aber alle Fersen-M liegen auf den Nd – es kann losgehen!

Nun die Ferse str, und zwar ganz genauso wie zuvor die Spitze: Zu KF1 wechseln und 3 Rd ohne Abnahmen rechts str. Dann M abnehmen wie folgt:

1. Rd: 1 M rechts, ssk, **14/18/22/26/30/34 M** rechts, 2 M rechts zusammen, 1 M rechts, MMs, 1 M rechts, ssk, **14/18/22/26/30/34 M** rechts, 2 M rechts zusammen, 1 M rechts.
2. Rd: Alle M rechts str.
3. Rd: 1 M rechts, ssk, rechte M bis 3 M vor folg MM, 2 M rechts zusammen, 1 M rechts, MM abh, 1 M rechts, ssk, rechte M bis 3 M vor Rd-Ende, 2 M rechts zusammen, 1 M rechts.

Die 2. und 3. Rd wdh, bis noch **16/20/24/28/32/36 M** verbleiben. Die Öffnung an der Ferse im M-Stich schließen (siehe Seite 33)!

Tipp: Höhe und Passform deiner Ferse kannst du anpassen. Dazu mehr oder weniger Abnahme-Rd str. Probiere die Socke zwischendurch an, um zu sehen, wie sie passt. Beende die Abnahmen, wenn du die M an der Fersenspitze leicht ohne Lücke aneinanderlegen kannst. Wenn du noch an den M ziehen musst, um die Lücke zu schließen, musst du weitere Abnahme-Rd str, damit deine Ferse Platz genug hat und die Socke am Fußrücken nicht spannt. Str an der nächsten Socke mehr gerade Rd, bevor du mit den Abnahmen beginnst.

Nun hast du die Socke fertig gestrickt und kannst zu Kapitel 4 springen. Dort erfährst du alles zum Fertigstellen der Socke. (Und jetzt stelle dir vor, dass ich dir einen gigantischen Blumenkranz um den Hals hänge, wie beim Kentucky Derby. DU HAST EINE SOCKE GESTRICKT!)

Basic-Socke Nr. 4: Bumerangferse mit Doppelmaschen

Dies ist nicht meine Lieblingsferse. Ich zeige dir, wie man sie strickt, für den Fall, dass es für dich die perfekte Ferse ist. Aber ich mag sie nicht, und das ohne besonderen Grund. Kennst du das, dass du einen bestimmten Kollegen einfach nicht magst, ohne zu wissen, warum? Genau so ist die Bumerangferse für mich. Sie hat mir nichts getan, sie sieht schön aus und sitzt gut. Doch ich stricke sie selten und nehme sie nur in mein Buch auf, weil meine persönliche Abneigung kein Grund ist, sie dir vorzuenthalten.

Oft hört man die Klage, dass diese Ferse bei einem hohen Spann nicht gut sitzt. (Stimmt!) Sie lässt sich nicht so gut anpassen wie andere Fersen. Doch viele schwören auf die Bumerangferse! Sie stricken sie total gern und mögen ihre Passform. Es ist also wie so oft im Leben: Probieren geht über Studieren.

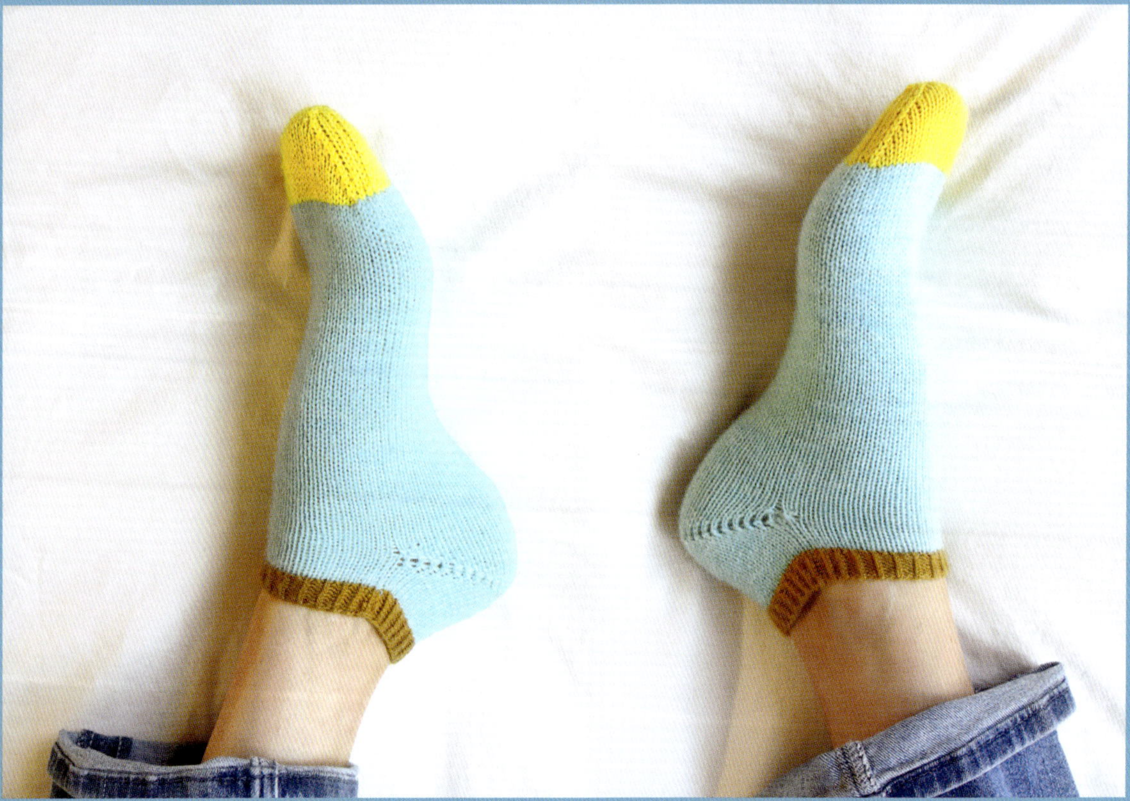

MATERIAL

Garn: Knit Picks Stroll (75% Superwash Merino, 25% Polyamid; LL 211 m/50 g): 61/81/100/117/136/148 m in Wonderland Heather (HF)

Knit Picks Stroll (75% Superwash Merino, 25% Polyamid; LL 211 m/50 g): 7/9/11/13/15/16 m in Treasure (KF1)

Knit Picks Stroll (75% Superwash Merino, 25% Polyamid; LL 211 m/50 g): 9/11/13/15/16/18 m in Dandelion (Fb 25024) (KF2)

Tipp: Jedes 4-fädige Sockengarn ähnlicher LL ist geeignet!

Stricknadeln: 2,25 mm

Sonstiges: Wollnadel, Maschenmarkierer, Schere, Maßband

Maschenprobe: 38 M = 10 cm glatt rechts in Rd und gespannt

Größen

Kleinkind/Kind/S/M/L/XL

Maße

Die Zahlen unten beziehen sich auf den Umfang am Fußballen; es sind nicht die Maße der fertigen Socke.
8-10/13-15/18/20/23/25 cm

ANLEITUNG

Bündchen

Für dieses Bündchen habe ich ein verschr 1/1-Rippenmuster gewählt! Es sieht sauberer aus als normale 1/1-Rippen (die, seien wir ehrlich, manchmal ungleichmäßig werden). Dafür einfach alle rechten und linken M verschr abstr.

In KF1 **40/48/56/64/72/80 M** anschl und zur Rd schließen, darauf achten, dass die M sich nicht verdrehen. Beginne im verschr 1/1-Rippenmuster: Fortl [1 M rechts verschr, 1 M links verschr].

2 cm oder bis zur gewünschten Länge im verschr Rippenmuster str.

Schaft

KF1 abschneiden und zur HF wechseln. In Rd glatt rechts (nur rechte M) str, bis der Schaft die gewünschte Länge hat. Ich habe Sneakersocken gestrickt, deren Schaft (mit Bündchen) 2,5 cm lang ist. Wenn du die Länge anpassen möchtest, hier einige gängige Maße für verschiedene Größen:

Sneakersocken: 2,5-5 cm
Kleinkinder: 8-10 cm
Kinder: 10-15 cm
Erwachsene, halblang: 10-15 cm
Erwachsene, lang: 18 cm und mehr

Bumerangferse mit Doppelmaschen

Wenn du mit der Schaftlänge zufrieden bist, str in der nächsten Rd **20/24/28/32/36/40 M** rechts. Vor Beginn der Ferse, die über die folg **20/24/28/32/36/40 M** gearbeitet wird, musst du je nach Größe MMs wie folgt:

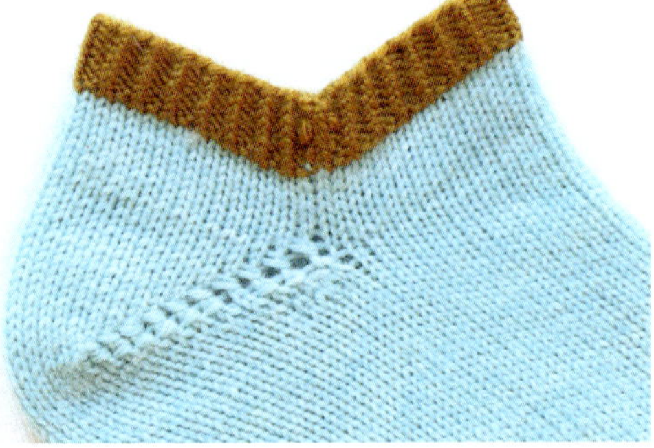

Kleinkind: 6 M rechts, MMs, 8 M rechts, MMs, 6 M rechts. Wenden.
Kind: 8 M rechts, MMs, 8 M rechts, MMs, 8 M rechts. Wenden.
S: 9 M rechts, MMs, 10 M rechts, MMs, 9 M rechts. Wenden.
M: 10 M rechts, MMs, 12 M rechts, MMs, 10 M rechts. Wenden.
L: 12 M rechts, MMs, 12 M rechts, MMs, 12 M rechts. Wenden.
XL: 13 M rechts, MMs, 14 M rechts, MMs, 13 M rechts. Wenden.

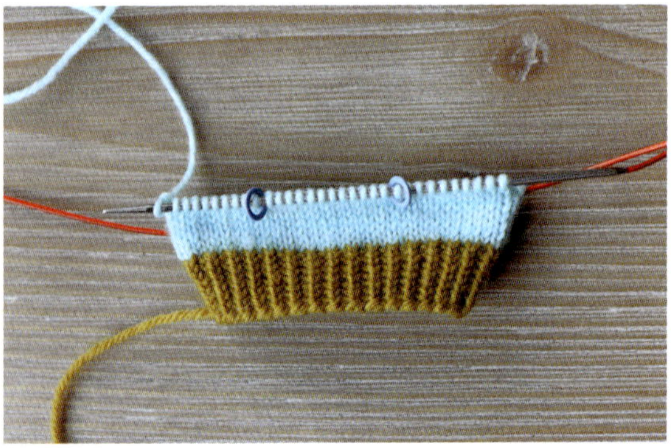

Vor Beginn der Ferse wird die letzte Hälfte der M mit MM eingeteilt.

Die Mathegenies unter euch mögen bemerkt haben, dass wir unsere Fersen-M in drei etwa gleiche Partien geteilt haben. Die mittleren M (zwischen den MM) bedecken die Ferse. Die seitlichen M bilden die Spickel unterhalb der Knöchel. Die runde Form der Ferse entsteht an diesen seitlichen M.

Wenn du MM gesetzt und die Arbeit gewendet hast, solltest du die linken M auf der Innenseite vor dir sehen.

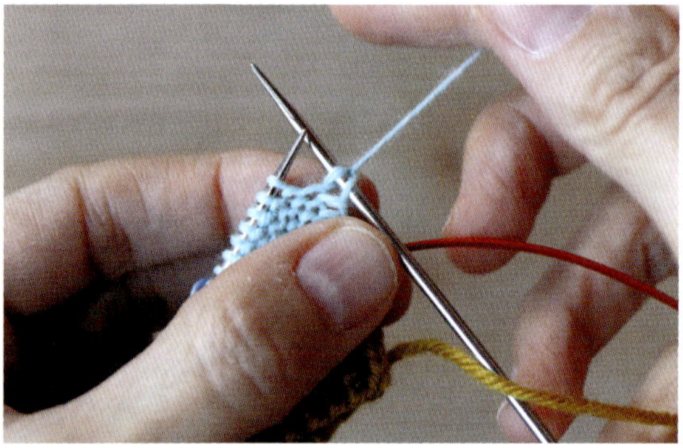

Hebe mit Fv die 1. M ab und arb *1 Doppelmasche (DM)*. Ziehe dazu einfach den Faden hoch und nach hinten über die Nd. Auf dem Bild siehst du, dass dies aussieht wie 2 M auf der Nd.

Bis zum Ende linke M str und wenden.

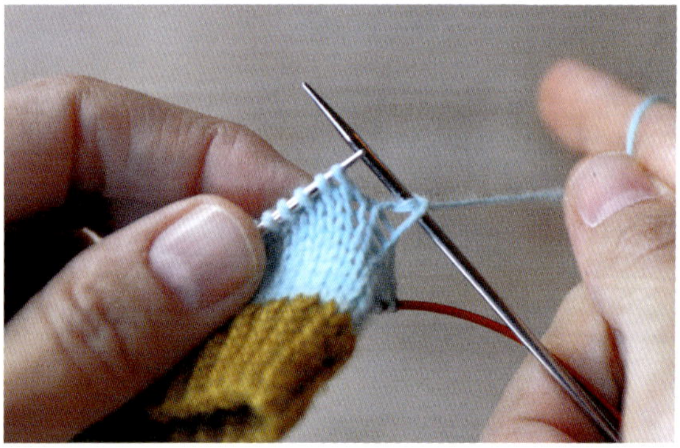

Nun liegt die rechte Seite vorn. Hebe mit Fv die 1. M ab und arb 1 DM. (Beim Abh von M ist der Faden immer vorn!).

Str nun rechte M zurück bis zu der 1. DM, die du in der Vor-R gestrickt hast. Diese nicht str! Dazu kommen wir später. Wende die Arbeit, hebe die 1. M ab, mache 1 DM, dann linke M str bis zur DM am anderen Ende der Nd.

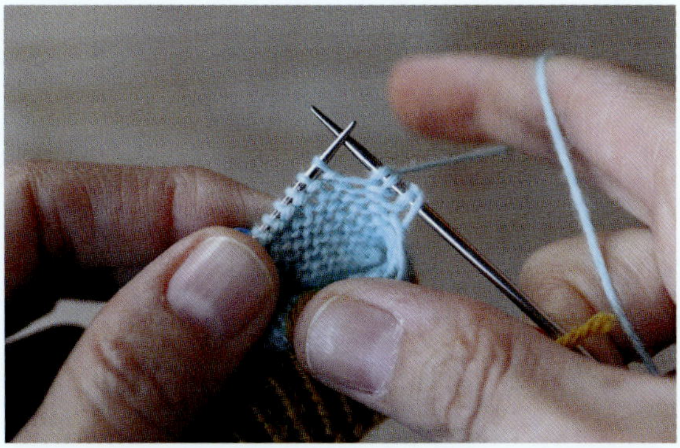

Unser Ziel ist es, an beiden Enden der Nd DM zu bilden.

Wende die Arbeit, hebe die 1. M ab, arb 1 DM und str rechte M bis zur DM der Vor-R. Wende die Arbeit und fahre nun immer so fort, bis du alle M beidseits der MM gestrickt hast. Wenn du fertig bist, solltest du außen beidseits der MM eine R mit DM haben, zwischen den MM normale rechte M.

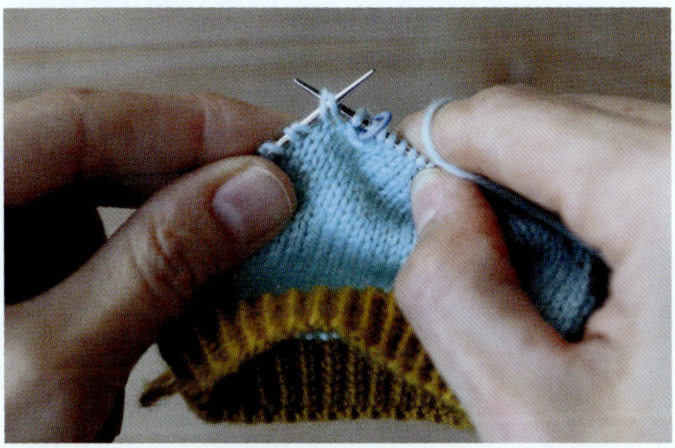

Du bist nun in der Mitte der Nd am Beginn der Mittel-M. Str diese M rechts, und wenn du zu den DM am Ende der Nd kommst, str jede DM rechts zusammen, als ob du ganz normal 2 M rechts zusammenstr würdest.

Damit ist die erste Hälfte der Bumerangferse fast fertig! Vielleicht hat es sogar ein bisschen Spaß gemacht? Mir irgendwie schon, auch wenn ich das ungern zugebe, nachdem ich die Ferse so niedergemacht habe. Ich muss eingestehen, dass es doch etwas hat, diese süßen kleinen DM zu str.

Du solltest jetzt an einem Punkt sein, von dem aus du die ersten **20/24/28/32/36/40 M** an der Vorderseite (Fußrücken) rechts str kannst. Diese hatten wir während der Arbeit an den Fersen-M stillgelegt. Str die M also rechts, und wenn du wieder zu den Fersen-M gelangst, liegen weitere DM vor dir. Str jede DM rechts zusammen, dann die übrigen Fersen-M rechts str.

Nun erneut die ersten **20/24/28/32/36/40 M** rechts str. Mit diesen vorderen M sind wir nun vorerst fertig und arb wieder nur an den Fersen-M. Bis zum 2. MM auf der Nd rechts str, MM entfernen, 1 M rechts, dann wenden. 1 DM arb, dann bis zum anderen MM links str. MM entfernen, 1 M links, wenden. Bis zur 1. DM der Vor-Rd rechts str, die DM rechts zusammenstr, 1 M rechts, dann wenden. 1 DM arb, dann bis zur DM der Vor-Rd links str, die DM links zusammenstr, 1 M links, wenden, 1 DM arb.

Fahre nach diesem Schema fort, bis du alle M an beiden Enden der Nd gestrickt hast. Nun in Rd weiterstr. Wenn du dabei zu den verbleibenden DM kommst, str sie rechts zusammen.

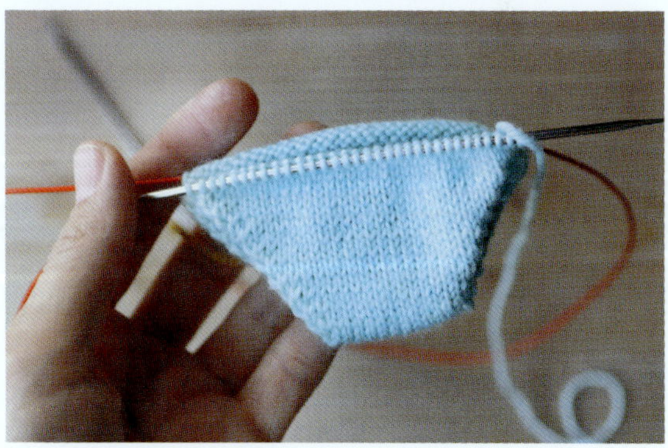

Nun hast du die Bumerangferse fertig gearbeitet und kannst mit dem Fuß weitermachen!

Wenn dir das Str Spaß gemacht hat und, noch wichtiger, wenn später die Ferse der fertigen Socke gut sitzt, freut mich das echt. Wir alle haben beim Str unsere Vorlieben, und wenn ich etwas nicht mag, es dir jedoch gefällt, ist das die Hauptsache. Findest du die Bumerangferse aber schrecklich, schicke mir eine E-Mail oder eine DM (Direct Message, nicht Doppelmasche, haha!) auf Instagram. Dann gründen wir einen Club, in dem wir die ganze Zeit über die Bumerangferse lästern.

Fuß

Weiter glatt rechts, bis der Fuß bis zur Spitze deines kleinen Zehs reicht. Falls du die Socken beim Str nicht gut anprobieren kannst oder sie ein Geschenk sein sollen, hilft dir die folg Tabelle (gemessen vom hinteren Ende der Ferse bis zum Ende der Spitze).

(Alle Größen sind europäische Schuhgrößen)
Kleinkind: 11-15 cm
Kind: 15-19 cm
Damen Größe 34-37,5: 20,5-23 cm
Damen Größe 37,5-41: 23-25,5 cm
Damen Größe 41,5-44,5: 26-28 cm
Herren Größe 37,5-41: 23,5-25,5 cm
Herren Größe 41,5-44,5: 26-28 cm
Herren Größe 45-48: 28,5-30,5 cm

Beim Str der Bumerangferse, musst du auch die Länge der Spitze berücksichtigen:

Kleinkind: 2,5 cm
Kind: 3 cm
S: 4 cm
M: 4 cm
L: 4 cm
XL: 4,5 cm

Von der gewünschten Fußlänge (vom hinteren Ende der Ferse bis zum Ende der Spitze) ziehst du das Maß der Spitze ab. Beispiel: Meine gewünschte Fußlänge ist 23 cm. Ich ziehe die Länge meiner Spitze (4 cm) ab; es bleiben 19 cm, die ich bis zum Beginn der Abnahmen für die Spitze str muss.

Spitze

Die HF abschneiden und zur KF wechseln. 1 Rd rechte M str, dann mit den Abnahmen für die Spitze beginnen:

1. Rd: 1 M rechts, ssk, **14/18/22/26/30/34 M** rechts, 2 M rechts zusammen, 1 M rechts, MMs, 1 M rechts, ssk, **14/18/22/26/30/34 M** rechts, 2 M rechts zusammen, 1 M rechts.
2. Rd: Alle M rechts str.
3. Rd: 1 M rechts, ssk, rechte M bis 3 M vor folg MM, 2 M rechts zusammen, 1 M rechts, MM abh, 1 M rechts, ssk, rechte M bis 3 M vor Rd-Ende, 2 M rechts zusammen, 1 M rechts.

Die 2. und 3. Rd wdh, bis noch **16/20/24/28/32/36 M** verbleiben.

Die Öffnung an der Spitze im M-Stich schließen (siehe Seite 33). Nun kannst du zu Kapitel 4 springen. Dort erfährst du alles über das Fertigstellen der Socke.

DU HAST EINE SOCKE GESTRICKT! Stelle dir vor, wie ich Konfetti auf dich regnen lasse und dir ein Glas Sekt oder Apfelschorle überreiche!

Basic-Socke Nr. 5: Toe-up-Socke mit Zunahmeferse

Du erinnerst dich, dass ich meine Lieblingssocken an die erste Stelle gesetzt habe und dass die Socken, die ich weniger mag, weiter hinten auftauchen. Da dies meine letzte Anleitung für Basic-Socken ist, kannst du dir also denken, wie ich Toe-Up-Socken finde. Die Methode, Socken von der Spitze nach oben zu stricken, ist jedoch auf der ganzen Welt beliebt und hat daher sicher ihre Vorzüge (und hartnäckige Fans). Wie du zweifellos bemerkt hast, bin ich eine alte Nörglerin, die Veränderungen hasst – kümmere dich also nicht um mein Gemecker und probiere es aus! Diese Socke hat eine Zunahme- oder sogenannte Fleegle-Ferse.

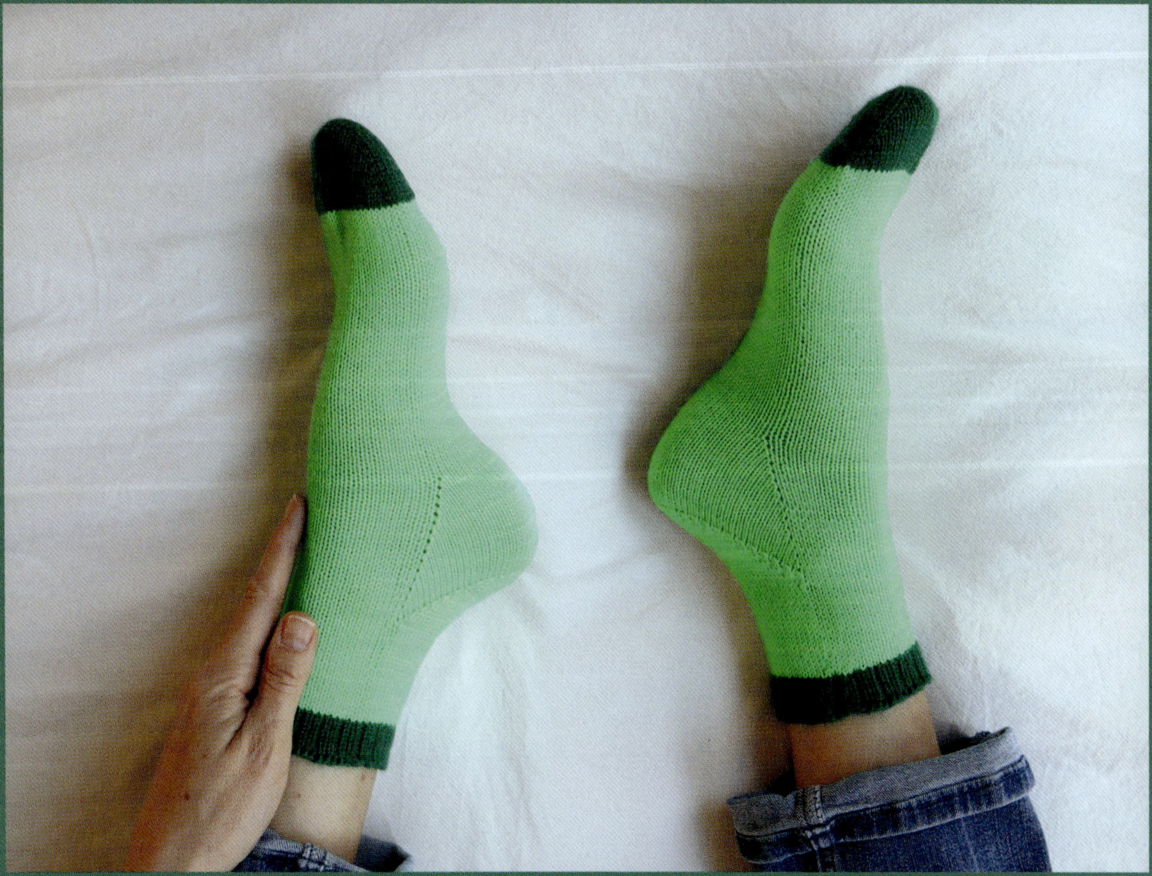

MATERIAL

Garn: Kindred Red Rad Sock (75% Superwash Merino, 25% Polyamid; LL 423 m/100 g): 107/120/139/161/181/208 m in Jaderade (HF)

Knit Picks Stroll (75% Superwash Merino, 25% Polyamid; LL 211 m/50 g): 18/22/26/29/33/37 m in Rainforest Heather (KF)

Tipp: Jedes 4-fädige Sockengarn ähnlicher LL ist geeignet!

Stricknadeln: 2,25 mm

Sonstiges: Wollnadel, Maschenmarkierer, Schere, Maßband

Maschenprobe: 38 M = 10 cm glatt rechts in Rd und gespannt

Größen

Kleinkind/Kind/S/M/L/XL

Maße

Die Zahlen unten beziehen sich auf den Umfang am Fußballen; es sind nicht die Maße der fertigen Socke.
8-10/13-15/18/20/23/25 cm

ANLEITUNG

Spitze

In KF mit dem Schlingenanschlag **16/20/24/28/32/36 M** anschl. Falls du diese Methode nicht kennst, findest du unter dem Begriff „Judys magischer Maschenanschlag" oder „Judy's Magic Cast-on" viele Tutorials im Internet.

Die M deines M-Anschlags sollten gleichmäßig auf 2 Nd verteilt sein. Lege die Nd so, dass die Spitzen nach rechts zeigen.

Str alle M auf deiner 1. Nd rechts. Das sollten die ersten **8/10/12/14/16/18 M** sein. Wenn du zu den M auf der 2. Nd kommst, str diese rechts verschr. Sie liegen nicht richtig ausgerichtet auf der Nd; dies wird durch das verschr Str korrigiert. Das ist nur
in der 1. Rd notwendig; in allen weiteren Rd werden die M normal gestrickt.

Nun müssen wir mit den Zunahmen beginnen.

1. Rd: 1 M rechts, kfb, rechte M bis 2 M vor Ende der Nd, kfb, 1 M rechts. An der 2. Nd wdh.
2. Rd: Alle M rechts str.

Diese beiden Rd wdh, bis **40/48/56/64/72/80 M** gleichmäßig verteilt auf beiden Nd liegen – also **20/24/28/32/36/40 M** pro Nd.

Damit ist die Spitze fertig und sieht doch super aus. Weiter geht es mit dem Fuß!

Fuß

Die KF abschneiden und zur HF wechseln. Im Vergleich zur Spitze ist der Fuß kinderleicht. In jeder Rd alle M rechts str, bis der Fuß bis zu deiner Beuge am Knöchel reicht.

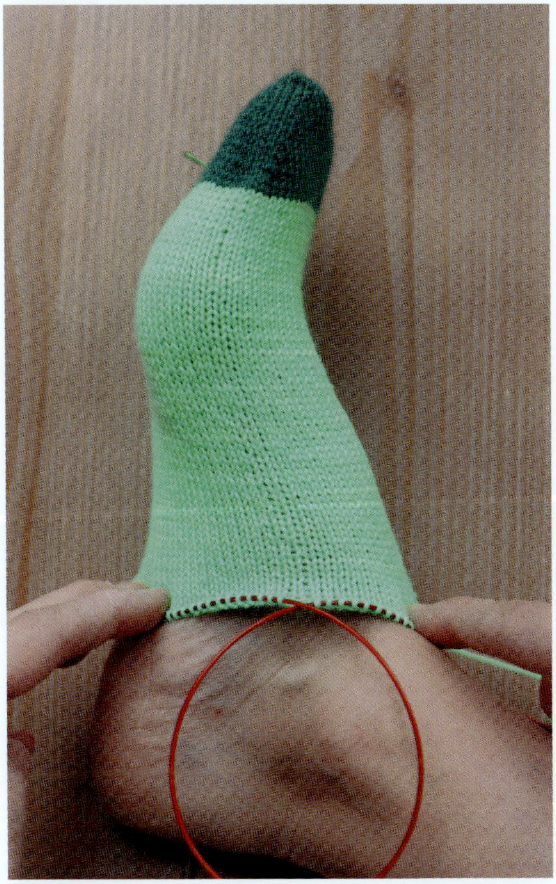

Der Fuß ist fertig gestrickt, wenn die Arbeit die Beuge am Knöchel erreicht.

Falls du die Socken beim Str nicht gut anprobieren kannst oder sie ein Geschenk sein sollen, hilft dir die folg Tabelle beim Bestimmen der Länge (gemessen vom hinteren Ende der Ferse bis zum Ende der Spitze).

(Alle Größen sind europäische Schuhgrößen)

Kleinkind: 11-15 cm
Kind: 15-19 cm
Damen Größe 34-37,5: 20,5-23 cm
Damen Größe 37,5-41: 23-25,5 cm
Damen Größe 41,5-44,5: 26-28 cm
Herren Größe 37,5-41: 23,5-25,5 cm
Herren Größe 41,5-44,5: 26-28 cm
Herren Größe 45-48: 28,5-30,5 cm

Bei einer Socke mit Zunahmeferse (Fleegle-Ferse) musst du auch die Länge der Ferse berücksichtigen:

Kleinkind: 2,5 cm
Kind: 4 cm
S: 5 cm
M: 5 cm
L: 5 cm
XL: 6 cm

Von deiner gewünschten Fußlänge (vom hinteren Ende der Ferse bis zum Ende der Spitze) ziehst du das Maß der Ferse ab. Beispiel: Meine gewünschte Fußlänge ist 23 cm. Ich ziehe die Länge meiner Spitze (5 cm) ab; es bleiben 18 cm, die ich bis zum Beginn meiner Zunahmeferse str muss.

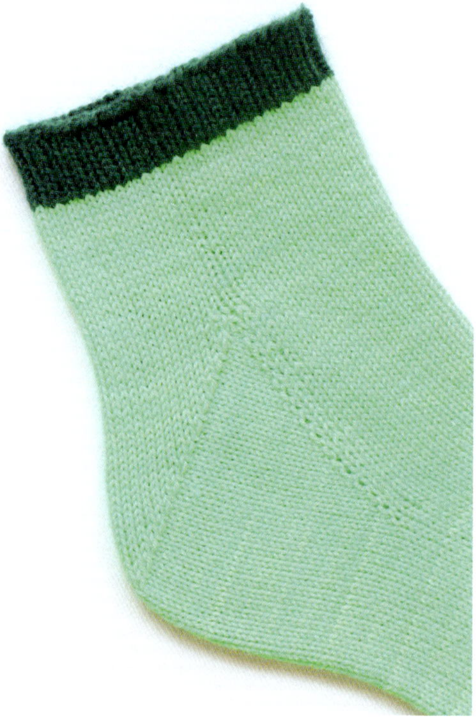

Die M-Zahl auf deiner Fersen-Nd nimmt zu, die auf der vorderen Nd bleibt jedoch gleich.

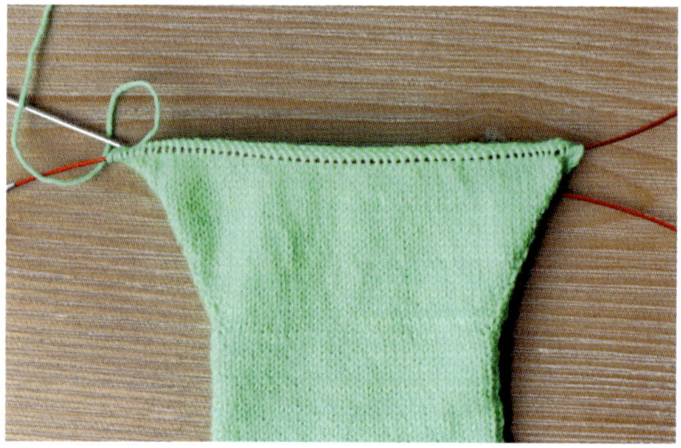

Weil wir in jeder 2. Rd 2 M zunehmen, nimmt die M-Zahl der Fersen-Nd kontinuierlich zu.

Zunahmeferse

Die Zunahmeferse hat mit der Käppchenferse und der Bumerangferse gemeinsam, dass sich das Entscheidende an der hinteren Hälfte der M abspielt. Trotzdem wird der größte Teil dieser Ferse über alle M rundgestrickt statt in R über die Hälfte der M zu arb.

Zuerst 2 einfache Rd str und diese fortl wdh.

1. Rd: 20/24/28/32/36/40 M (M der vorderen Nd) rechts str. An den übrigen **20/24/28/32/36/40 M** (M der Fersen-Nd) wie folgt str: 1 M rechts, 1 M rechts gen zun (QF), rechte M bis 1 M vor Ende, 1 M links gen zun (QF), 1 M rechts. Du hast 2 M zugenommen.
2. Rd: Alle M rechts str.

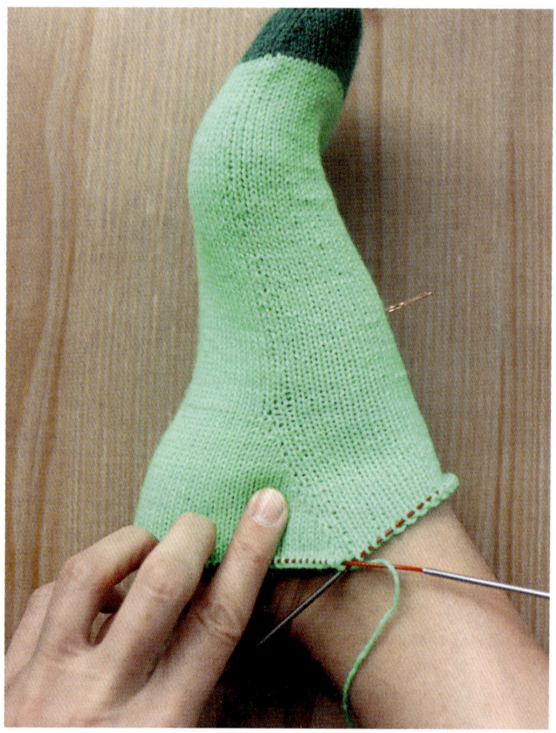

Durch diese Zunahmen entsteht beidseits des Knöchels ein Spickel!

Nun musst du nur diese 2 Rd wdh, bis du **38/46/54/62/70/78 M** auf der Fersen-Nd hast. Auf der vorderen Nd sollten weiterhin nur **20/24/28/32/36/40 M** liegen.

Jetzt folgt das Käppchen: Die **20/24/28/32/36/40 M** der vorderen Nd rechts str und vorerst ruhen lassen. Wir str weiter in R nur über die M der Fersen-Nd.

1. R: 20/24/28/32/36/40 M rechts, 2 M rechts zusammen, 1 M rechts, wenden.
2. R: 1 M abh, 3 M links, 2 M links zusammen, 1 M links, wenden.
3. R: 1 M abh, 4 M rechts, 2 M rechts zusammen, 1 M rechts, wenden.
4. R: 1 M abh, 5 M links, 2 M links zusammen, 1 M links, wenden.

Die Fersen-M für das Käppchen sind nun nach folg Muster eingeteilt: 1 M abh, rechte oder linke M bis 1 M vor der Lücke (entstanden durch das Wenden an der Vor-R), 2 M rechts zusammen oder 2 M links zusammen, 1 M rechts oder 1 M links, wenden.

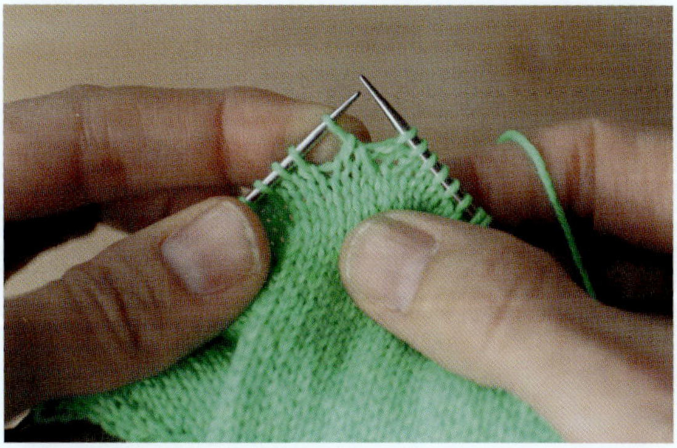

Siehst du die Lücke zwischen der 1. und 2. M auf meiner linken Nd? Das ist dein Erkennungszeichen dafür, dass diese beiden M rechts zusammenammengestrickt werden müssen. Damit wird die Lücke geschlossen!

Fahre nach diesem Schema fort, bis du noch 1 Abnahme zu str hast. Nun über die M der vorderen Nd str, dann die allerletzte Abnahme an der Fersen-Nd arb.

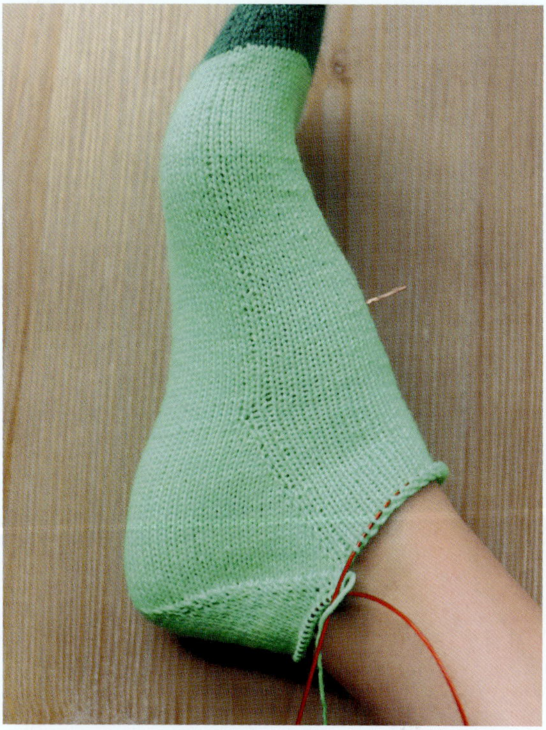

Die fertige Zunahmeferse!

Das war's! Deine Zunahmeferse ist fertig, und du kannst nun mit dem Schaft fortfahren. Du solltest **40/48/56/64/72/80 M** auf den Nd haben.

Schaft

Ähnlich wie am Fuß musst du auch am Schaft nur glatt rechts gerade hoch str, bis der Schaft die gewünschte Länge hat. Meine Schaftlänge sollte (mit Bündchen) 8 cm betragen, also habe ich 6 cm glatt rechts gestrickt. Wenn du die Länge anpassen möchtest, hier einige gängige Maße für verschiedene Größen:

Sneakersocken: 2,5-5 cm
Kleinkinder: 8-10 cm
Kinder: 10-15 cm
Erwachsene, halblang: 10-15 cm
Erwachsene, lang: 18 cm und mehr

Die HF abschneiden.

Bündchen

Zur KF wechseln und 1 Rd rechte M str. In der folg Rd mit dem 2/2-Rippenmuster beginnen: Fortl [2 M rechts, 2 M li] str. 2 cm oder bis zur gewünschten Höhe weiter im 2/2-Rippenmuster str.

Dann die M elastisch abketten. (Tutorials dafür findest du im Internet unter dem Begriff „Jeny's surprisingly stretchy bind-off" bzw. „Jenys überraschend elastisches Abketten"). Springe zu Kapitel 4. Dort erfährst du alles über das Fertigstellen der Socke.

Du hast eine Toe-up-Socke fertig gestrickt! Stell dir vor, wie ich dir kräftig applaudiere, denn Toe-up-Socken str ich nicht so gern, und ich bin echt stolz auf dich, dass du es geschafft hast! Im nächsten Kapitel erfährst du alles darüber, wie du die Fäden vernähst und deine Socken spannst.

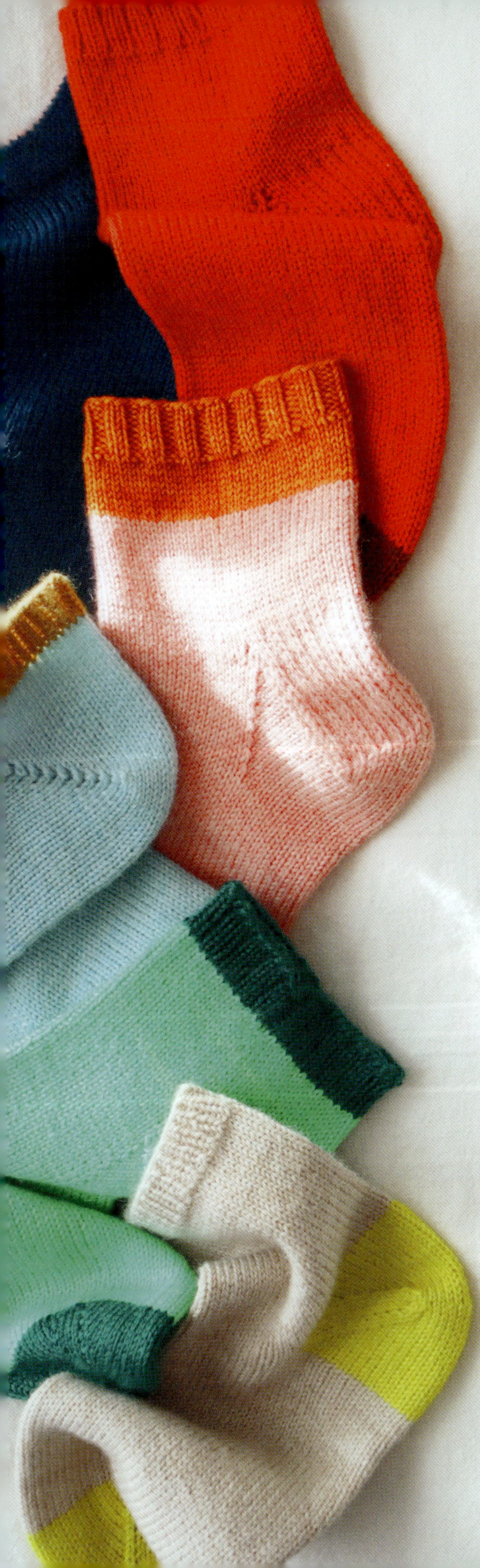

Fazit

Puh. Das ging ja richtig zur Sache! Fünf Fersen, fünf Bündchen und fünf (bzw. sechs) verschiedene Basic-Socken. Ich hoffe, du hast dein Lieblingsrezept für Socken, die gut an deinem Fuß sitzen und die du gern strickst, gefunden.

Einer meiner besten Tipps für Neulinge lautet: Stricke zuerst jede Menge Basic-Socken. So lernst du die Konstruktionstechniken aus dem Effeff kennen, und es wird später einfacher, Strukturmuster und Jacquard hinzuzufügen. Du bekommst auch ein Gefühl dafür, mit welchem Garn du gern strickst und welche Farben dir am besten gefallen. Ehe du dich's versiehst, hast du eine Schublade voller bunter Socken, die du jeden Tag tragen kannst (oder, falls du wie ich in einer schwülheißen Klimazone lebst, die du bewundernd betrachten kannst).

Wenn du bereit bist, stürze dich auf die tollen Anleitungen, die ich in den zweiten Teil des Buches gepackt habe!

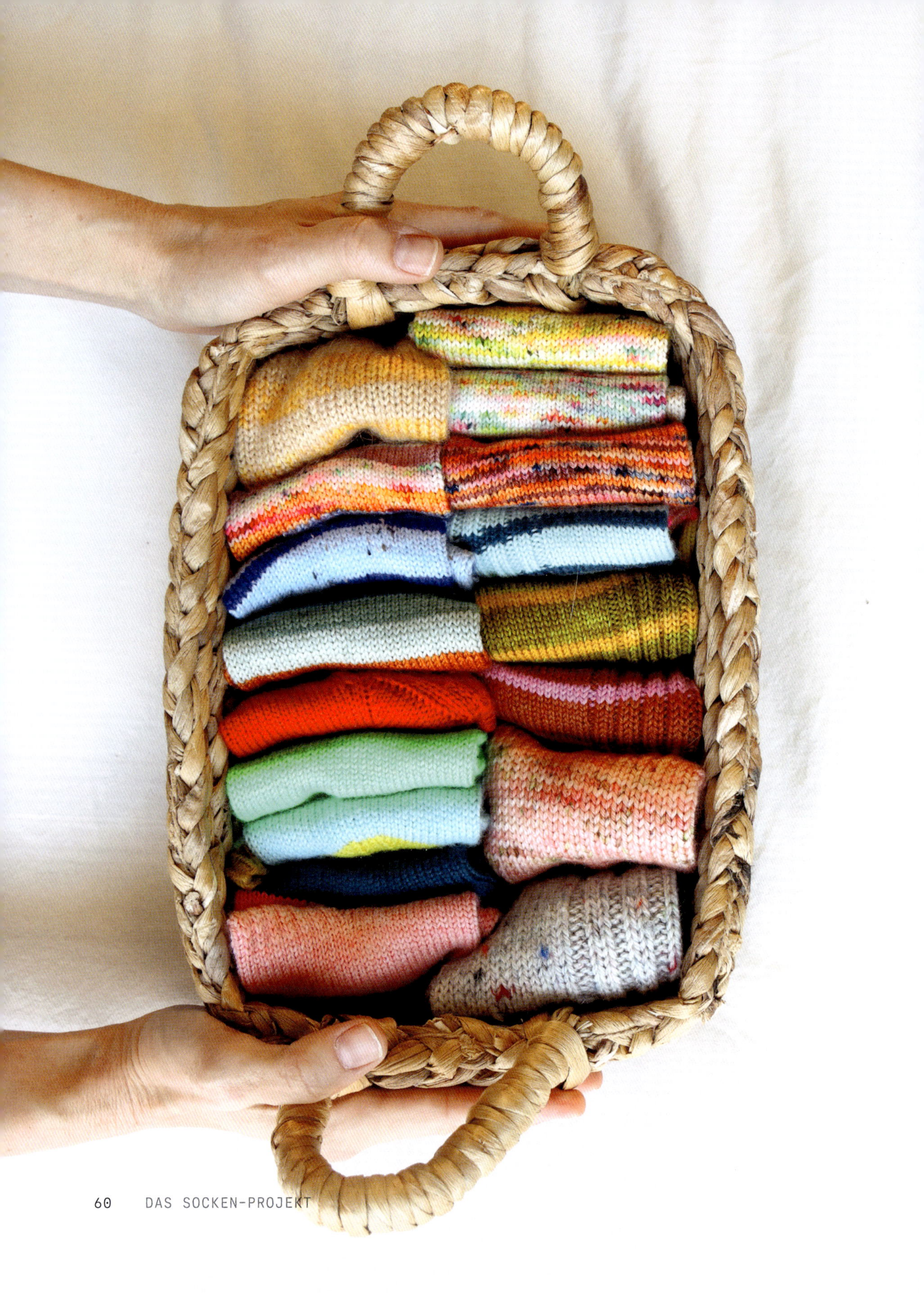

Kapitel 4

FERTIGSTELLEN UND PFLEGE DEINER SOCKEN

Ich kann verstehen, dass du deine selbst gestrickten Socken sofort anziehen willst! Trotzdem möchte ich dir noch ein paar kleine Schritte ans Herz legen, dank denen du auf Jahre hinaus noch mehr Freude an deinen Socken haben wirst.

Fertigstellen

Zuerst werden alle losen Fäden auf der Innenseite vernäht. Dazu ziehe ich den Faden U-förmig durch die M und lasse ein 2 cm langes Ende stehen (ein kürzeres Ende könnte auf die rechte Seite durchrutschen).

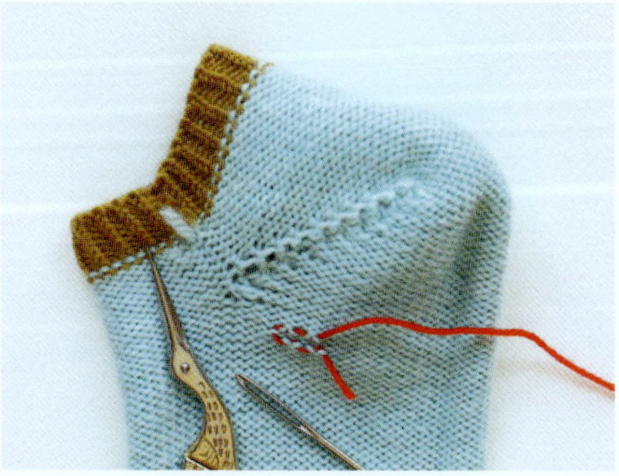

Sind alle Fäden gut vernäht, werden die Socken gespannt. Muss das sein? Ich würde gern lügen und sagen, ja, es muss sein. Damit würde jedoch meine Glaubwürdigkeit als die Schutzpatronin des Sockenstrickens leiden (ein Titel, den mir eine Mit-Sockenstrickerin auf Instagram verliehen hat und den ich natürlich sofort auf meine Kissenbezüge und Handtücher gestickt habe).

Also nein, Spannen ist nicht unbedingt notwendig – trotzdem solltest du es tun. Die Socken werden dadurch viel weicher und deine Muster kommen viel besser zur Geltung.

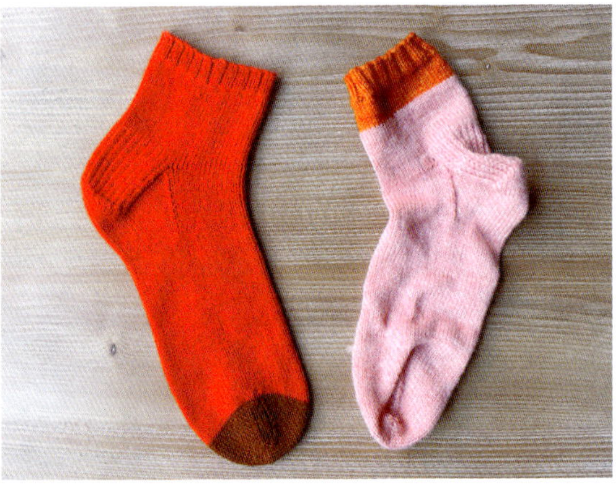

Zum Vergleich: links eine gespannte Socke und rechts eine ungespannte Socke

Wenn du gestrickte Sachen in warmes Wasser mit mildem Waschmittel legst, geschieht etwas Wunderbares. All die etwas ungleichmäßigen M, die du in stundenlanger Arbeit gestrickt hast, beginnen sich zu entspannen. Sie kuscheln sich an ihre Nachbarn und strecken ihre kleinen Beinchen gerade.

Das heißt, das ziemlich zerknitterte (und trotzdem total süße) Etwas, das von deinen Nd kam, verwandelt sich nach einem ausgiebigen Bad in eine perfekte, seidenweiche Traumsocke. Sieh es einmal so: Wenn du mit verwuscheltem Haar und einem Kissenabdruck im Gesicht aufwachst, bist du immer noch hübsch und wundervoll. Doch du musst zugeben, wenn du geduscht und frisch angezogen bist, siehst du doch um Einiges besser aus.

Zum Spannen einer Socke brauchst du ein Waschbecken (oder eine kleine Wanne, große Schüssel o.Ä.) mit warmem Wasser, etwas Wollwaschmittel und ein Paar Sockenspanner.

Fülle das Waschbecken oder die Schüssel mit lauwarmem Wasser, gib etwas Wollwaschmittel dazu und dann tauche deine Socken ganz unter. Lass sie etwa 30 Minuten einweichen (aber wenn du sie vergisst und sie die ganze Nacht im Wasser liegen, macht das auch nichts – das passiert mir ständig).

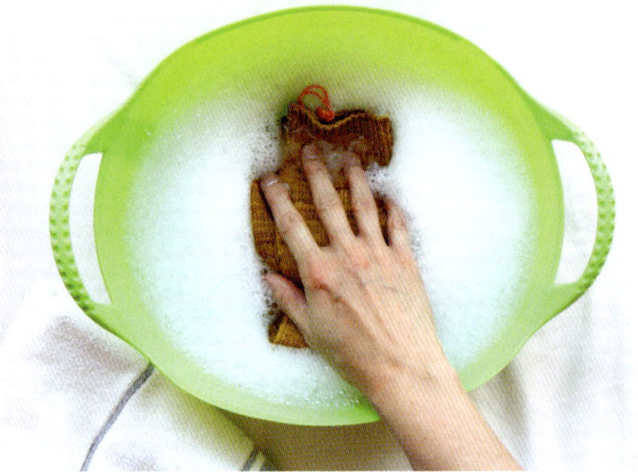

Drücke nach dem Einweichen das überschüssige Wasser aus (NICHT WRINGEN!) und rolle die nassen Socken in ein trockenes Handtuch.

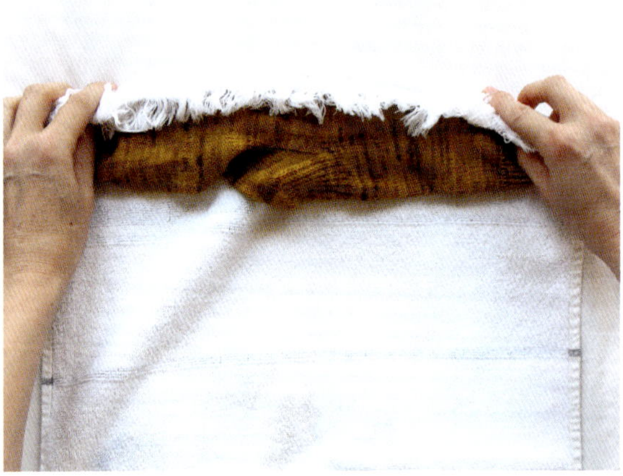

Lege das Handtuch auf den Boden und trampele ein paar Minuten darauf herum, um noch mehr Wasser auszudrücken und nebenbei sämtlichen Ärger loszuwerden, der sich vielleicht in dir aufgestaut hat.

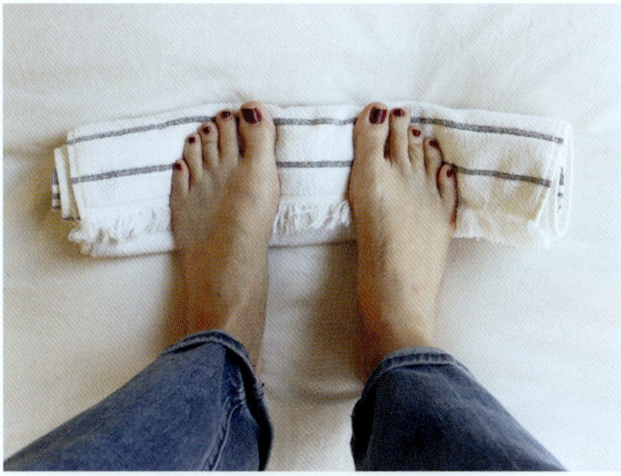

Nun nimm die feuchten Socken und ziehe sie auf die Sockenspanner. Ich lege meine mitten ins Bett unter den Deckenventilator – so sind sie binnen zwölf Stunden trocken und ich kann sie anziehen.

Pflege handgestrickter Socken

Die meisten Sockengarne haben eine Superwash-Ausrüstung – das bedeutet, dass sie speziell behandelt wurden, um das Waschen und Schleudern in der Waschmaschine auszuhalten. Theoretisch kannst du deine Socken mit einem Berg anderer Wäsche in die Maschine stopfen und so behandeln wie jedes andere Kleidungsstück.

Habe ich das je getan? NEIN! Aufgrund meiner paranoiden Ängste gehe ich mit meinen geliebten selbstgestrickten Socken äußerst behutsam um. Ich weiche sie in lauwarmem Wasser mit Wollwaschmittel ein und breite sie dann flach zum Trocknen aus. Andere legen einen Sockentag ein, an dem sie all ihre Socken einweichen und dann schön auf einen Wäschetrockner draußen im Schatten hängen. In der prallen Sonne solltest du sie nie trocknen lassen, da die Farben ausbleichen könnten.

Socken aus normaler Wolle (ohne Superwash) solltest du niemals in die Waschmaschine oder den Trockner geben. Sie würden verfilzen und einlaufen, es würde dir das Herz brechen, und du müsstest mindestens ein halbes Jahr trauern, bis du den Mut aufbringst, ein neues Paar zu stricken.

Auch in Sachen Verschleiß benötigen deine handgestrickten Wollsocken etwas mehr Aufmerksamkeit als fertig gekaufte maschinengestrickte Socken. Löcher entstehen meist an den Fersen und Fußballen, den am stärksten strapazierten Bereichen. Du kannst einen Stopfpilz kaufen, um sie zu flicken; damit geht es deutlich leichter. Im Internet findest du haufenweise Tutorials zu allen möglichen einfachen Methoden, deine Socken so zu stopfen, damit sie jahrelang halten.

Auch die Anzahl spielt für die Lebensdauer eine Rolle: Je mehr Stricksocken du hast, desto seltener trägst du jedes Paar. Wenn deine Socken also ohne ständiges Flicken lange halten sollen, mache es einfach wie ich und stricke ungefähr hundert Paar. So trägst du jedes Paar nur etwa dreimal im Jahr. (Kleiner Scherz. Aber da ist schon was dran.)

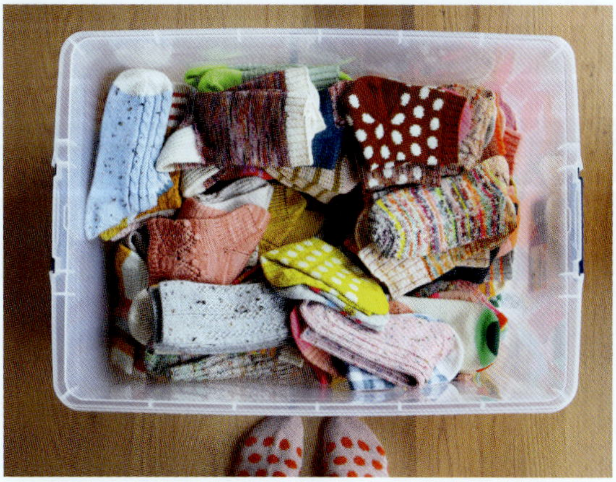

Habe ich nicht einen riesigen Berg Stricksocken? JA!

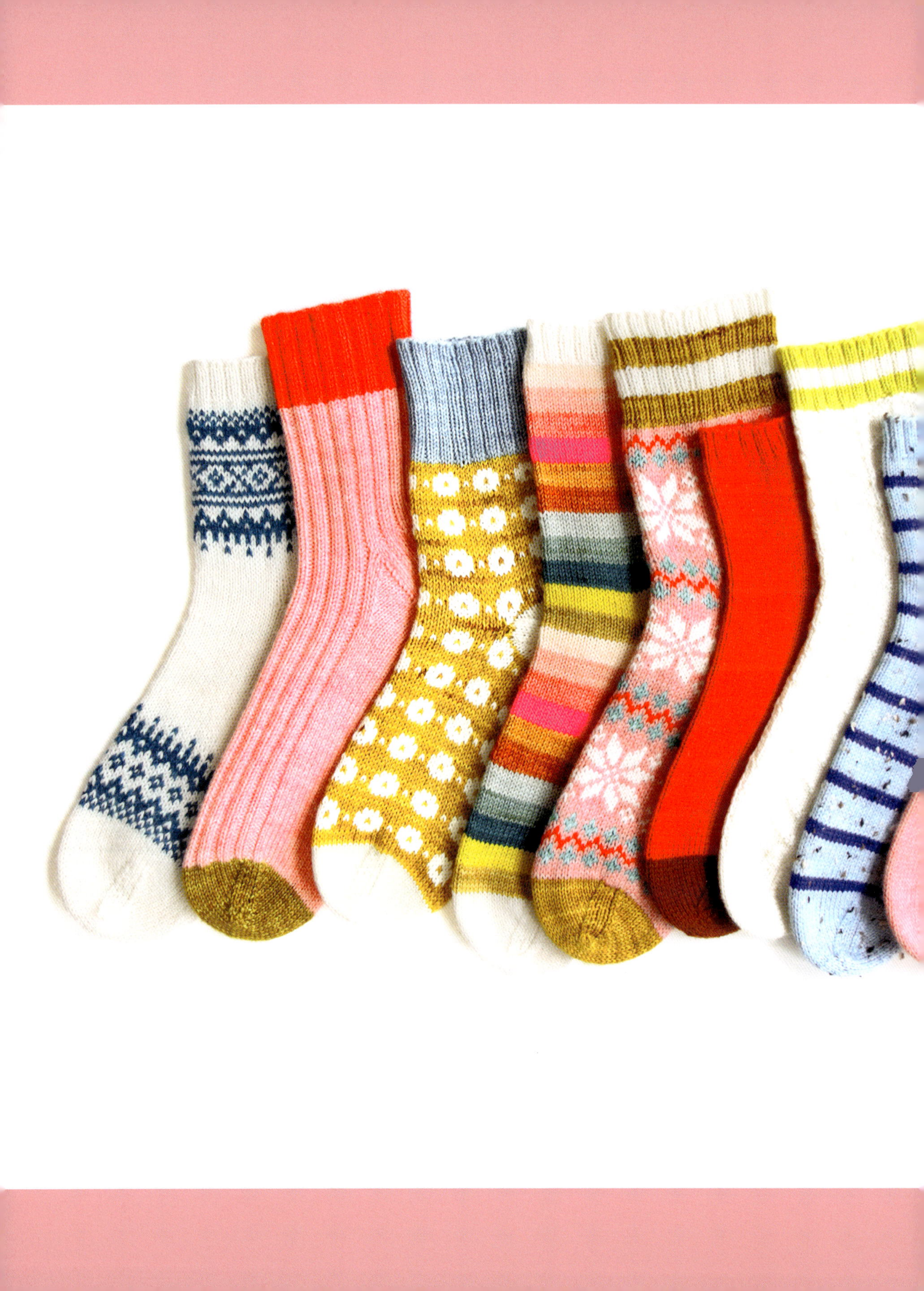

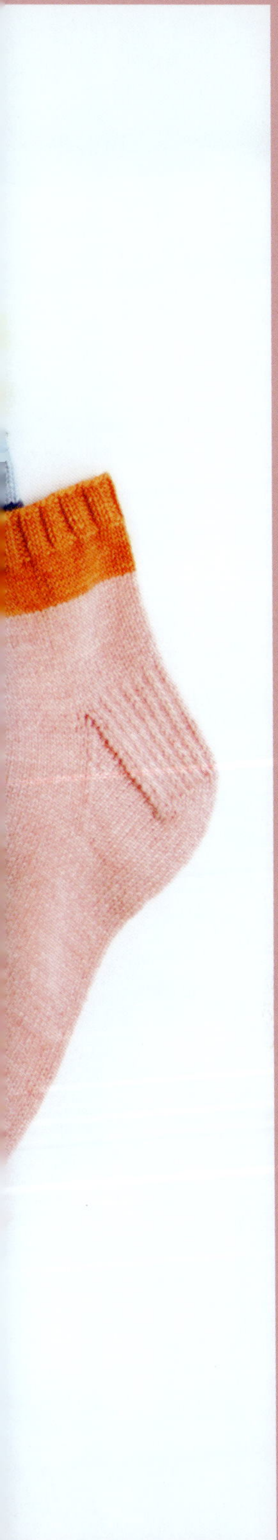

III

25 SOCKEN-MODELLE

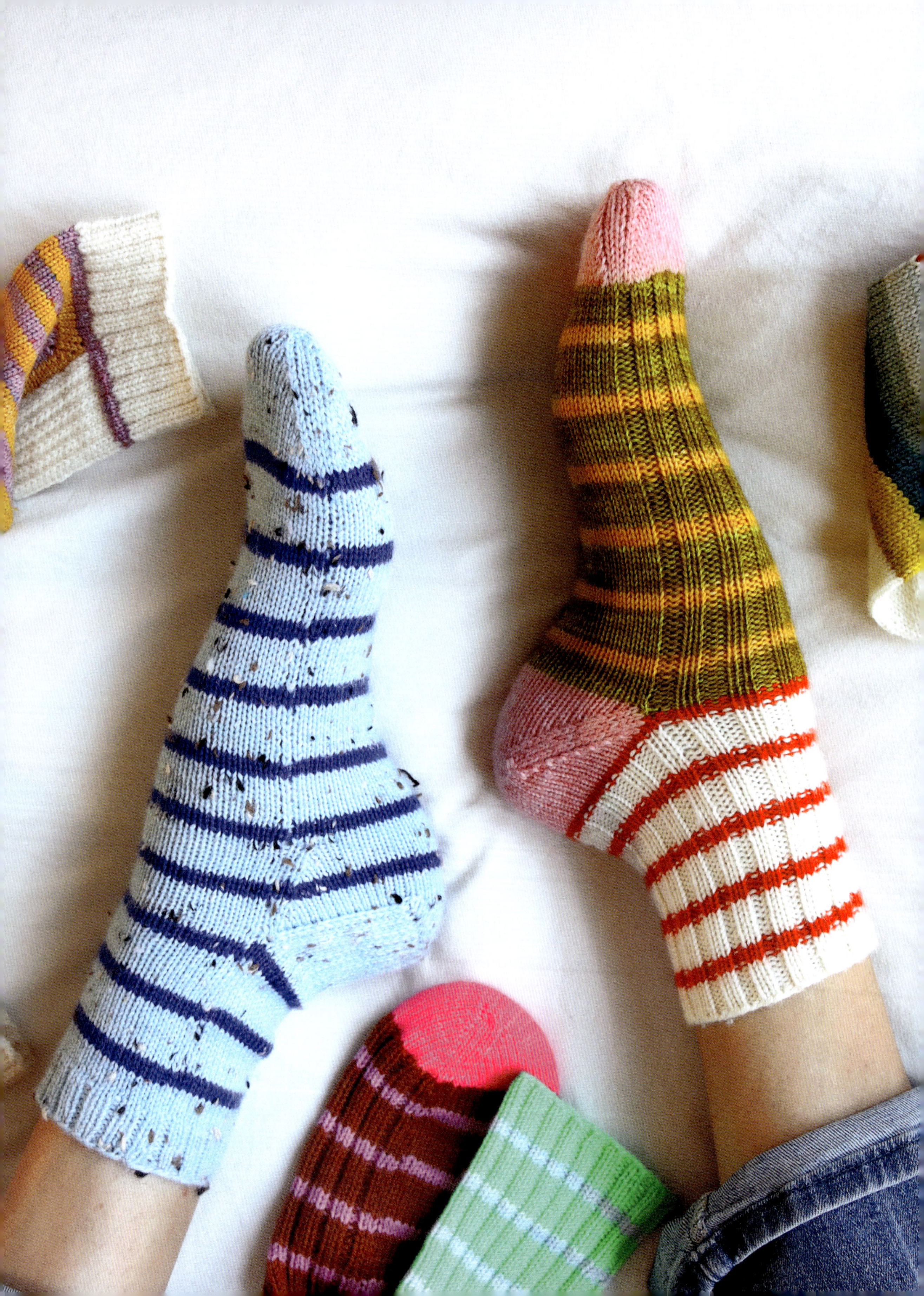

Kapitel 5

RINGELSOCKEN

Nichts mag ich lieber, als kilometerweise Ringel stricken. Dieses simple Muster ist bei mir überall. Ich habe gestreifte Vorhänge, gestreifte Kissen, gestreifte Wände, gestreifte Pullis, gestreifte Schals und natürlich dutzende gestreifte Socken. Was könnte einen besser aufheitern, als bunte, handgestrickte Ringelsocken anzuziehen?

Außerdem sind sie genial, um Wollreste zu verarbeiten. Restesocken sind für mich die BESTEN, denn sie veranschaulichen deine ganz persönliche Strickreise. Da ist das Garn, das du in Santa Fe gekauft hast. Und an dem Streifen da hast du einen Rest von deinen allerersten selbst gestrickten Socken verwendet. Das Garn an diesem Ringel stammt von deinem Lieblingspulli (der, wegen dem dich der Barista im Café mit Komplimenten überschüttet hat). Und so weiter.

Daher ist die Antwort auf die Frage „Was stricke ich als Nächstes?" fast immer „Ringel!"

Trotzdem scheuen Viele davor zurück. „So viele Fäden", raunen sie. „Die kann ich unmöglich alle vernähen."

Keine Angst! Es ist ohne Weiteres möglich, bunte Reste-Ringelsocken zu stricken, ohne viele Fäden vernähen zu müssen. Die kannst du einfach mit einstricken – ich zeige dir, wie das geht.

Bunte Ringel

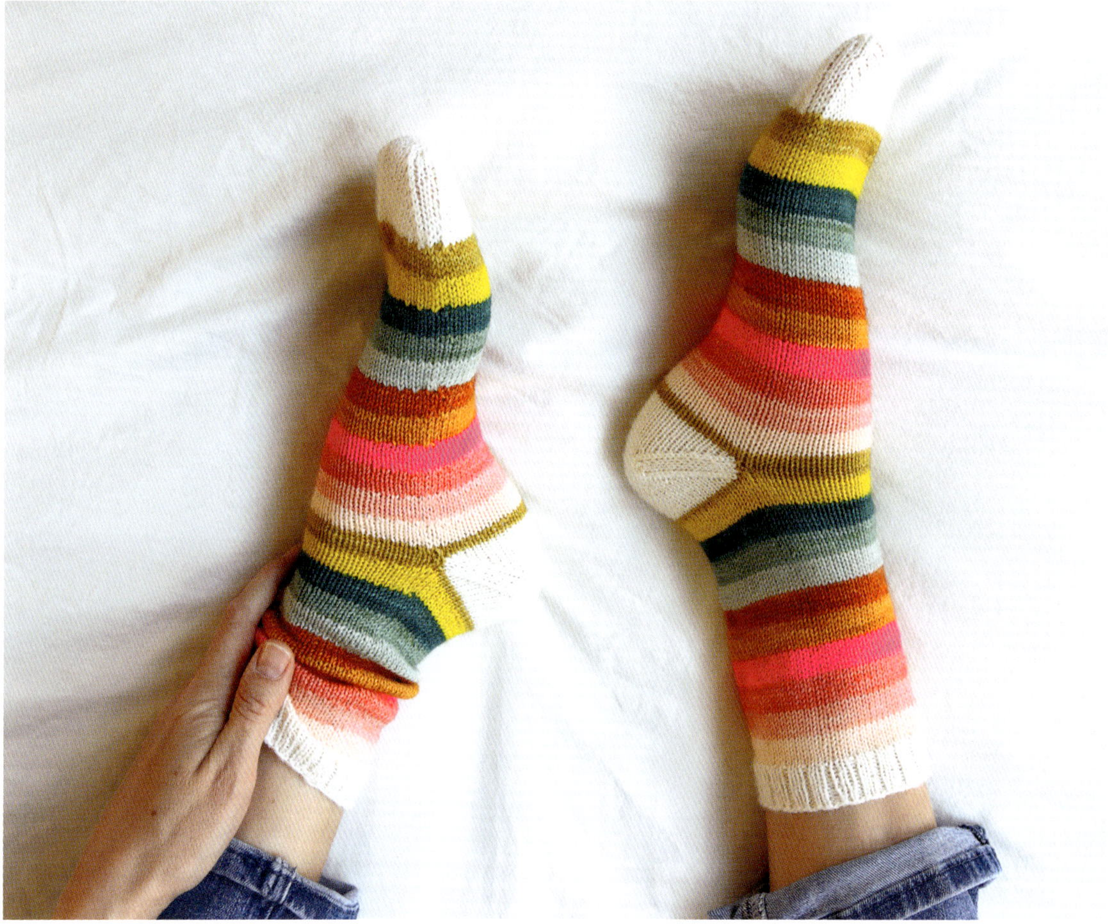

Suche zuerst all die Wolle zusammen, die du verwenden willst. Wollreste sind super für Ringelsocken, aber du kannst auch die süßen Mini-Knäuel verwenden, die du gesammelt hast, oder vielleicht hast du einen Berg einfarbiger Knäuel gekauft, weil du fandest, dass die Farben so gut zusammenpassen (auf mich trifft alles davon zu).

Danach entscheide, wie breit deine Ringel werden sollen. Mein Favorit sind fünf Runden pro Farbe, und bei der Methode, die ich dir gleich zeige, entsteht dabei auch ein schönes Maschenbild.

Beginne mit dem Bündchen (für Bündchen, Ferse und Spitze nehme ich gern Garn in Creme, aber du entscheidest selbst!). Dann den ersten Ringel in deiner ersten Farbe stricken.

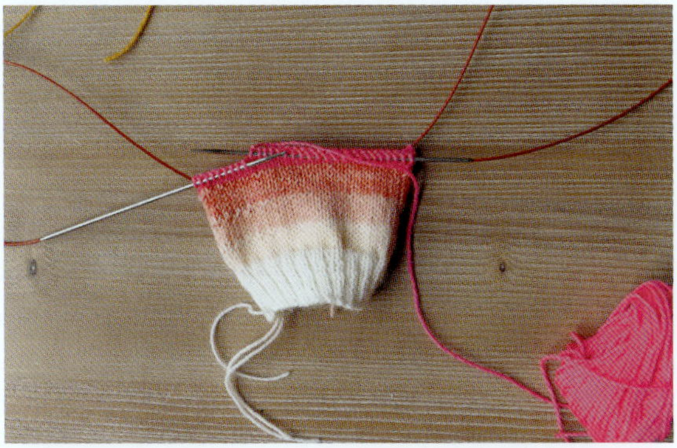

Höre in der letzten Rd dieser 1. Fb 9 M vor dem Ende auf.

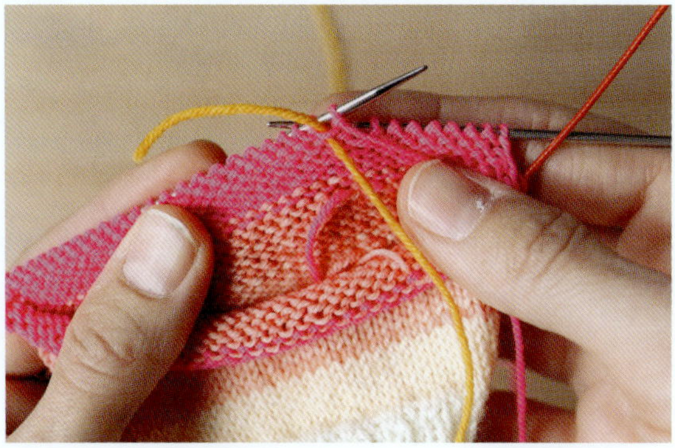

Damit hast du das neue Garn hinter dem vorigen Garn eingewebt.

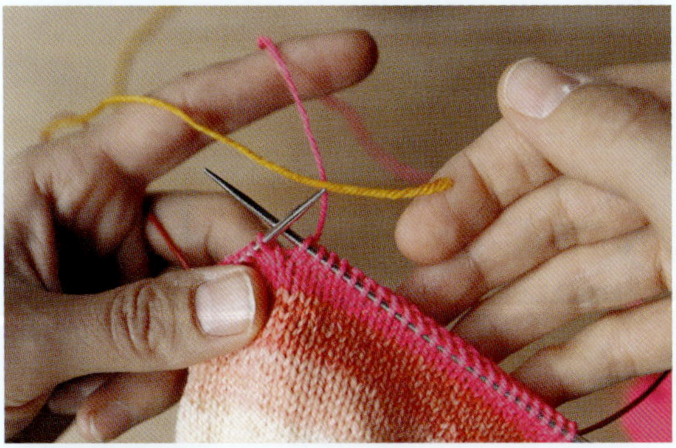

Nimm deine 2. Fb und lege den Faden über deinen Arbeitsfaden. Nun die nächste M str.

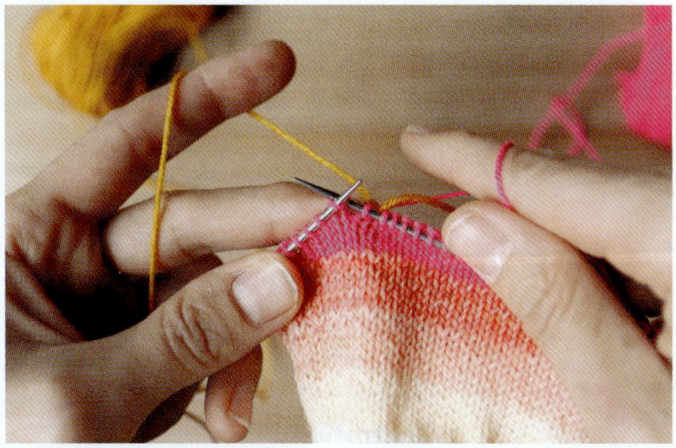

Nimm die neue Fb auf die linke Hand und spanne den Faden mit dem Zeigefinger. Die alte Fb, den Arbeitsfaden, führst du mit der rechten Hand. (Du kannst auch beide Fäden mit der linken Hand führen.)

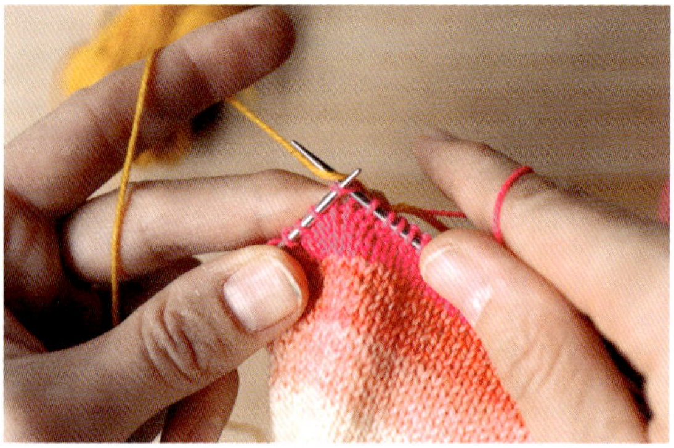

Stich mit der rechten Nd wie zum Rechtsstr in die nächste M ein. Lege mit dem linken Finger die neue Fb auf die rechte Nd.

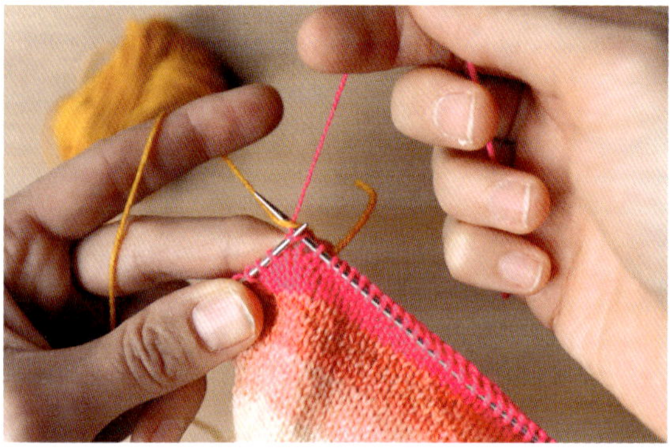

Dann die M mit dem Arbeitsfaden (alte Fb) str. Damit hast du die neue Fb auf der Rückseite deiner Arbeit eingewebt.

Die nächste M normal str. An der 3. M wendest du wieder deinen neuen Trick an. Nun bis zum Rd-Ende immer abwechselnd eine M normal str und eine M mit Einweben str. Damit hast du die neue Fb eingestrickt!

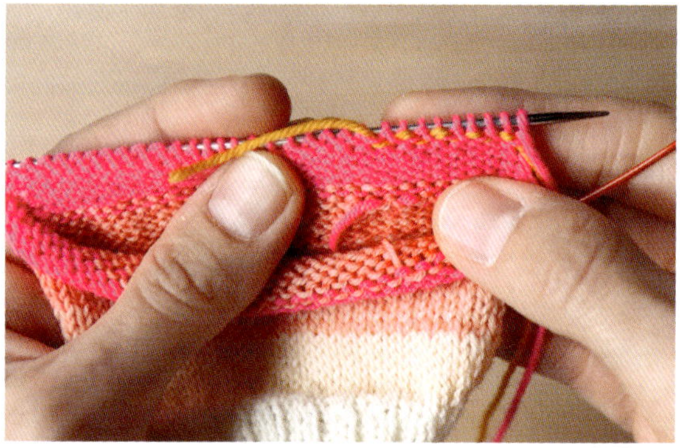

Du siehst, wie die neue Fb auf der Rückseite hinter den M eingewebt ist.

Doch wir müssen auch noch mit der alten Fb weiterstr. Du kannst nun beginnen, den nächsten Streifen in der neuen Fb zu str, führe also die neue Fb mit der rechten Hand. Nimm die alte Fb auf die linke Hand und spanne den Faden mit dem Zeigefinger.

Wdh nun dieselben Schritte wie oben und webe diesmal die alte Fb hinter den M der neuen Fb ein. Nach 8 M schneide die alte Fb mit einem etwa **5 cm** langen Ende ab (das brauchen wir später).

Wenn die Socke fertig ist, müssen wir noch ein paar Schritte erledigen.

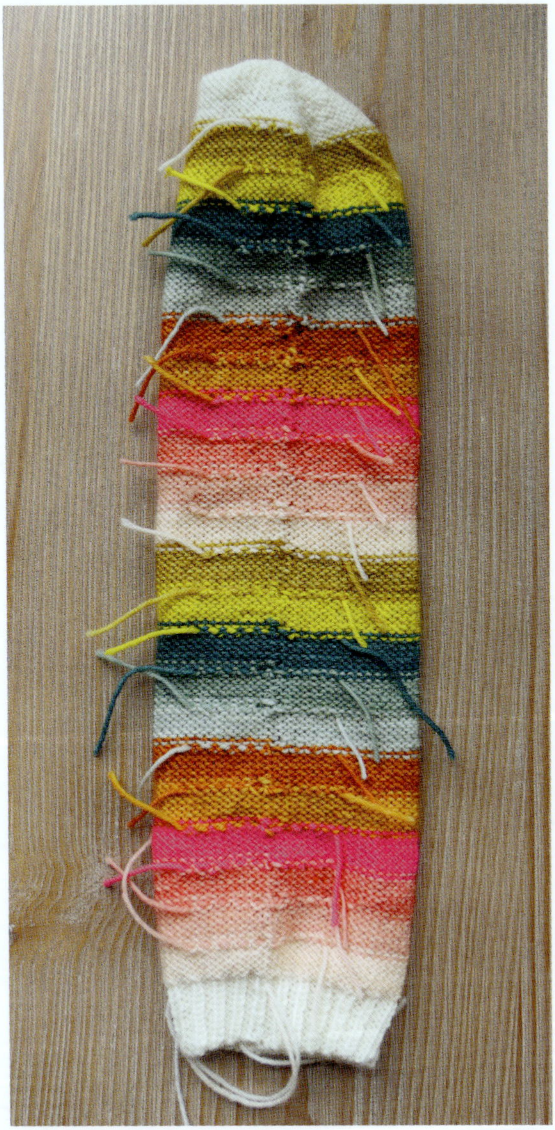

Wende die Socke auf links und lege sie flach hin, sodass du all die bunten Fäden siehst.

Nun müssen wir an jedem Faden ziehen, um die Naht am Übergang von der alten zur neuen Fb zu befestigen.

Und das ist das ganze Geheimnis, das uns das Vernähen unzähliger Fäden an Ringelsocken erspart!

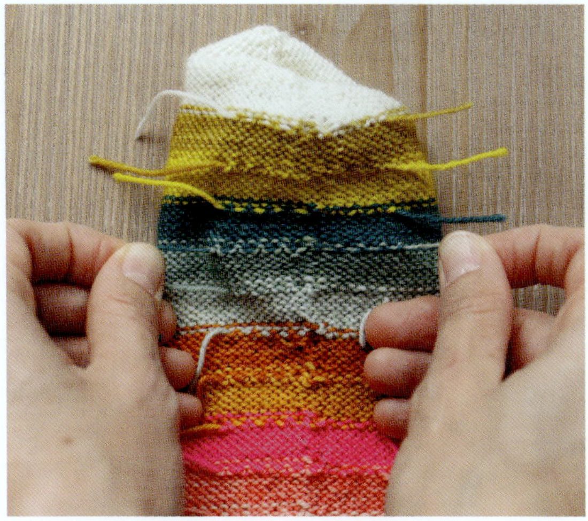

Beginne oben, fasse das erste Paar an Fadenenden und ziehe diese behutsam voneinander weg. Ziehe nicht so fest, dass die M sich zusammenziehen.

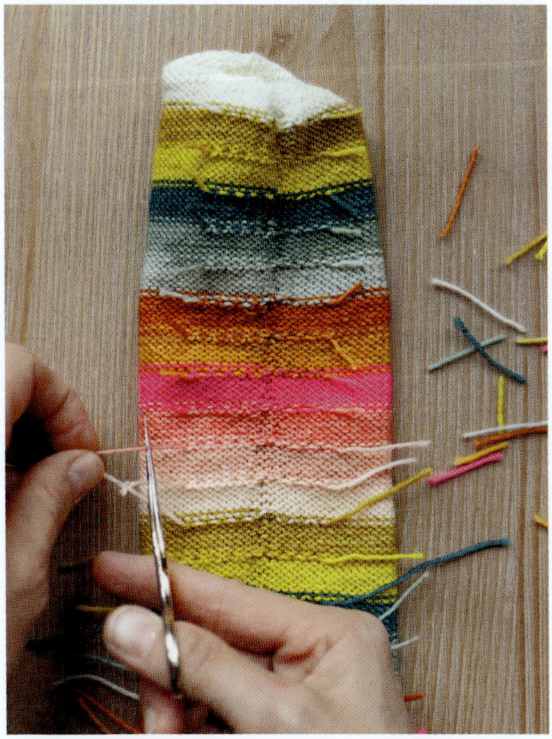

Wenn du an allen Fäden gezupft hast, schneide die Enden einfach auf 3 cm Länge ab.

Zweifarbige Ringel

Bei unserem nächsten Stricktrick geht es um zweifarbige Ringel: Hier ist es nicht nötig, bei jedem Farbwechsel das Garn abzuschneiden. Stattdessen kannst du die Farbe, die du gerade nicht verwendest, einfach auf der Innenseite der Socke mit nach oben führen, bis du sie wieder brauchst.

Für das abgebildete Paar habe ich bretonische Ringel gewählt: 8 Reihen in Hellblau, dann 3 Reihen in dunkelblau. Erinnerst du dich an den Trick mit dem Einweben, den ich dir zuvor gezeigt habe? Diesen wendest du erneut an, um das nicht benötigte Garn auf der Rückseite zu befestigen, sodass du keine langen Spannfäden bekommst. Dazu fixierst du dieses Garn einfach am Beginn einer Runde hinter dem Faden der 1. Masche.

Wie oft du das machst, bleibt dir überlassen. Manche befestigen das nicht benötigte Garn gern in jeder 2. Runde. Andere (so wie ich) vergessen das oft und fixieren das Garn überhaupt nicht. Bisher habe ich keine Fäden gezogen, obwohl manche meiner Socken innen schrecklich lange Spannfäden haben. Aber um auf der sicheren Seite zu sein, denke daran, das Garn mindestens alle 3-4 Runden einzuweben.

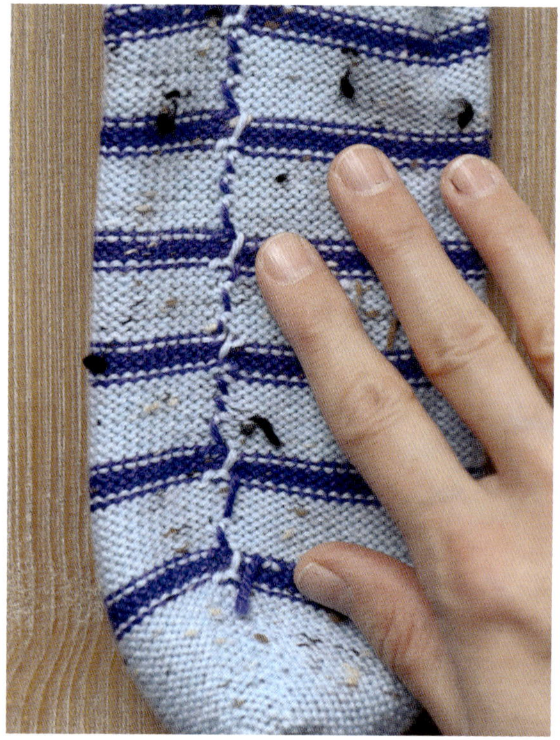

Du siehst, wo ich mein nicht benötigtes Garn hinter der 1. M einer neuen Rd befestigt habe.

Stufen beim Farbwechsel vermeiden

Erst nach jahrelangem Str wurde mir klar, dass ich beim Rundstr keine geraden Rd str, sondern eine Spirale. (Ebenso habe ich erst letztes Jahr gelernt, dass Cornichons sehr kleine Gewürzgurken sind. Ich werde immer noch nicht damit fertig, dass ich vierzig Jahre lang dachte, es gebe eine eigene Cornichon-Pflanze.)

Dadurch können Fb-Wechsel etwas knifflig werden, denn die 1. M einer neuen Rd sitzt höher als die letzte M der Vor-Rd. Am Übergang von der alten zur neuen Fb ist eine Stufe zu sehen.

Doch natürlich hat schon vor langer Zeit eine unserer genialen Strick-Vorgänger:innen herausgefunden, wie man diese kleine Stufe vermeiden kann, und zwar ganz einfach. Du machst Folgendes:

Str deine 1. Rd in der neuen Fb.

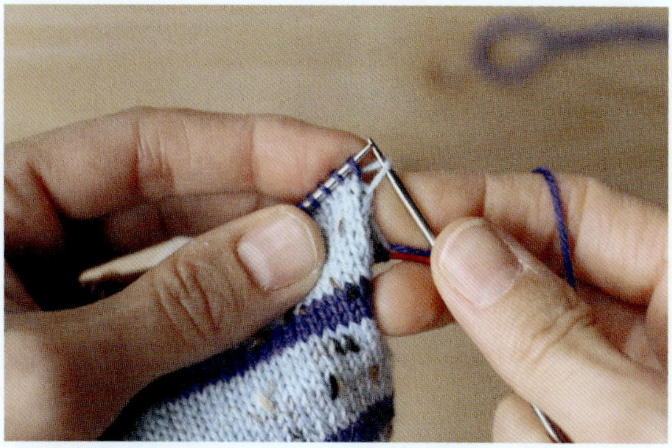

An der 1. M der 2. Rd hebst du mit der rechten Nd das rechte M-Glied der M genau unter der 1. M hoch und legst es auf die linke Nd. Dann mit der 1. M zusammenstr.

Das ist alles! Str den Rest des Streifens ganz normal, und beim nächsten Fb-Wechsel wendest du wieder diesen kleinen Trick an.

Jetzt hindert dich nichts mehr daran, ALLES mit Streifen zu str (ich weiß, dass du vor lauter Glück über dein erstes Paar bunter Ringelsocken davon total besessen sein wirst!).

Ringelsocken-Rezept Nr. 1: Happy und Scrappy

MATERIAL

Garn: Knit Picks Stroll (75% Superwash Merino, 25% Polyamid; LL 211 m/50 g): 26/29/33/37/40/44 m in Bare (HF)

Ringel (KF): Du brauchst insgesamt 127/147/170/190/216/253 m Garn in KF. Diese Menge verteilst du gleichmäßig auf deine gewählten Fb (ich habe verschiedene gesprenkelte Wollreste verwendet).

Tipp: Jedes 4-fädige Sockengarn ähnlicher LL ist geeignet!

Stricknadeln: 2,25 mm

Sonstiges: Wollnadel, Maschenmarkierer (davon 1 verschließbar), Schere, Maßband

Maschenprobe: 38 M = 10 cm glatt rechts in Rd und gespannt

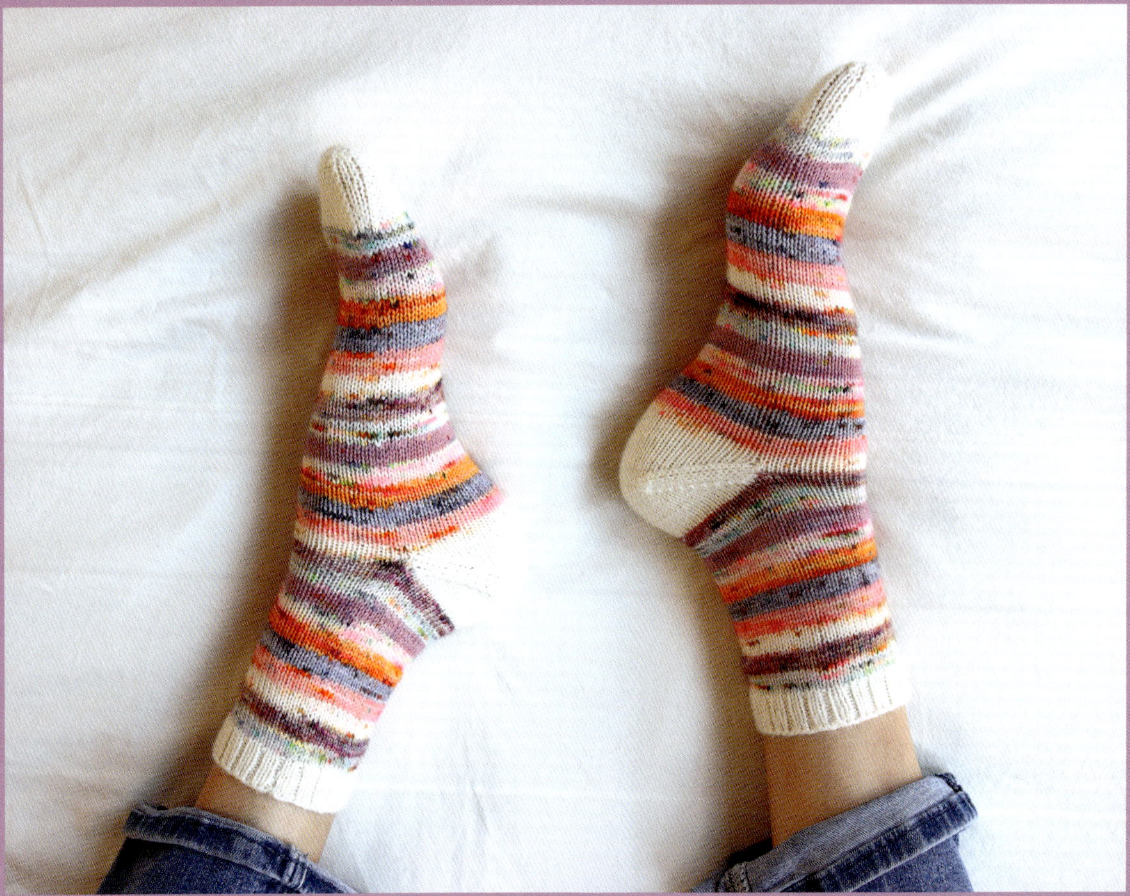

Größen
Kleinkind/Kind/S/M/L/XL

Maße
Die Zahlen unten beziehen sich auf den Umfang am Fußballen; es sind nicht die Maße der fertigen Socke.
8-10/13-15/18/20/23/25 cm

ANLEITUNG

Bündchen
In der HF **39/48/57/63/72/81 M** anschl und zur Rd schließen, darauf achten, dass die M sich nicht verdrehen. Beginne im 2/1-Rippenmuster: Fortl [2 M rechts, 1 M links].

2 cm oder bis zur gewünschten Länge im Rippenmuster str. In der letzten Rd des Bündchens müssen wir unsere M auf eine gerade Zahl bringen! In der Kinder- und L-Größe ist sie ohnehin gerade und du kannst direkt am Schaft weiterarb. Ansonsten je nach Größe folg Zu- oder Abnahme arb:

Kleinkind: Rippen bis 3 M vor Ende, kfb, 1 M rechts, 1 M links. **40 M.**
S: Rippen bis 3 M vor Ende, 2 M rechts zusammen, 1 M links. **56 M.**
M: Rippen bis 3 M vor Ende, kfb, 1 M rechts, 1 M links. **64 M.**
XL: Rippen bis 3 M vor Ende, 2 M rechts zusammen, 1 M links. **80 M.**

Schaft
Die übrige Socke glatt rechts (nur rechte M) str.

Die HF abschneiden und zu KF1 wechseln. 5 Rd str, dann KF1 abschneiden und zu KF2 wechseln. Weiter jeweils 5 Rd in jeder Fb str, bis der Schaft (mit Bündchen) die gewünschte Länge hat. Mein Schaft ist 10 cm lang. Nicht sicher, wie lang der Schaft werden soll? Hier einige gängige Maße für verschiedene Größen:

Sneakersocken: 2,5-5 cm
Kleinkinder: 8-10 cm
Kinder: 10-15 cm
Erwachsene, halblang: 10-15 cm
Erwachsene, lang: 18 cm und mehr

Maschenmarkierer für die nachträgliche Ferse setzen
Wenn du mit der Schaftlänge zufrieden bist, str in der folg Rd einfach **30/36/42/48/54/60 M** rechts und markiere die letzte gestrickte M mit einem verschließbaren MM. Dann einfach immer weiterstr! Der MM sitzt in der Mitte der 2. Hälfte deiner M – dort wird später die Ferse nachträglich eingefügt.

Fuß
Weiter in Rd glatt rechts str, bis der Fuß die gewünschte Länge hat. Die folg Tabelle hilft dir beim Bestimmen der Länge (gemessen vom hinteren Ende der Ferse bis zum Ende der Spitze).

(Alle Größen sind europäische Schuhgrößen)
Kleinkind: 11-15 cm
Kind: 15-19 cm
Damen Größe 34-37,5: 20,5-23 cm
Damen Größe 37,5-41: 23-25,5 cm
Damen Größe 41,5-44,5: 26-28 cm
Herren Größe 37,5-41: 23,5-25,5 cm
Herren Größe 41,5-44,5: 26-28 cm
Herren Größe 45-48: 28,5-30,5 cm

Bei einer Socke mit nachträglicher Ferse musst du sowohl die Länge der Ferse als auch die Länge der Spitze berücksichtigen (beide sind gleich lang):

Kleinkind: 2,5 cm	**M:** 4 cm
Kind: 3 cm	**L:** 4 cm
S: 4 cm	**XL:** 4,5 cm

Von deiner gewünschten Fußlänge (vom hinteren Ende der Ferse bis zum Ende der Spitze) ziehst du nun beide Maße (Ferse und Spitze) ab. Beispiel: Meine gewünschte Fußlänge ist 23 cm. Ich ziehe die Länge meiner Spitze (4 cm) und Ferse (4 cm) ab; es bleiben 15 cm, die ich bis zum Beginn der Abnahmen für die Spitze str muss.

Spitze

Die KF abschneiden und zur HF wechseln. 1 Rd rechte M str, dann mit den Abnahmen für die Spitze beginnen:

1. Rd: 1 M rechts, ssk, **14/18/22/26/30/34 M** rechts, 2 M rechts zusammen, 1 M rechts, MMs, 1 M rechts, ssk, **14/18/22/26/30/34 M** rechts, 2 M rechts zusammen, 1 M rechts.
2. Rd: Alle M rechts str.
3. Rd: 1 M rechts, ssk, rechte M bis 3 M vor folg MM, 2 M rechts zusammen, 1 M rechts, MM abh, 1 M rechts, ssk, rechte M bis 3 M vor Rd-Ende, 2 M rechts zusammen, 1 M rechts.

Die 2. und 3. Rd wdh, bis noch **16/20/24/28/32/ 36 M** verbleiben.

Die Öffnung an der Spitze im M-Stich schließen (siehe Seite 33).

Ferse nachträglich einstricken

Dafür die M der Rd oberhalb und unterhalb deines verschließbaren MM auf Stricknd legen (detaillierte Anleitung für die nachträglich eingestrickte Ferse siehe Seite 39-40).

Dann die nachträgliche Ferse genau wie die Spitze str. Wechsele zur HF und str 3 Rd ohne Abnahmen re. Dann beginne mit den Abnahmen wie folgt:

1. Rd: 1 M rechts, ssk, **14/18/22/26/30/34 M** rechts, 2 M rechts zusammen, 1 M rechts, MMs, 1 M rechts, ssk, **14/18/22/26/30/34 M** rechts, 2 M rechts zusammen, 1 M rechts.
2. Rd: Alle M rechts str.
3. Rd: 1 M rechts, ssk, rechte M bis 3 M vor folg MM, 2 M rechts zusammen, 1 M rechts, MM abh, 1 M rechts, ssk, rechte M bis 3 M vor Rd-Ende, 2 M rechts zusammen, 1 M rechts.

Die 2. und 3. Rd wdh, bis noch **16/20/24/28/32/ 36 M** verbleiben. Die Öffnung an der Ferse im M-Stich schließen (siehe Seite 33).

Tipp: Höhe und Passform deiner Ferse kannst du anpassen. Dazu mehr oder weniger Abnahme-Rd str. Probiere die Socke zwischendurch an, um zu sehen, wie sie passt. Beende die Abnahmen, wenn du die M an der Fersenspitze leicht ohne Lücke aneinanderlegen kannst.

Fertigstellen

Die Fäden vernähen (hoffentlich nicht allzu viele, da du das Garn eingewebt hast) und die Socken spannen (siehe Kapitel 4).

Ringelsocken-Rezept Nr. 2: The French Connection

MATERIAL

Garn: Knit Picks Stroll Tweed (65 % Superwash Merino, 25 % Polyamid, 10 % Donegal Tweed; LL 211 m/50 g): 37/58/88/117/138/167 in North Pole Heather (HF)

Knit Picks Stroll Tweed (65 % Superwash Merino, 25 % Polyamid, 10 % Donegal Tweed; LL 211 m/50 g): 50/58/66/73/81/89 m in Lapis (KF)

Tipp: Jedes 4-fädige Sockengarn ähnlicher LL ist geeignet!

Stricknadeln: 2,25 mm

Sonstiges: Wollnadel, Maschenmarkierer, Schere, Maßband

Maschenprobe: 38 M = 10 cm glatt rechts in Rd und gespannt

Größen

Kleinkind/Kind/S/M/L/XL

Maße

Die Zahlen unten beziehen sich auf den Umfang am Fußballen; es sind nicht die Maße der fertigen Socke.
8-10/13-15/18/20/23/25 cm

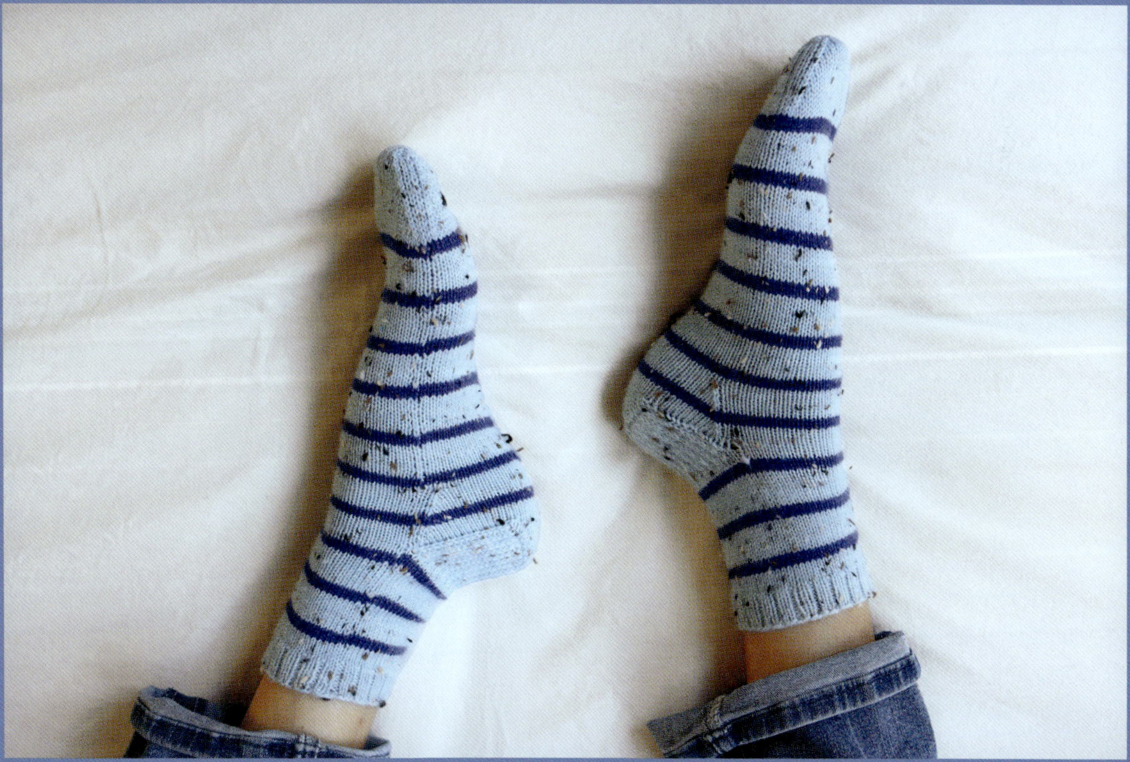

ANLEITUNG

Bündchen

In der HF **39/48/57/63/72/81 M** anschl und zur Rd schließen, darauf achten, dass die M sich nicht verdrehen. Beginne im 2/1-Rippenmuster: Fortl [2 M rechts, 1 M links].

2 cm oder bis zur gewünschten Länge im Rippenmuster str. In der letzten Rd des Bündchens müssen wir unsere M auf eine gerade Zahl bringen! In der Kinder- und L-Größe ist sie ohnehin gerade und du kannst direkt am Schaft weiterarb. Ansonsten je nach Größe folg Zu- oder Abnahme arb:

Kleinkind: Rippen bis 3 M vor Ende, kfb, 1 M rechts, 1 M links. **40 M.**
S: Rippen bis 3 M vor Ende, 2 M rechts zusammen, 1 M links. **56 M.**
M: Rippen bis 3 M vor Ende, kfb, 1 M rechts, 1 M links. **64 M.**
XL: Rippen bis 3 M vor Ende, 2 M rechts zusammen, 1 M links. **80 M.**

Schaft

Die übrige Socke glatt rechts (nur rechte M) str.

5 Rd in der HF str, dann zur KF wechseln. (Die HF nicht abschneiden, sondern auf der Innenseite mitführen).

Einteilung für bretonische Ringel: 3 Rd in KF, dann 9 Rd in HF str. Diese Fb-Folge fortl wdh, bis der Schaft (mit Bündchen) 9 cm lang ist oder die gewünschte Länge hat. Nicht sicher, wie lang der Schaft werden soll? Hier einige gängige Maße für verschiedene Größen:

Sneakersocken: 2,5-5 cm
Kleinkinder: 8-10 cm
Kinder: 10-15 cm
Erwachsene, halblang: 10-15 cm
Erwachsene, lang: 18 cm und mehr

Wenn du mit der Schaftlänge zufrieden bist, beginne mit der Fersenwand. An meiner Socke habe ich den Schaft nach 3 Rd in der HF beendet.

Fersenwand

Die Fersenwand in der HF str. Die ersten **20/24/28/32/36/40 M** rechts str, dann über die übrigen **20/24/28/32/36/40 M** die Fersenwand in R str wie folgt:

1. R (Hin-R): 2 M rechts, fortl [1 M abh, 1 M rechts]. Wenden.
2. R (Rück-R): 1 M abh Fv, linke M bis Ende. Wenden.
3. R: Fortl [1 M abh, 1 M rechts]. Wenden.

Die 2. und 3. R wdh, bis die Fersenwand **4/4,5/5/5/6/6,5 cm** hoch ist. Nach einer 3. R enden.

Käppchen

1. R (Rück-R): 1 M abh Fv, **10/12/14/16/18/20 M** links, 2 M links zusammen, 1 M links, wenden.
2. R (Hin-R): 1 M abh, 3 M rechts, ssk, 1 M rechts, wenden.
3. R: 1 M abh Fv, 4 M links, 2 M links zusammen, 1 M links, wenden.
4. R: 1 M abh, 5 M rechts, ssk, 1 M rechts, wenden.

Du hast folg Muster für dein Käppchen eingeteilt: 1 M abh, rechte oder linke M bis 1 M vor der Lücke vom Wenden in der Vor-R, ssk oder 2 M links zusammen, 1 M rechts oder links, wenden. In diesem Muster fortfahren, bis alle Fersen-M gestrickt sind. Mit einer Hin-R enden. Du solltest nun **12/14/16/18/20/22 Fersen-M** haben.

Spickel

Die rechte Seite der Arbeit liegt oben. Entlang der linken Seite der Fersenwand **8/10/12/14/16/18 M** aufnehmen und rechts str.

Nun die stillgelegten **20/24/28/32/36/40 M** rechts str. MMs und **8/10/12/14/16/18 M** aus der rechten Seite der Fersenwand aufnehmen und rechts str. Die Fersen-M rechts str, dann die zuvor aus der Fersenwand aufgenommenen M rechts str. Damit bist du am Rd-Ende angekommen und hast alle M aufgenommen. Du solltest insgesamt **48/58/68/78/88/98 M** haben.

Spickelabnahmen

1. Rd: 20/24/28/32/36/40 M rechts, MM abh, 1 M rechts, ssk, rechte M bis 3 M vor Rd-Ende, 2 M rechts zusammen, 1 M rechts.
2. Rd: Ohne Abnahmen rechts str.

Diese beiden Rd wdh, bis noch **40/48/56/64/72/80 M** auf den Nd liegen. Dabei die Fb-Folge des Ringelmusters beibehalten.

Fuß

Weiter im bretonischen Ringelmuster, bis deine Arbeit bis zur Spitze deines kleinen Zehs reicht.

Falls du die Socken beim Str nicht gut anprobieren kannst oder sie ein Geschenk sein sollen, hilft dir die folg Tabelle beim Bestimmen der Länge (gemessen vom hinteren Ende der Ferse bis zum Ende der Spitze).

(Alle Größen sind europäische Schuhgrößen)
Kleinkind: 11-15 cm
Kind: 15-19 cm
Damen Größe 34-37,5: 20,5-23 cm
Damen Größe 37,5-41: 23-25,5 cm
Damen Größe 41,5-44,5: 26-28 cm
Herren Größe 37,5-41: 23,5-25,5 cm
Herren Größe 41,5-44,5: 26-28 cm
Herren Größe 45-48: 28,5-30,5 cm

Bei einer Socke mit Käppchenferse musst du auch die Länge der Spitze berücksichtigen:

Kleinkind: 2,5 cm
Kind: 3 cm
S: 4 cm
M: 4 cm
L: 4 cm
XL: 4,5 cm

Von deiner gewünschten Fußlänge (vom hinteren Ende der Ferse bis zum Ende der Spitze) ziehst du nun das Maß der Spitze ab. Beispiel: Meine gewünschte Fußlänge ist 23 cm. Ich ziehe die Länge meiner Spitze (4 cm) ab; es bleiben 19 cm, die ich bis zum Beginn der Abnahmen für die Spitze str muss.

Spitze

Die Spitze in der HF str.

1. Rd: 1 M rechts, ssk, **14/18/22/26/30/34 M** rechts, 2 M rechts zusammen, 1 M rechts, MMs, 1 M rechts, ssk, **14/18/22/26/30/34 M** rechts, 2 M rechts zusammen, 1 M rechts.
2. Rd: Alle M rechts str.
3. Rd: 1 M rechts, ssk, rechte M bis 3 M vor folg MM, 2 M rechts zusammen, 1 M rechts, MM abh, 1 M rechts, ssk, rechte M bis 3 M vor Rd-Ende, 2 M rechts zusammen, 1 M rechts.

Die 2. und 3. Rd wdh, bis noch **16/20/24/28/32/36 M** verbleiben.

Die Öffnung an der Spitze im M-Stich schließen (siehe Seite 33).

Fertigstellen

Alle Fäden vernähen und die Socken spannen (siehe Kapitel 4).

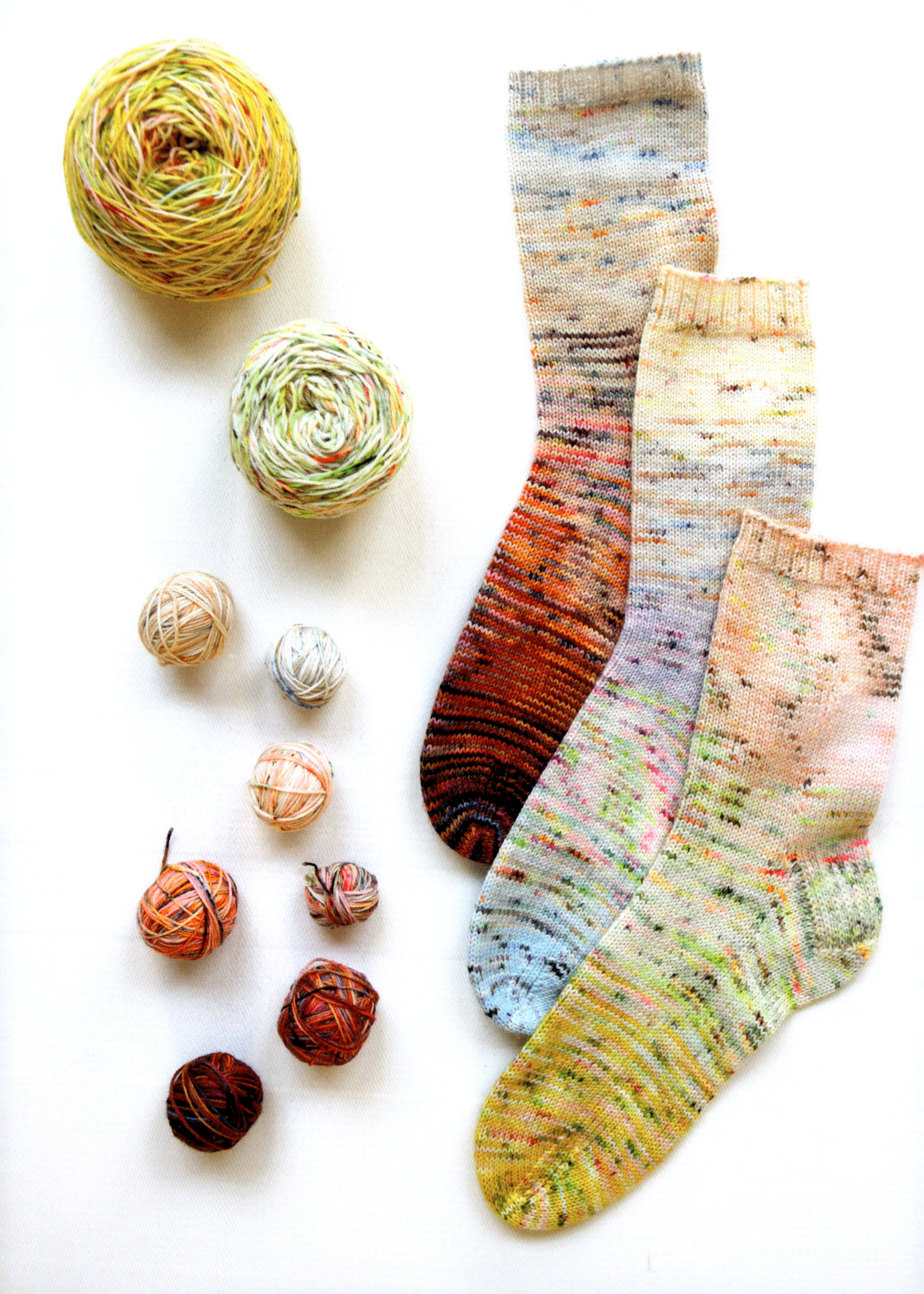

Kapitel 6

SOCKEN MIT FARBVERLAUF

Farbverlaufsgarne liegen zweifellos im Trend. Vielleicht findet man sie in zwanzig Jahren scheußlich, doch das ist mir egal. Ich werde sie immer lieben und begeistert von meinen Farbverlaufssocken sein, weil sie so faszinierend aussehen!

In Sachen Stricktechnik gehören sie zu den Dingen, bei denen man mit dem geringsten Aufwand die größtmögliche und spektakulärste Wirkung erzielt. Der Trick besteht nur darin, das richtige Garn auszuwählen. Meiner Erfahrung nach sehen Farbverläufe mit leicht gesprenkeltem Garn in ähnlichen Farbnuancen am besten aus. Viele Indie-Handfärbereien bieten sogar Farbverlaufs-Sets an, um uns das Leben etwas zu erleichtern, aber du kannst auch einfach Wolle aus deinem Vorrat verwenden.

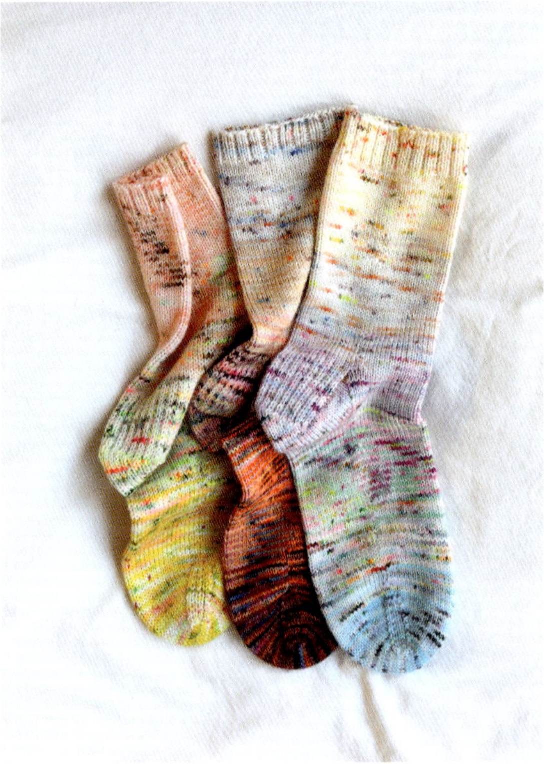

Gesprenkeltes Garn eignet sich für Farbverläufe am besten, doch Garne mit fertigem Farbverlauf gehen natürlich auch.

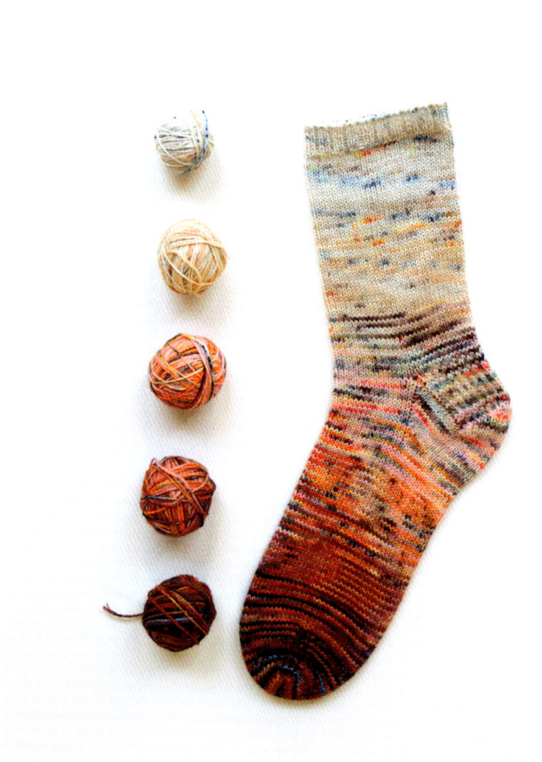

Ordne das Garn vom hellsten zum dunkelsten Ton an oder umgekehrt.

Die abgebildete Socke in den Rottönen ist aus einem Farbverlaufs-Set von Hedgehog Fibres gestrickt, bei den anderen beiden habe ich die Farbe selbst aus meinen gesprenkelten Wollresten zusammengestellt. In der Regel beginne ich dabei mit dem hellsten und ende mit dem dunkelsten Garn, doch du kannst auch genau umgekehrt vorgehen. Eine der beiden Richtungen beizubehalten, ist jedoch sinnvoll. Das dunkle Garn sollte zum Beispiel nicht zwischen zwei hellen Nuancen sitzen.

Der Farbverlauf entsteht durch einfache Streifen, die in der alten und der neuen Farbe gestrickt werden. Ich stricke meine Farbverlaufssocken gern etwas länger, damit ich mehr Farben unterbringen kann, doch du kannst sie beliebig lang arbeiten. An allen abgebildeten Socken wurden fünf oder sechs Farbtöne verwendet.

Zuerst ordne ich meine Farbe in der gewünschten Reihenfolge an, vom hellsten zum dunkelsten Farbton.

Nach dem Maschenanschlag stricke ich das Bündchen sowie etwa 2 cm des Schafts in der ersten Farbe. Danach arbeite ich die nächste Farbe ein, indem ich einfache Streifen stricke.

Viele haben für den Übergang von einem Garn zum nächsten ihre eigene Methode. Ich versuche, erkennbare Muster zu vermeiden. (Unser Gehirn ist auf das Erkennen von Mustern programmiert, daher müssen wir es hier austricksen.) Ich stricke ein paar Runden in der neuen Farbe, dann eine in der alten, eine in der neuen, zwei in der alten, eine in der neuen, eine in der alten, zwei in der neuen, zwei in der alten, eine in der neuen und zuletzt noch eine in der alten Farbe. Dann schneide ich die alte Farbe ab und stricke in der neuen weiter, bis ich die dritte Farbe hinzunehme.

Andere stricken über 2-3 cm abwechselnd je eine Runde in der alten und der neuen Farbe, wieder andere abwechselnd je zwei Runden pro Farbe. Doch wie gesagt, ich versuche, erkennbare Muster zu vermeiden und diese regelmäßigen 1/1- oder 2/2-Wechsel, kann unser Gehirn sehen, daher fallen ihm solche Streifen leichter auf als unregelmäßige.

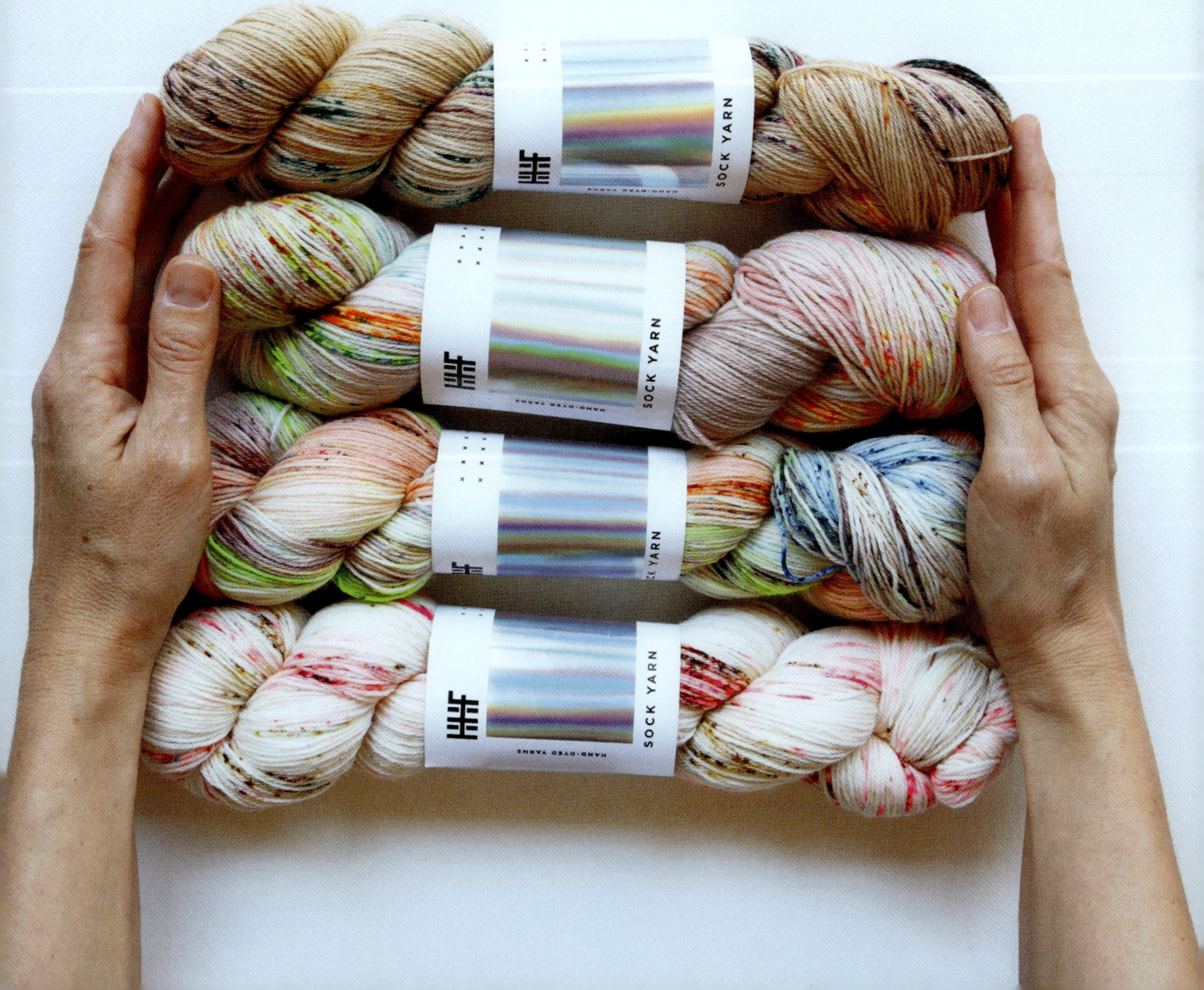

Das beste Rezept für Farbverlaufssocken

MATERIAL

Garn: Du brauchst insgesamt 181/202/221/241/264/291 m 4-fädiges Sockengarn. Diese Menge teilst du gleichmäßig auf deine gewählten Fb auf. Ich habe Reste von Hedgehog Fibres Sock (90% Superwash Merino, 10% Polyamid; LL 400 m/100 g) aus meinem Vorrat benutzt.

Tipp: Jedes 4-fädige Sockengarn ähnlicher LL ist geeignet!

Stricknadeln: 2,25 mm

Sonstiges: Wollnadel, Maschenmarkierer, Schere, Maßband

Maschenprobe: 38 M = 10 cm glatt rechts in Rd und gespannt

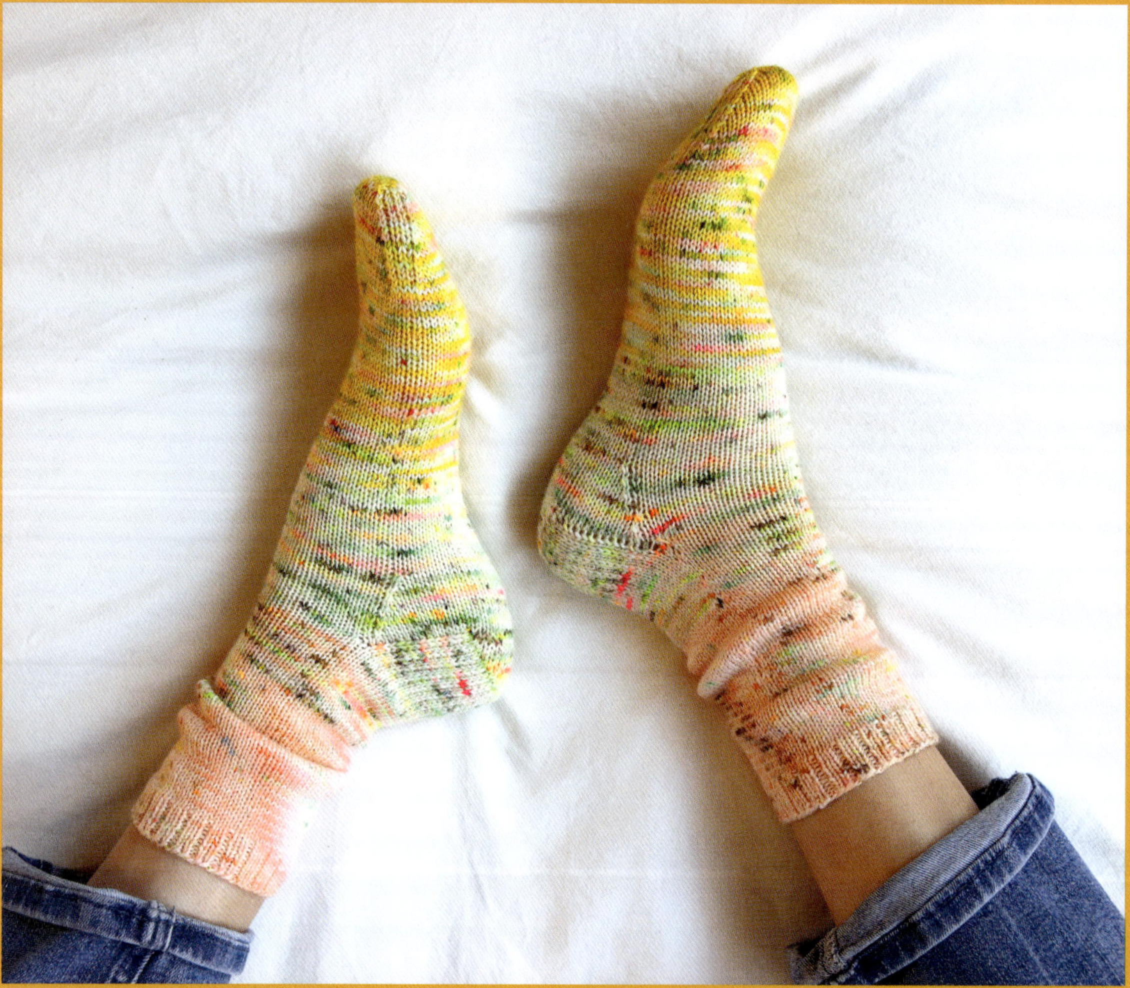

Größen

Kleinkind/Kind/S/M/L/XL

Maße

Die Zahlen unten beziehen sich auf den Umfang am Fußballen; es sind nicht die Maße der fertigen Socke.
8-10/13-15/18/20/23/25 cm

ANLEITUNG

Bündchen

In Fb A **39/48/57/63/72/81 M** anschl und zur Rd schließen, darauf achten, dass die M sich nicht verdrehen. Beginne im 2/1-Rippenmuster: Fortl [2 M rechts, 1 M links].

2 cm oder bis zur gewünschten Länge im Rippenmuster str. In der letzten Rd des Bündchens müssen wir unsere M auf eine gerade Zahl bringen! In der Kinder- und L-Größe ist sie ohnehin gerade und du kannst direkt am Schaft weiterarb. Ansonsten je nach Größe folg Zu- oder Abnahme arb:

Kleinkind: Rippen bis 3 M vor Ende, kfb, 1 M rechts, 1 M links. **40 M.**
S: Rippen bis 3 M vor Ende, 2 M rechts zusammen, 1 M links. **56 M.**
M: Rippen bis 3 M vor Ende, kfb, 1 M rechts, 1 M links. **64 M.**
XL: Rippen bis 3 M vor Ende, 2 M rechts zusammen, 1 M links. **80 M.**

Schaft

In Fb A **1/1/3/3/3/3 cm** glatt rechts (nur rechte M) str, dann allmählich Fb B einarb.

Weiter **1/1/3/3/3/3 cm** glatt rechts str, dann allmählich Fb C einarb. 3 Rd in Fb C str, dann mit der Fersenwand beginnen.

Fersenwand

Die ersten **20/24/28/32/36/40 M** rechts str, dann über die übrigen **20/24/28/32/36/40 M** die Fersenwand in R str wie folgt:

1. R (Hin-R): 2 M rechts, fortl [1 M abh, 1 M rechts]. Wenden.
2. R (Rück-R): 1 M abh Fv, linke M bis Ende. Wenden.
3. R: Fortl [1 M abh, 1 M rechts]. Wenden.

Die 2. und 3. R wdh, bis die Fersenwand **4/4,5/5/5/6/6,5 cm** hoch ist. Nach einer 3. R enden.

Käppchen

1. R (Rück-R): 1 M abh Fv, **10/12/14/16/18/20 M** links, 2 M links zusammen, 1 M links, wenden.
2. R (Hin-R): 1 M abh, 3 M rechts, ssk, 1 M rechts, wenden.
3. R: 1 M abh Fv, 4 M links, 2 M links zusammen, 1 M links, wenden.
4. R: 1 M abh, 5 M rechts, ssk, 1 M rechts, wenden.

Du hast folg Muster für dein Käppchen eingeteilt: 1 M abh, rechte oder linke M bis 1 M vor der Lücke vom Wenden in der Vor-R, ssk oder 2 M links zusammen, 1 M rechts oder links, wenden. In diesem Muster fortfahren, bis alle Fersen-M gestrickt sind. Mit einer Hin-R enden. Du solltest nun **12/14/16/18/20/22 Fersen-M** haben.

Spickel

Die rechte Seite der Arbeit liegt oben. Entlang der linken Seite der Fersenwand **8/10/12/14/16/18 M** aufnehmen und rechts str.

Nun die stillgelegten **20/24/28/32/36/40 M** rechts str. MMs und **8/10/12/14/16/18 M** aus der rechten Seite der Fersenwand aufnehmen und rechts str. Die Fersen-M rechts str, dann die zuvor aus der Fersenwand aufgenommenen M rechts str. Damit bist du am Rd-Ende angekommen und hast alle M aufgenommen. Du solltest insgesamt **48/58/68/78/88/98 M** auf den Nd haben.

Spickelabnahmen

1. Rd: 20/24/28/32/36/40 M rechts, MM abh, 1 M rechts, ssk, rechte M bis 3 M vor Rd-Ende, 2 M rechts zusammen, 1 M rechts.
2. Rd: Ohne Abnahmen rechts str.

Diese beiden Rd wdh, bis noch **40/48/56/64/72/80 M** auf den Nd liegen. Dabei gleichzeitig allmählich Fb D einarb, wenn noch 3 Abnahme-Rd zu str sind.

Fuß

Mit Fb D **1/1/2,5/2,5/2,5/2,5 cm** str, dann allmählich Fb E einarb. Da wir alle unterschiedlich lange Füße haben, sind die Anzahl der verwendeten Fb und die Positionen der Fb-Wechsel Ermessenssache. Beende den Fuß, sobald deine Arbeit bis zur Spitze deines kleinen Zehs reicht.

Falls du die Socken beim Str nicht gut anprobieren kannst oder sie ein Geschenk sein sollen, hilft dir die folg Tabelle beim Bestimmen der Länge (gemessen vom hinteren Ende der Ferse bis zum Ende der Spitze).

(Alle Größen sind europäische Schuhgrößen)
Kleinkind: 11-15 cm
Kind: 15-19 cm
Damen Größe 34-37,5: 20,5-23 cm
Damen Größe 37,5-41: 23-25,5 cm
Damen Größe 41,5-44,5: 26-28 cm
Herren Größe 37,5-41: 23,5-25,5 cm
Herren Größe 41,5-44,5: 26-28 cm
Herren Größe 45-48: 28,5-30,5 cm

Bei einer Socke mit Käppchenferse musst du auch die Länge der Spitze berücksichtigen:

Kleinkind: 2,5 cm	**M:** 4 cm
Kind: 3 cm	**L:** 4 cm
S: 4 cm	**XL:** 4,5 cm

Von deiner gewünschten Fußlänge (vom hinteren Ende der Ferse bis zum Ende der Spitze) ziehst du nun das Maß der Spitze ab. Beispiel: Meine gewünschte Fußlänge ist 23 cm. Ich ziehe die Länge meiner Spitze (4 cm) ab; es bleiben 19 cm, die ich bis zum Beginn der Abnahmen für die Spitze str muss.

Meine letzte Fb arb ich etwa 2,5 cm vor den Abnahmen für die Spitze ein.

Spitze

1. Rd: 1 M rechts, ssk, **14/18/22/26/30/34 M** rechts, 2 M rechts zusammen, 1 M rechts, MMs, 1 M rechts, ssk, **14/18/22/26/30/34 M** rechts, 2 M rechts zusammen, 1 M rechts.
2. Rd: Alle M rechts str.
3. Rd: 1 M rechts, ssk, rechte M bis 3 M vor folg MM, 2 M rechts zusammen, 1 M rechts, MM abh, 1 M rechts, ssk, rechte M bis 3 M vor Rd-Ende, 2 M rechts zusammen, 1 M rechts.

Die 2. und 3. Rd wdh, bis noch **16/20/24/28/32/36 M** verbleiben.

Die Öffnung an der Spitze im M-Stich schließen (siehe Seite 33).

Fertigstellen

Alle Fäden vernähen und die Socken spannen (siehe Kapitel 4).

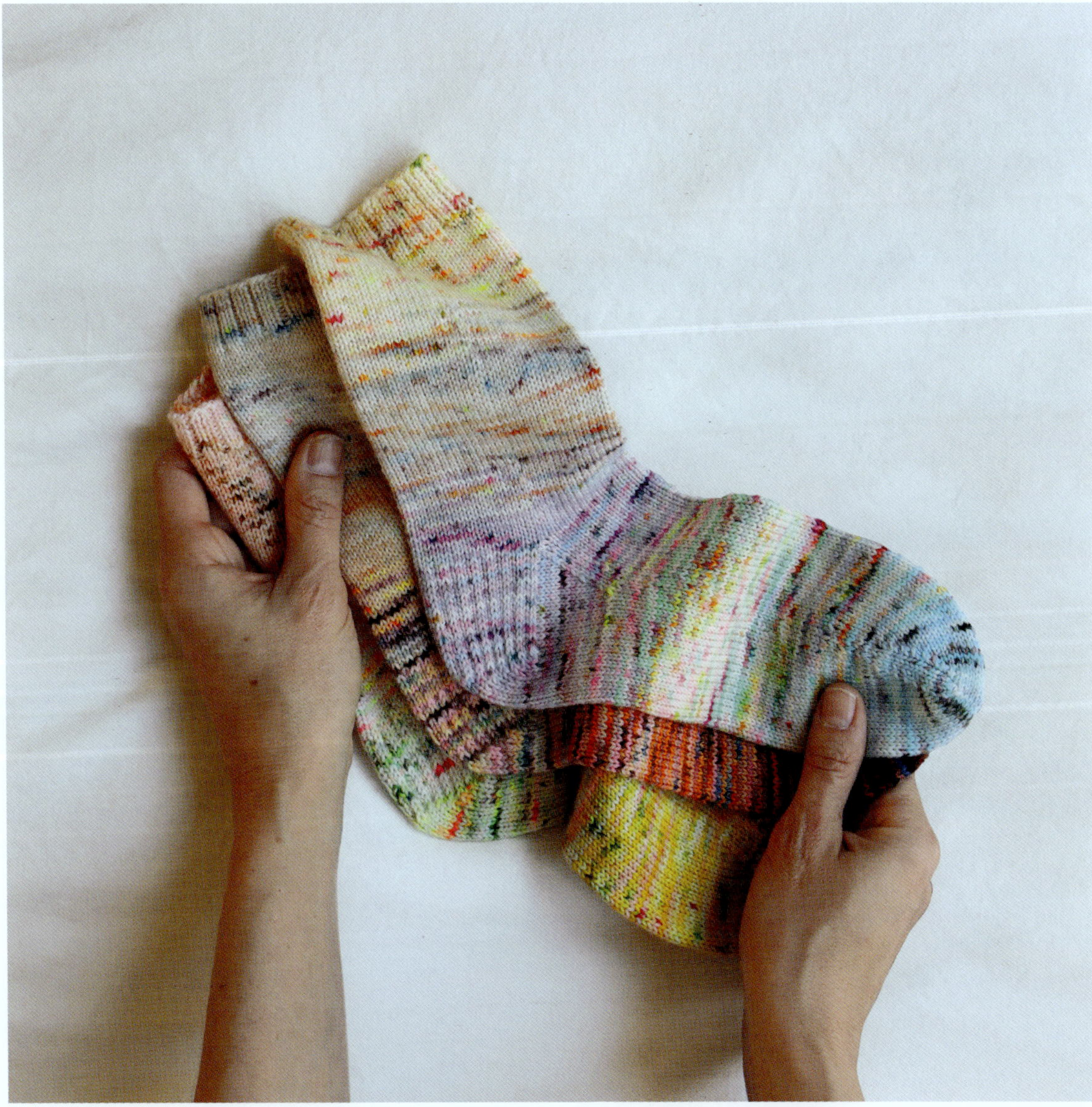

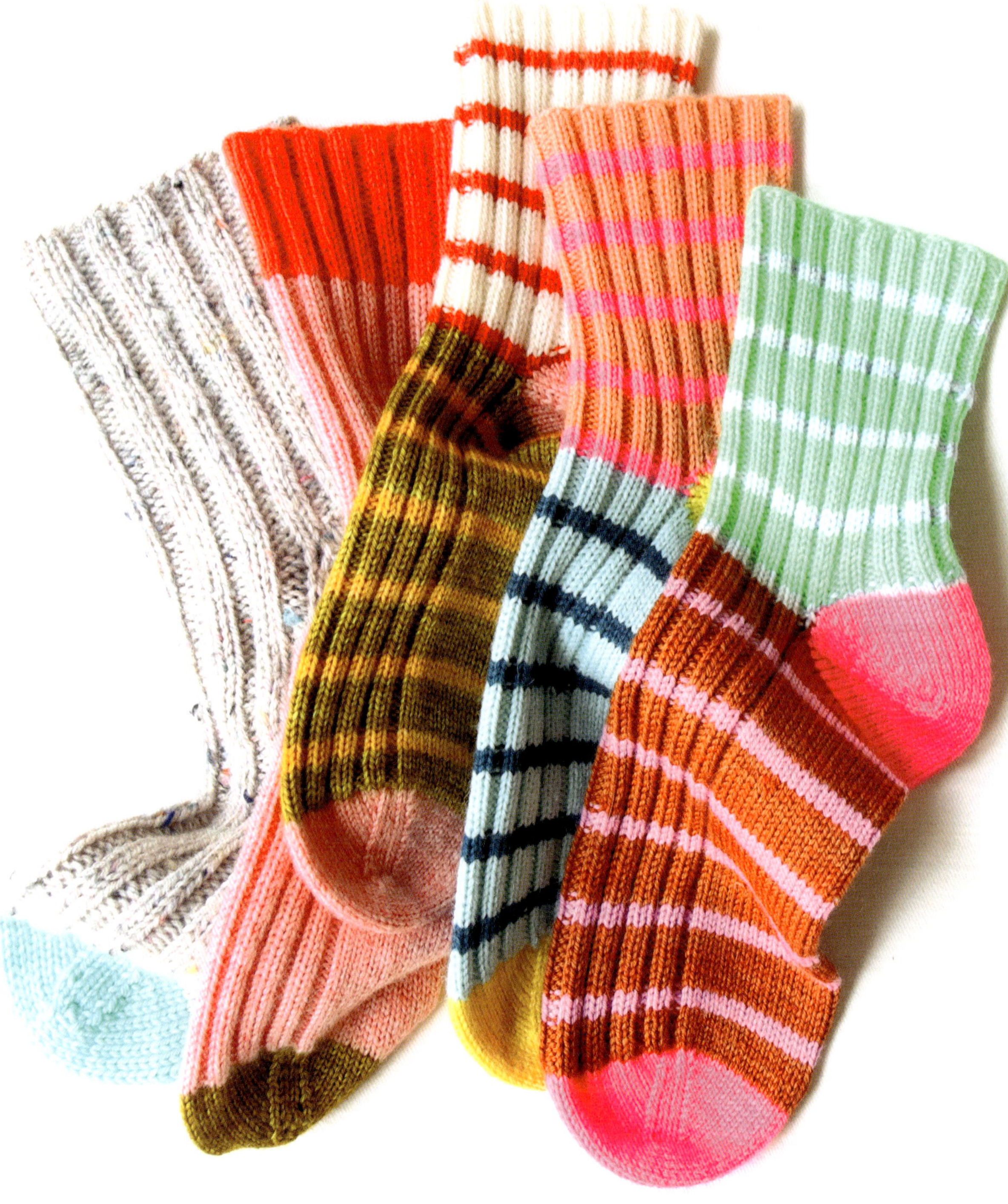

Kapitel 7
RIPPENSOCKEN

Früher hasste ich es, Rippenmuster zu stricken. „Nur über meine Leiche", war mein Motto. Da ich mit englischer Fadenführung stricke, dauern linke Maschen bei mir etwas länger. Wenn ich Rippenbündchen an Pullovern oder Socken zu stricken hatte, verschlechterte sich meine Laune immer schlagartig.

Doch dann wollte ich unbedingt ein Paar klassische Rippensocken haben und dachte, dass ich wohl meine Einstellung ändern müsse, wenn ich ein ganzes Projekt mit Rippen stricken wollte. Ich stellte fest, dass der Rhythmus das Entscheidende ist: rechts, rechts, links, links, dabei Freude an jeder einzelnen Masche haben, bewusst die Hände entspannen und langsam machen. Ich musste lernen, das Stricken zu genießen, statt das Rippenmuster als etwas zu betrachten, das ich hinter mich bringen musste. (Grunge aus den 90ern aufzudrehen hilft auch, wenn die „Rippen-sind-doof-Haltung" wieder durchkommt).

Mit Rippensocken schaffst du etwas Abwechslung, wenn du von klassischen Glatt-rechts-Socken genug hast. Ich habe drei Rezepte für dich (darunter dicke Rippensocken), dazu einen super Tipp für saubere Farbwechsel.

Colorblock-Rippensocken

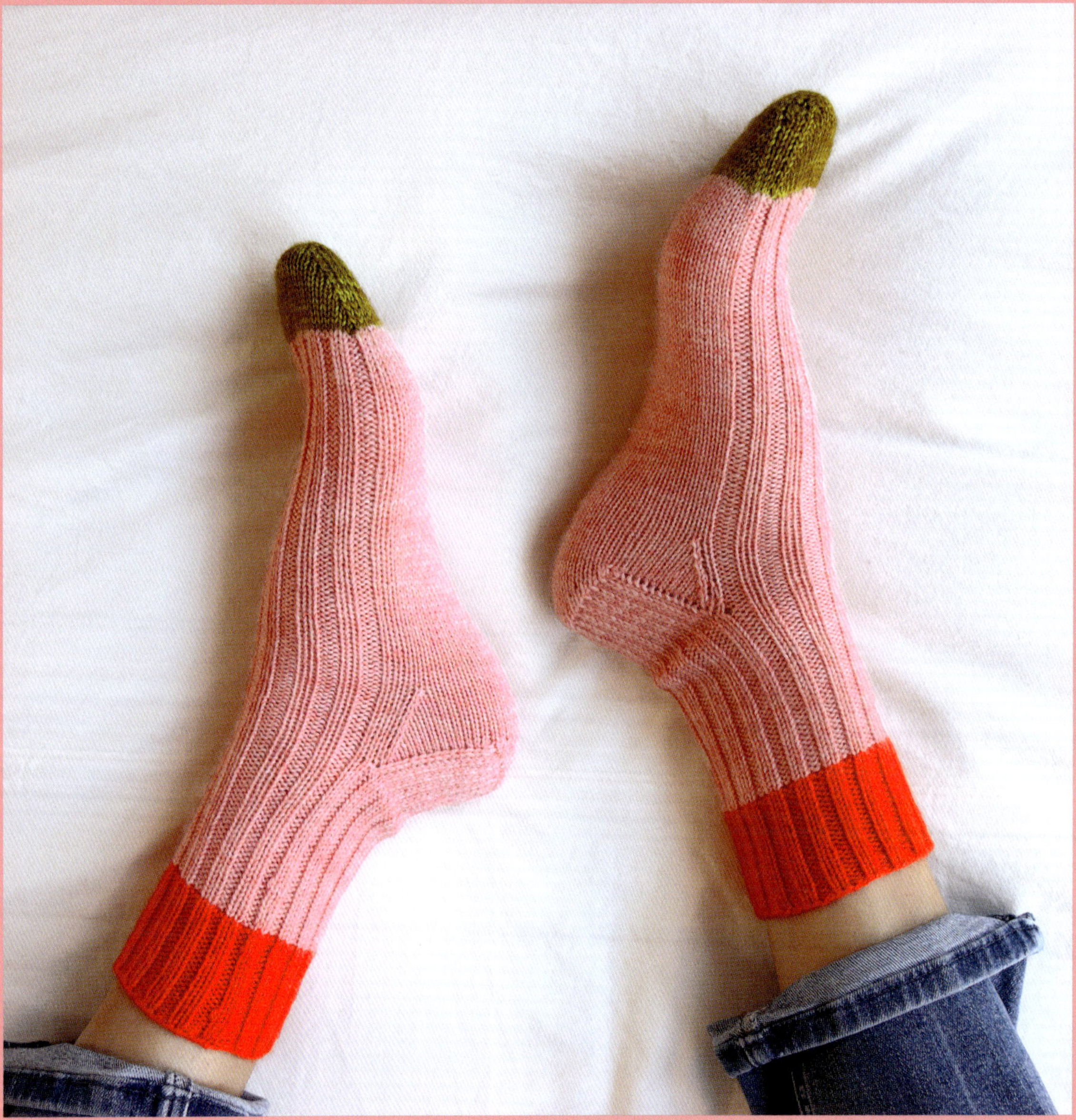

MATERIAL

Garn: Knit Picks Stroll (75% Superwash Merino, 25% Polyamid; LL 211 m/50 g): 91/111/131/146/170/193 m in Dogwood Heather (Fb 25603) (HF)

Knit Picks Stroll (75% Superwash Merino, 25% Polyamid; LL 211 m/50 g): 20/27/36/43/52/62 m in Buoy (Fb 28180) (KF1)

Hedgehog Fibres Sock (90% Superwash Merino, 10% Polyamid; LL 400 m/100 g): 9/11/13/15/16/18 m in Swamp (KF2)

Tipp: Jedes 4-fädige Sockengarn ähnlicher LL ist geeignet!

Stricknadeln: 2,25 mm

Sonstiges: Wollnadel, Maschenmarkierer, Schere, Maßband

Maschenprobe: 38 M = 10 cm im 2/2-Rippenmuster in Rd und gespannt

Größen

Kleinkind/Kind/S/M/L/XL

Maße

Die Zahlen unten beziehen sich auf den Umfang am Fußballen; es sind nicht die Maße der fertigen Socke.
8-10/13-15/18/20/23/25 cm

ANLEITUNG

Bündchen

In KF1 **40/48/56/64/72/80 M** anschl und zur Rd schließen, darauf achten, dass die M sich nicht verdrehen. Beginne im 2/2-Rippenmuster: Fortl [2 M rechts, 2 M links].

2 cm oder bis zur gewünschten Länge im Rippenmuster str.

KF1 beenden, zur HF wechseln.

Nun greifen wir zu einem einfachen Trick, damit der Fb-Wechsel sauberer wird. Bei Rippensocken schimmern an den Fb-Wechseln normalerweise in der neuen Fb die linken M in der alten Fb durch.

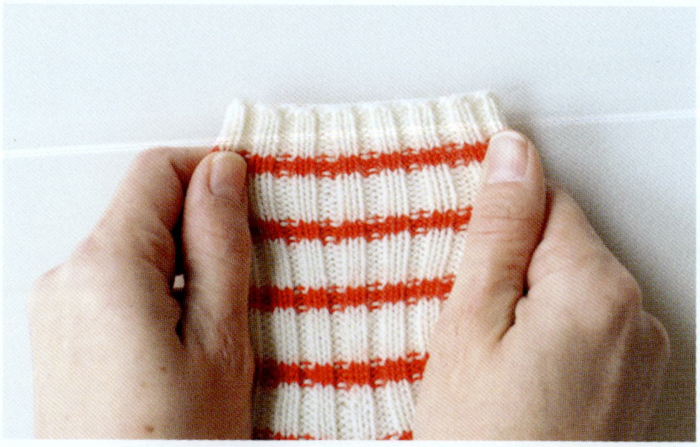

Siehst du die weißen linken M in den roten Streifen?

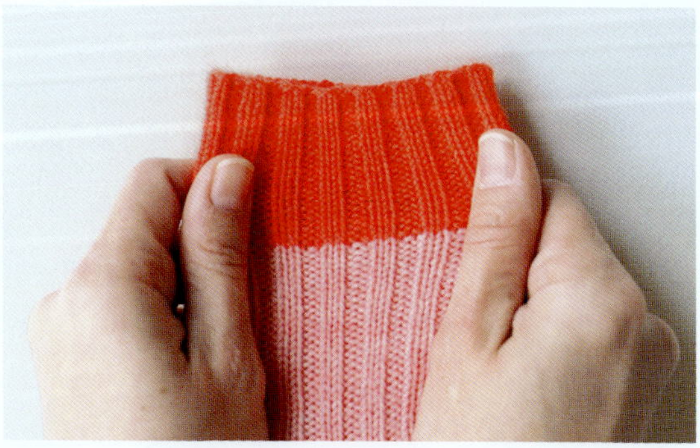

An dieser Socke schimmern keine linken M durch. Der Fb-Wechsel ist glatt und sauber.

Der Trick: Bei Fb-Wechseln in Rippenmustern einfach die 1. Rd der neuen Fb glatt rechts str, also ohne Rippenmuster. Das ist alles. So erhältst du einen sauberen Übergang.

Nun also in der HF 1 Rd glatt rechts str (nur rechte M), dann mit dem 2/2-Rippenmuster weiterstr, bis der Schaft (mit Bündchen) 11 cm lang ist oder die gewünschte Länge hat. Wenn du die Länge anpassen möchtest, hier einige gängige Maße für verschiedene Größen:

Sneakersocken: 2,5-5 cm
Kleinkinder: 8-10 cm
Kinder: 10-15 cm
Erwachsene, halblang: 10-15 cm
Erwachsene, lang: 18 cm und mehr

Wenn du mit der Schaftlänge zufrieden bist, geht es weiter mit der Ferse.

Fersenwand

Die Fersenwand wird in der HF gestrickt. Die ersten **20/24/28/32/36/40 M** rechts str, dann über die übrigen **20/24/28/32/36/40 M** die Fersenwand in R str wie folgt:

1. R (Hin-R): 2 M rechts, fortl [1 M abh, 1 M rechts]. Wenden.
2. R (Rück-R): 1 M abh Fv, linke M bis Ende. Wenden.
3. R: Fortl [1 M abh, 1 M rechts]. Wenden.

Die 2. und 3. R wdh, bis die Fersenwand **4/4,5/5/5/6/6,5 cm** hoch ist. Nach einer 3. R enden.

Käppchen

1. R (Rück-R): 1 M abh Fv, **10/12/14/16/18/20 M** links, 2 M links zusammen, 1 M links, wenden.
2. R (Hin-R): 1 M abh, 3 M rechts, ssk, 1 M rechts, wenden.
3. R: 1 M abh Fv, 4 M links, 2 M links zusammen, 1 M links, wenden.
4. R: 1 M abh, 5 M rechts, ssk, 1 M rechts, wenden.

Du hast folg Muster für dein Käppchen eingeteilt: 1 M abh, rechte oder linke M bis 1 M vor der Lücke vom Wenden in der Vor-R, ssk oder 2 M links zusammen, 1 M rechts oder links, wenden. In diesem Muster fortfahren, bis alle Fersen-M gestrickt sind. Mit einer Hin-R enden. Du solltest nun **12/14/16/18/20/22 Fersen-M** haben.

Spickel

Die rechte Seite der Arbeit liegt oben. Entlang der linken Seite der Fersenwand **8/10/12/14/16/18 M** aufnehmen und rechts str.

Nun die stillgelegten **20/24/28/32/36/40 M** im 2/2-Rippenmuster str. MMs und **8/10/12/14/16/18 M** aus der rechten Seite der Fersenwand aufnehmen und rechts str. Die Fersen-M rechts str, dann die zuvor aus der Fersenwand aufgenommenen M rechts str. Damit bist du am Rd-Ende angekommen und hast alle M aufgenommen. Du solltest insgesamt **48/58/68/78/88/98 M** auf den Nd haben.

Spickelabnahmen

1. Rd: 20/24/28/32/36/40 M im 2/2-Rippenmuster str, MM abh, 1 M rechts, ssk, rechte M bis 3 M vor Rd-Ende, 2 M rechts zusammen, 1 M rechts.
2. Rd: Ohne Abnahmen str.

Diese beiden Rd wdh, bis noch **40/48/56/64/72/80 M** auf den Nd liegen.

Fuß

Weiter die ersten **20/24/28/32/36/40 M** in 2/2-Rippen und die übrigen **20/24/28/32/36/40 M** glatt rechts str, bis deine Arbeit bis zur Spitze deines kleinen Zehs reicht. Falls du die Socken beim Str nicht gut anprobieren kannst oder sie ein Geschenk sein sollen, hilft dir die folg Tabelle beim Bestimmen der Länge (gemessen vom hinteren Ende der Ferse bis zum Ende der Spitze).

(Alle Größen sind europäische Schuhgrößen)
Kleinkind: 11-15 cm
Kind: 15-19 cm
Damen Größe 34-37,5: 20,5-23 cm
Damen Größe 37,5-41: 23-25,5 cm
Damen Größe 41,5-44,5: 26-28 cm
Herren Größe 37,5-41: 23,5-25,5 cm
Herren Größe 41,5-44,5: 26-28 cm
Herren Größe 45-48: 28,5-30,5 cm

Bei einer Socke mit Käppchenferse musst du auch die Länge der Spitze berücksichtigen:

Kleinkind: 2,5 cm
Kind: 3 cm
S: 4 cm
M: 4 cm
L: 4 cm
XL: 4,5 cm

Von deiner gewünschten Fußlänge (vom hinteren Ende der Ferse bis zum Ende der Spitze) ziehst du nun das Maß der Spitze ab. Beispiel: Meine gewünschte Fußlänge ist 23 cm. Ich ziehe die Länge meiner Spitze (4 cm) ab; es bleiben 19 cm, die ich bis zum Beginn der Abnahmen für die Spitze str muss.

Spitze

Die HF abschneiden und zu KF2 wechseln. 1 Rd rechte M str, dann mit den Abnahmen für die Spitze beginnen:

1. Rd: 1 M rechts, ssk, **14/18/22/26/30/34 M** rechts, 2 M rechts zusammen, 1 M rechts, MMs, 1 M rechts, ssk, **14/18/22/26/30/34 M** rechts, 2 M rechts zusammen, 1 M rechts.
2. Rd: Alle M rechts str.
3. Rd: 1 M rechts, ssk, rechte M bis 3 M vor folg MM, 2 M rechts zusammen, 1 M rechts, MM abh, 1 M rechts, ssk, rechte M bis 3 M vor Rd-Ende, 2 M rechts zusammen, 1 M rechts.

Die 2. und 3. Rd wdh, bis noch **16/20/24/28/32/36 M** verbleiben.

Die Öffnung an der Spitze im M-Stich schließen (siehe Seite 33).

Fertigstellen

Alle Fäden vernähen und die Socken spannen (siehe Kapitel 4).

Dicke Rippensocken

Dicke Socken werden genau wie dünnere gestrickt, nur mit dickerem Garn und dickeren Stricknadeln. Auch dickes Sockengarn ist mit Polyamid-Beimischung erhältlich, wodurch unsere Socken haltbarer werden. Die meisten meiner dicken Socken bestehen jedoch trotzdem aus reiner Wolle, denn ich trage sie eher, um zu Hause warme Füße zu haben.

MATERIAL

Garn: Hedgehog Fibres Tweedy (50% Falkland Merinowolle, 37,5% recycelte Wolle, 12,5% Garnabfälle; LL 230 m/100 g): 79/94/117/133/155 m in Original (HF)

Little Lionhead Knits DK Sock (85% Superwash Merino, 15% Polyamid; LL 225 m/100 g): 27/35/40/51/61 m in Sixties Blue (KF)

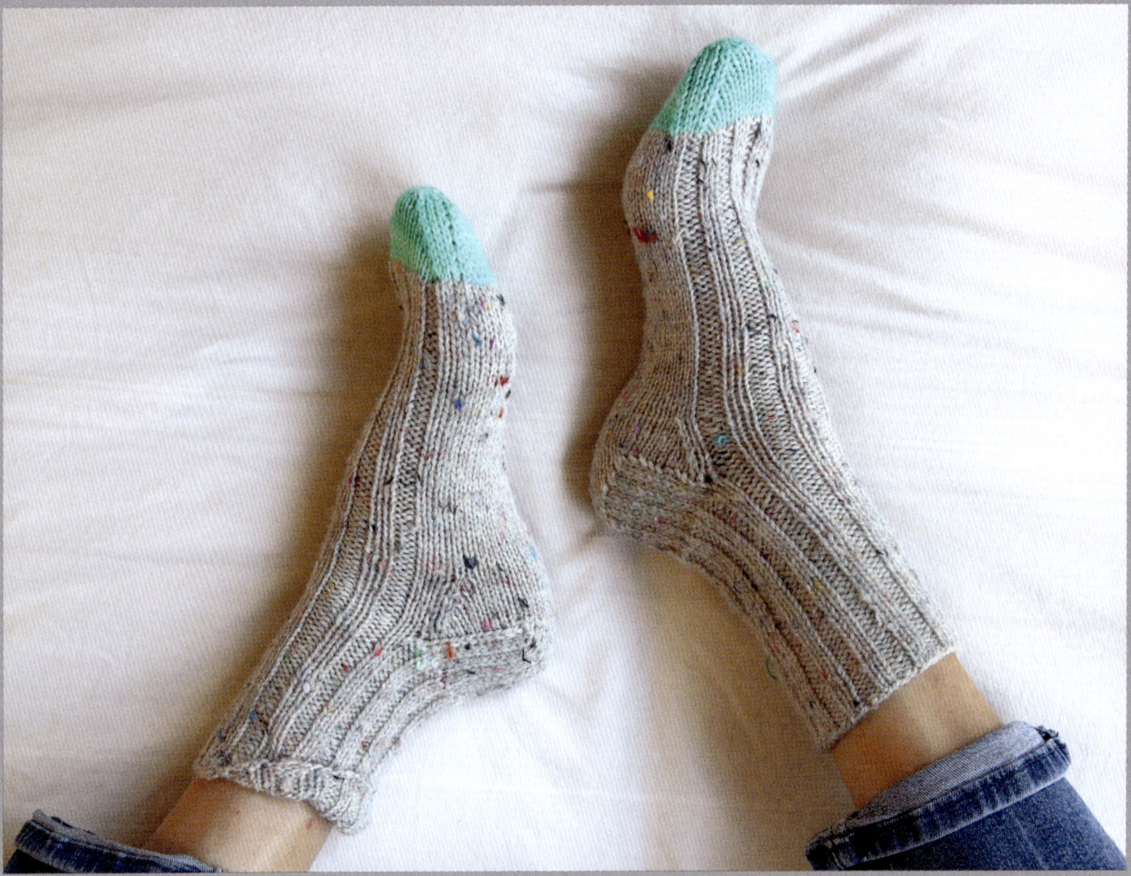

Tipp: Du kannst jedes 6-fädige Sockengarn mit LL ca. 200-250 m/100 g verwenden. Ich nehme jedoch oft dicke reine Wolle ohne Polyamid-Anteil, aber mit dieser LL.

Stricknadeln: 3,25 mm

Sonstiges: Wollnadel, Maschenmarkierer, Schere, Maßband

Maschenprobe: 24 M = 7,5 cm im 2/2-Rippenmuster in Rd und gespannt

Größen

Kind/S/M/L/XL

Maße

Die Zahlen unten beziehen sich auf den Umfang am Fußballen; es sind nicht die Maße der fertigen Socke.
13-15/18/20/23/25 cm

ANLEITUNG

Schaft

In der HF **32/40/48/56/64 M** anschl und zur Rd schließen, darauf achten, dass die M sich nicht verdrehen. Beginne im 2/2-Rippenmuster: Fortl [2 M rechts, 2 M links].

Im Rippenmuster str, bis der Schaft 10 cm lang ist oder bis zur gewünschten Länge. Wenn du die Länge anpassen möchtest, hier einige gängige Maße für verschiedene Größen:

Sneakersocken: 2,5-5 cm
Kinder: 10-15 cm
Erwachsene, halblang: 10-15 cm
Erwachsene, lang: 18 cm und mehr

Wenn du mit der Schaftlänge zufrieden bist, geht es weiter mit der Ferse.

Fersenwand

Die Fersenwand wird in der HF gestrickt. Die ersten **16/20/24/28/32 M** rechts str, dann über die übrigen **16/20/24/28/32 M** die Fersenwand in R str wie folgt:

1. R (Hin-R): 2 M rechts, fortl [1 M abh, 1 M rechts]. Wenden.
2. R (Rück-R): 1 M abh Fv, linke M bis Ende. Wenden.
3. R: Fortl [1 M abh, 1 M rechts]. Wenden.

Die 2. und 3. R wdh, bis die Fersenwand **4,5/5/5/6/6,5 cm** hoch ist. Nach einer 3. R enden.

Käppchen

1. R (Rück-R): 1 M abh Fv, **8/10/12/14/16 M** links, 2 M links zusammen, 1 M links, wenden.
2. R (Hin-R): 1 M abh, 3 M rechts, ssk, 1 M rechts, wenden.
3. R: 1 M abh Fv, 4 M links, 2 M links zusammen, 1 M links, wenden.
4. R: 1 M abh, 5 M rechts, ssk, 1 M rechts, wenden.

Du hast folg Muster für dein Käppchen eingeteilt: 1 M abh, rechte oder linke M bis 1 M vor der Lücke vom Wenden in der Vor-R, ssk oder 2 M links zusammen, 1 M rechts oder links, wenden. In diesem Muster fortfahren, bis alle Fersen-M gestrickt sind. Mit einer Hin-R enden. Du solltest nun **10/12/14/16/18 Fersen-M** haben.

Spickel

Die rechte Seite der Arbeit liegt oben. Entlang der linken Seite der Fersenwand **6/8/8/8/10 M** aufnehmen und rechts str.

Nun die stillgelegten **16/20/24/28/32 M** im 2/2-Rippenmuster str.

MMs und **6/8/8/8/10 M** aus der rechten Seite der Fersenwand aufnehmen und rechts str. Die Fersen-M rechts str, dann die zuvor aus der Fersenwand aufgenommenen M rechts str. Damit bist du am Rd-Ende angekommen und hast alle M aufgenommen. Du solltest insgesamt **38/48/54/60/70 M** auf den Nd haben.

Spickelabnahmen

1. Rd: 16/20/24/28/32 M im 2/2-Rippenmuster str, MM abh, 1 M rechts, ssk, rechte M bis 3 M vor Rd-Ende, 2 M rechts zusammen, 1 M rechts.
2. Rd: Ohne Abnahmen gerade hoch str.

Diese beiden Rd wdh, bis noch **32/40/48/56/64 M** auf den Nd liegen.

Fuß

Weiter in der HF die ersten **16/20/24/28/32 M** in 2/2-Rippen und die übrigen **16/20/24/28/32 M** glatt rechts (nur rechte M) str, bis deine Arbeit bis zur Spitze deines kleinen Zehs reicht. Falls du die Socken beim Str nicht gut anprobieren kannst oder sie ein Geschenk sein sollen, hilft dir die folg Tabelle beim Bestimmen der Länge (gemessen vom hinteren Ende der Ferse bis zum Ende der Spitze).

(Alle Größen sind europäische Schuhgrößen)
Kind: 15-19 cm
Damen Größe 34-37,5: 20,5-23 cm
Damen Größe 37,5-41: 23-25,5 cm
Damen Größe 41,5-44,5: 26-28 cm
Herren Größe 37,5-41: 23,5-25,5 cm
Herren Größe 41,5-44,5: 26-28 cm
Herren Größe 45-48: 28,5-30,5 cm

Bei einer Socke mit Käppchenferse musst du auch die Länge der Spitze berücksichtigen:

Kind: 3 cm
S: 4 cm
M: 4 cm
L: 4 cm
XL: 4,5 cm

Von deiner gewünschten Fußlänge (vom hinteren Ende der Ferse bis zum Ende der Spitze) ziehst du nun das Maß der Spitze ab. Beispiel: Meine gewünschte Fußlänge ist 23 cm. Ich ziehe die Länge meiner Spitze (4 cm) ab; es bleiben 19 cm, die ich bis zum Beginn der Abnahmen für die Spitze str muss.

Spitze

Die HF abschneiden und zu KF1 wechseln. 1 Rd rechte M str, dann mit den Abnahmen für die Spitze beginnen:

1. Rd: 1 M rechts, ssk, **10/14/18/22/26 M** rechts, 2 M rechts zusammen, 1 M rechts, MMs, 1 M rechts, ssk, **10/14/18/22/26 M** rechts, 2 M rechts zusammen, 1 M rechts.
2. Rd: Alle M rechts str.
3. Rd: 1 M rechts, ssk, rechte M bis 3 M vor folg MM, 2 M rechts zusammen, 1 M rechts, MM abh, 1 M rechts, ssk, rechte M bis 3 M vor Rd-Ende, 2 M rechts zusammen, 1 M rechts.

Die 2. und 3. Rd wdh, bis noch **16/20/24/28/32 M** verbleiben.

Die Öffnung an der Spitze im M-Stich schließen (siehe Seite 33).

Fertigstellen

Alle Fäden vernähen und die Socken spannen (siehe Kapitel 4).

Rippensocken mit bretonischen Ringeln

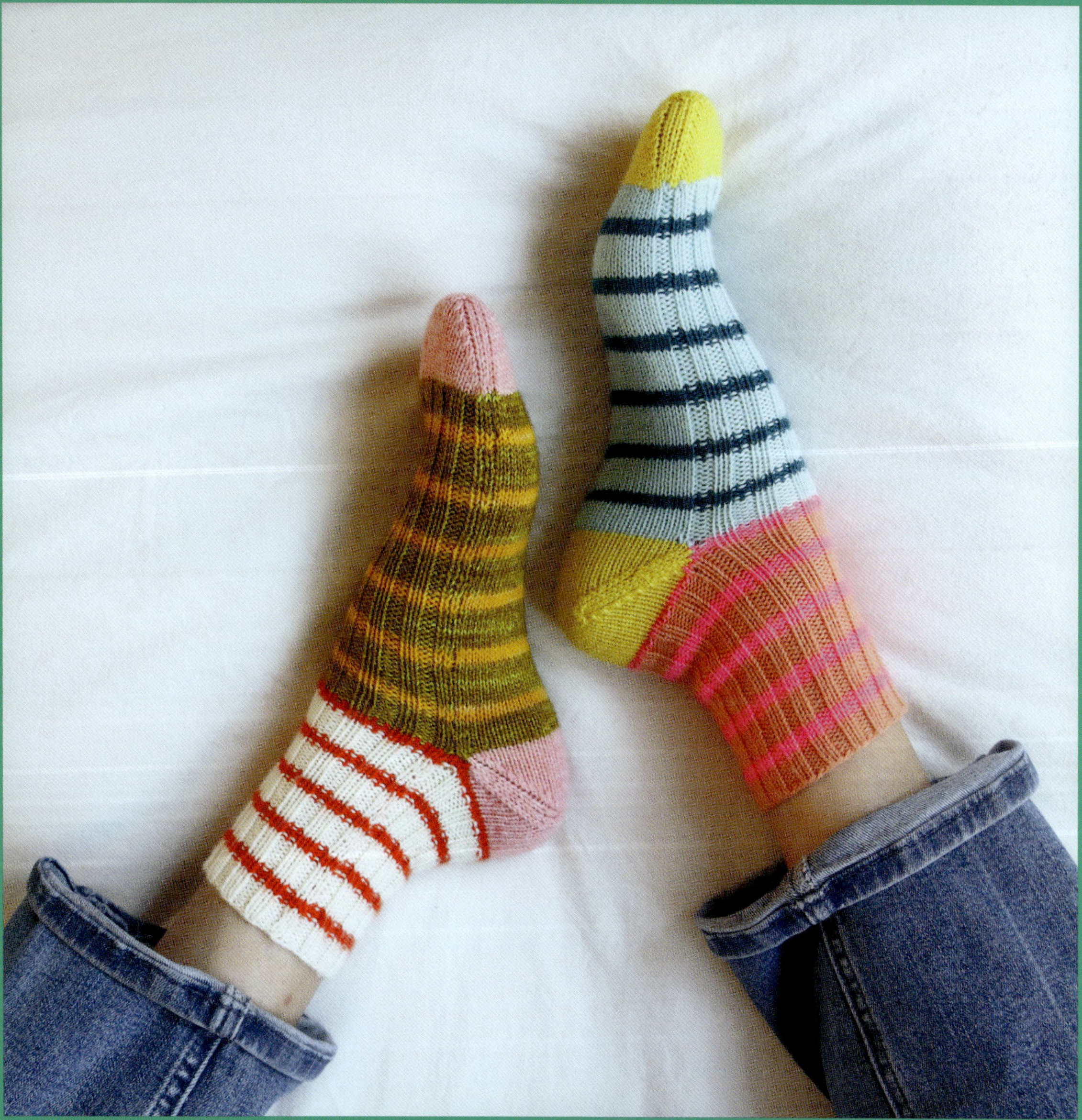

MATERIAL

Garn: 4-fädiges Sockengarn in folg Mengen (ich habe Wollreste von anderen Projekten verwendet):

KF1: 20/33/44/55/68/80 m

KF2: 5/11/15/18/22/26 m

KF3: 27/38/53/68/80/93 m

KF4: 7/13/18/24/29/36 m

KF5: 13/16/24/29/35/40 m

Stricknadeln: 2,25 mm

Sonstiges: Wollnadel, Maschenmarkierer (davon 1 verschließbar), Schere, Maßband

Maschenprobe: 38 M = 10 cm im bretonischen Ringelmuster in Rd und gespannt

Größen

Kleinkind/Kind/S/M/L/XL

Maße

Die Zahlen unten beziehen sich auf den Umfang am Fußballen; es sind nicht die Maße der fertigen Socke.
8-10/13-15/18/20/23/25 cm

Bretonisches Ringelmuster

Fb 1: 8 Rd (= KF1, KF3)
Fb 2: 3 Rd (= KF2, KF4)

ANLEITUNG

Schaft

In KF1 **40/48/56/64/72/80 M** anschl und zur Rd schließen, darauf achten, dass die M sich nicht verdrehen. Beginne im 2/2-Rippenmuster: Fortl [2 M rechts, 2 M links].

Im Rippenmuster weiterstr und dabei 4x die Fb-Folge des bretonischen Ringelmusters mit KF1 und KF2 arb (= 44 Rd). Dann 8 Rd in KF1 und 1 Rd in KF2 str.
In den folg beiden Rd mit KF2 die ersten **20/24/28/32/36/40 M** in 2/2-Rippenmuster und die übrigen **20/24/28/32/36/40 M** glatt rechts (nur rechte M) str.

Maschenmarkierer für die nachträgliche Ferse setzen

KF1 und KF2 abschneiden. Nun die Position für die nachträgliche Ferse markieren. Zähle einfach, je nach Größe, die M ab dem Rd-Anfang und setze einen verschließbaren MM an die folg M:

Kleinkind: 30	**M:** 48
Kind: 36	**L:** 54
S: 42	**XL:** 60

Fuß

Zu KF3 und KF4 wechseln. Folgendes Muster einteilen: Die ersten **20/24/28/32/36/40 M** in 2/2-Rippen und die übrigen **20/24/28/32/36/40 M** glatt rechts str. Dabei das Ringelmuster beibehalten, bis der Fuß bis zur Spitze deines kleinen Zehs reicht. Falls du die Socken beim Str nicht gut anprobieren kannst oder sie ein Geschenk sein sollen, hilft dir die folg Tabelle beim Bestimmen der Länge (gemessen vom hinteren Ende der Ferse bis zum Ende der Spitze).

(Alle Größen sind europäische Schuhgrößen)
Kleinkind: 11-15 cm

Kind: 15-19 cm
Damen Größe 34-37,5: 20,5-23 cm
Damen Größe 37,5-41: 23-25,5 cm
Damen Größe 41,5-44,5: 26-28 cm
Herren Größe 37,5-41: 23,5-25,5 cm
Herren Größe 41,5-44,5: 26-28 cm
Herren Größe 45-48: 28,5-30,5 cm

Bei einer Socke mit nachträglicher Ferse musst du sowohl die Länge der Ferse als auch die Länge der Spitze berücksichtigen (beide sind gleich lang).

Kleinkind: 2,5 cm
Kind: 3 cm
S: 4 cm
M: 4 cm
L: 4 cm
XL: 4,5 cm

Von deiner gewünschten Fußlänge (vom Ende der Ferse bis zum Ende der Spitze) ziehst du nun beide Maße (Ferse und Spitze) ab. Beispiel: Meine gewünschte Fußlänge ist 23 cm. Ich ziehe die Länge meiner Spitze (4 cm) und Ferse (4 cm) ab; es bleiben 15 cm, die ich bis zum Beginn der Abnahmen für die Spitze str muss.

Spitze

In KF5 1 Rd rechte M str, dann mit den Abnahmen für die Spitze beginnen:

1. Rd: 1 M rechts, ssk, **14/18/22/26/30/34 M** rechts, 2 M rechts zusammen, 1 M rechts, MMs, 1 M rechts, ssk, **14/18/22/26/30/34 M** rechts, 2 M rechts zusammen, 1 M rechts.
2. Rd: Alle M rechts str.
3. Rd: 1 M rechts, ssk, rechte M bis 3 M vor folg MM, 2 M rechts zusammen, 1 M rechts, MM abh, 1 M rechts, ssk, rechte M bis 3 M vor Rd-Ende, 2 M rechts zusammen, 1 M rechts.

Die 2. und 3. Rd wdh, bis noch **16/20/24/28/32/36 M** verbleiben.

Die Öffnung an der Spitze im M-Stich schließen (siehe Seite 33).

Ferse nachträglich einstricken

Die Fersen-M zurück auf die Nd legen (siehe Seite 39). Den MM aus der M entfernen und diese M durchschneiden! In KF5 3 Rd ohne Abnahmen rechts str. Dann M abnehmen wie folgt:

1. Rd: 1 M rechts, ssk, **14/18/22/26/30/34 M** rechts, 2 M rechts zusammen, 1 M rechts, MMs, 1 M rechts, ssk, **14/18/22/26/30/34 M** rechts, 2 M rechts zusammen, 1 M rechts.
2. Rd: Alle M rechts str.
3. Rd: 1 M rechts, ssk, rechte M bis 3 M vor folg MM, 2 M rechts zusammen, 1 M rechts, MM abh, 1 M rechts, ssk, rechte M bis 3 M vor Rd-Ende, 2 M rechts zusammen, 1 M rechts.

Die 2. und 3. Rd wdh, bis noch **16/20/24/28/32/36 M** verbleiben. Die Öffnung an der Ferse im M-Stich schließen (siehe Seite 33).

Fertigstellen

Alle Fäden vernähen und die Socken spannen (siehe Kapitel 4).

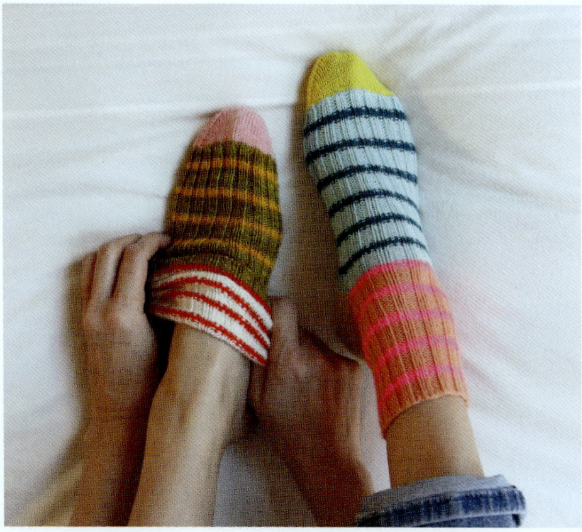

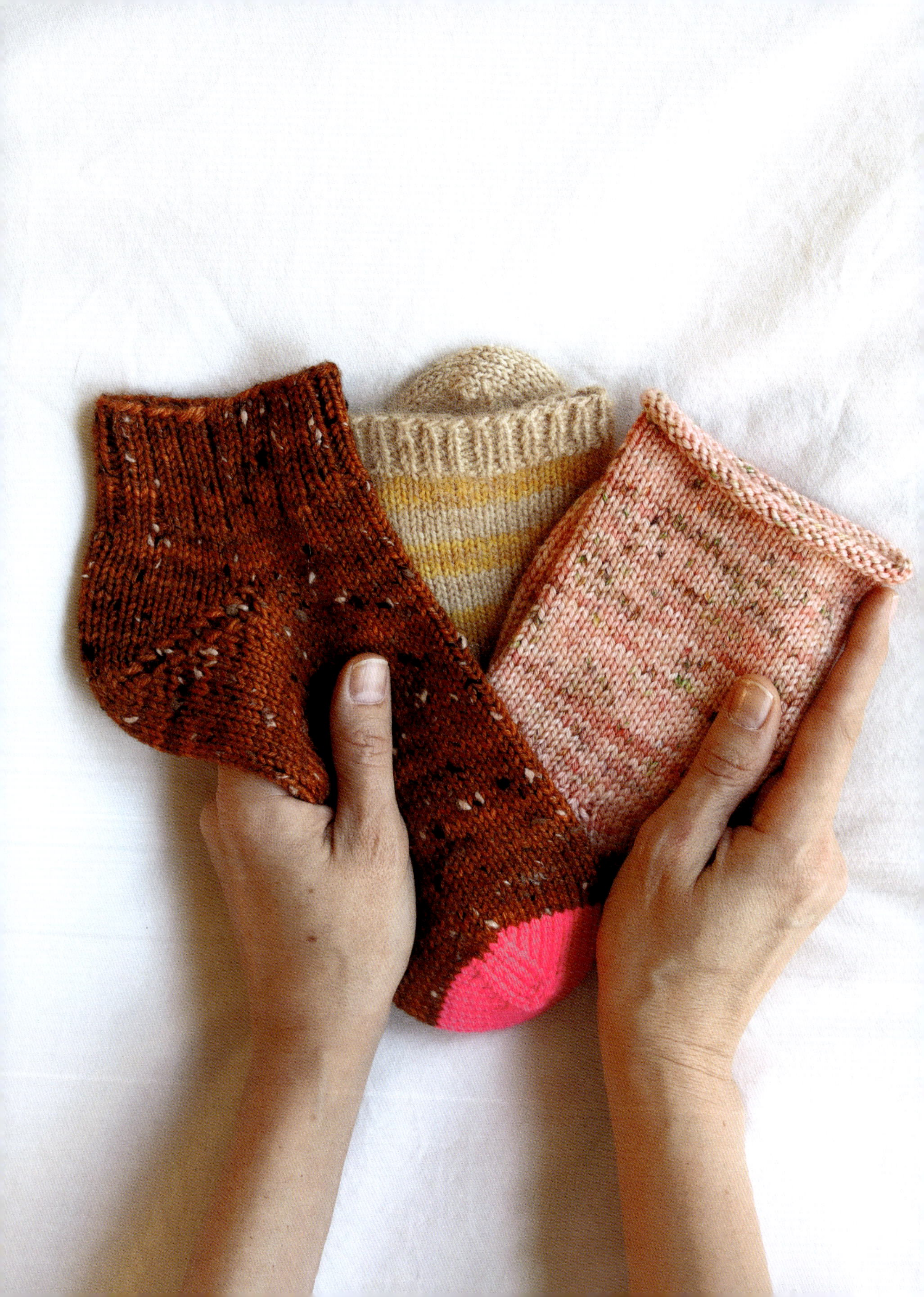

Kapitel 8
DICKE SOCKEN

Oklahoma, wo ich (bis auf einen katastrophalen 35-Tage-Abstecher nach Maine) mein ganzes Leben verbracht habe, ist, klimatisch betrachtet, ein feuchtheißer Ofen. Kühlere Temperaturen gibt es nicht vor Ende November, und es ist nicht ungewöhnlich, dass man im Februar Shorts tragen kann.

Dicke Socken werden also in meiner Gegend nicht unbedingt gebraucht. Das hält mich aber nicht davon ab, sie zu stricken, denn erstens gehen sie wunderbar schnell, man wird also sofort belohnt, und zweitens sind sie ein super Geschenk (siehe Grund eins).

Wenn du jedoch in kaltem Klima lebst oder ein warmherziger Mensch bist (im Gegensatz zu mir), möchtest du vielleicht dicke, warme Socken stricken. Sie fliegen in Rekordzeit von den Nadeln, und ehe du drei Folgen von Gilmore Girls schauen konntest, hast du schon ein Paar der kuscheligsten Socken fertig, entweder für deine eigenen kalten Füße oder für jemanden, der es wert ist, bestrickt zu werden.

Dazu benötigst du keine besonderen Kenntnisse. Du brauchst nur dickes Garn und dickere Stricknadeln.

Rezept für klassische dicke Socken

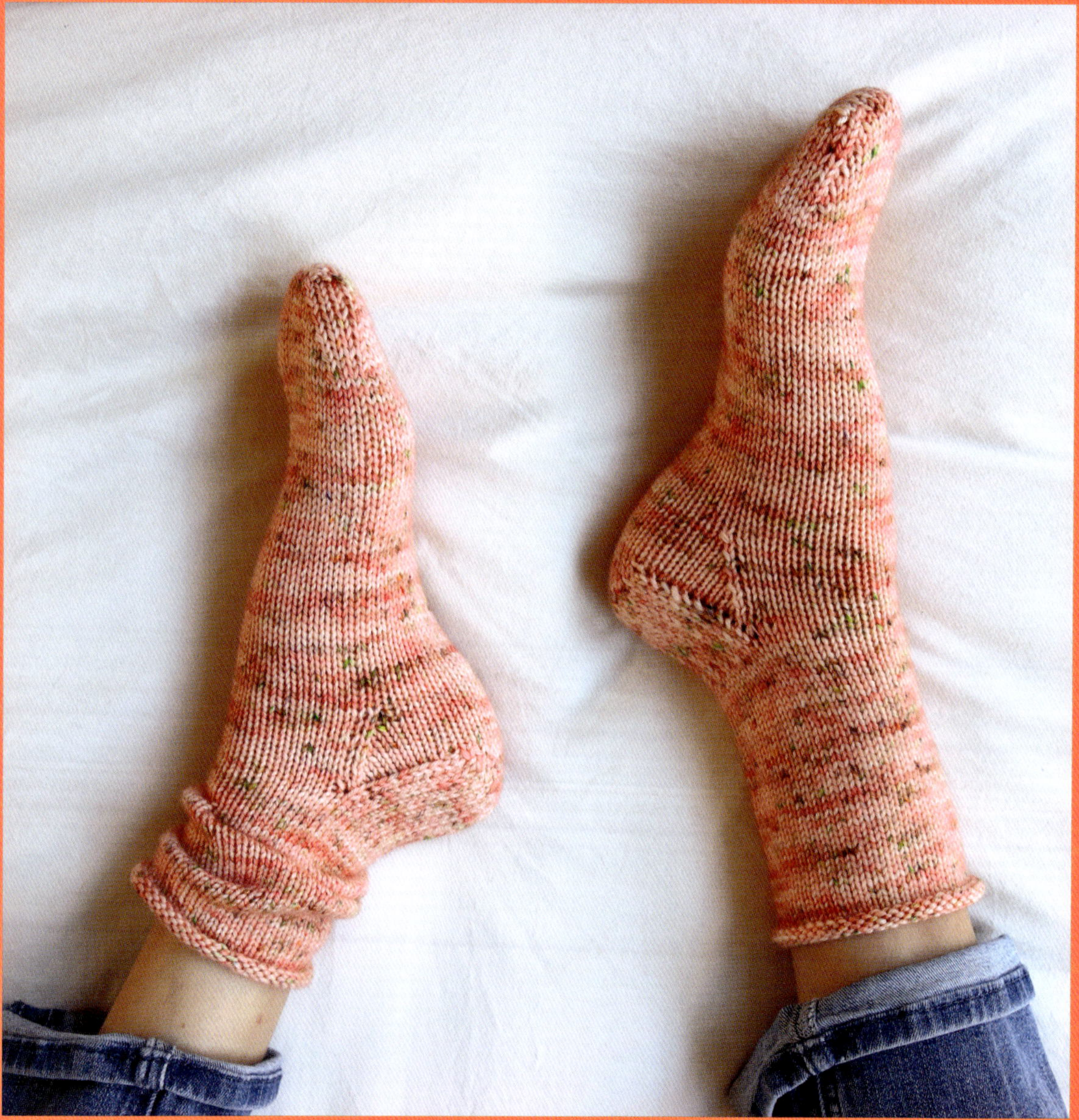

MATERIAL

Garn: LolaBean Yarn Co. Pinto Bean DK (100% Merinowolle; LL 229 m/115 g): 163/181/202/224/245 m in Georgia Peach

Tipp: Jedes 6-fädige Sockengarn ähnlicher LL ist geeignet!

Stricknadeln: 3,25 mm

Sonstiges: Wollnadel, Maschenmarkierer, Schere, Maßband

Maschenprobe: 24 M = 8 cm glatt rechts in Rd und gespannt

Größen

Kind/S/M/L/XL

Maße

Die Zahlen unten beziehen sich auf den Umfang am Fußballen; es sind nicht die Maße der fertigen Socke.
13-15/18/20/23/25 cm

ANLEITUNG

Schaft

Für diese Socken habe ich einen klassischen Rollrand gewählt. Dazu musst du nach dem M-Anschlag nur glatt rechts str, dann rollt sich die Kante von allein zu einem reizenden Rollbündchen.

32/40/48/56/64 M anschl und zur Rd schließen, darauf achten, dass die M sich nicht verdrehen.

Glatt rechts (nur rechte M) str, bis der Schaft 13 cm lang ist oder bis zur gewünschten Länge. Wenn du die Länge anpassen möchtest, hier einige gängige Maße für verschiedene Größen:

Sneakersocken: 2,5-5 cm
Kinder: 10-15 cm
Erwachsene, halblang: 10-15 cm
Erwachsene, lang: 18 cm und mehr

Wenn du mit der Schaftlänge zufrieden bist, geht es weiter mit der Ferse.

Fersenwand

Die ersten **16/20/24/28/32 M** rechts str, dann über die übrigen **16/20/24/28/32 M** die Fersenwand in R str wie folgt:

1. R (Hin-R): 2 M rechts, fortl [1 M abh, 1 M rechts]. Wenden.
2. R (Rück-R): 1 M abh Fv, linke M bis Ende. Wenden.
3. R: Fortl [1 M abh, 1 M rechts]. Wenden.

Die 2. und 3. R wdh, bis die Fersenwand **4,5/5/5/6/6,5 cm** hoch ist. Nach einer 3. R enden.

Käppchen

1. R (Rück-R): 1 M abh Fv, **8/10/12/14/16 M** links, 2 M links zusammen, 1 M links, wenden.
2. R (Hin-R): 1 M abh, 3 M rechts, ssk, 1 M rechts, wenden.
3. R: 1 M abh Fv, 4 M links, 2 M links zusammen, 1 M links, wenden.
4. R: 1 M abh, 5 M rechts, ssk, 1 M rechts, wenden.

Du hast folg Muster für dein Käppchen eingeteilt: 1 M abh, rechte oder linke M bis 1 M vor der Lücke vom Wenden in der Vor-R, ssk oder 2 M links zusammen, 1 M rechts oder links, wenden. In diesem Muster fortfahren, bis alle Fersen-M gestrickt sind. Mit einer Hin-R enden. Du solltest nun **10/12/14/16/18 Fersen-M** haben.

Spickel

Die rechte Seite der Arbeit liegt oben. Entlang der linken Seite der Fersenwand **6/8/8/8/10 M** aufnehmen und rechts str.

Nun die stillgelegten **16/20/24/28/32 M** rechts str. MMs und **6/8/8/8/10 M** aus der rechten Seite der Fersenwand aufnehmen und rechts str. Die Fersen-M rechts str, dann die zuvor aus der Fersenwand aufgenommenen M rechts str. Damit bist du am Rd-Ende angekommen und hast alle M aufgenommen. Du solltest insgesamt **38/48/54/60/70 M** auf den Nd haben.

Spickelabnahmen

1. Rd: 16/20/24/28/32 M rechts, MM abh, 1 M rechts, ssk, rechte M bis 3 M vor Rd-Ende, 2 M rechts zusammen, 1 M rechts.
2. Rd: Ohne Abnahmen rechts str.

Diese beiden Rd wdh, bis noch **32/40/48/56/64 M** auf den Nd liegen.

Fuß

Weiter glatt rechts (nur rechte M) str, bis deine Arbeit bis zur Spitze deines kleinen Zehs reicht. Falls du die Socken beim Str nicht gut anprobieren kannst oder sie ein Geschenk sein sollen, hilft dir die folg Tabelle beim Bestimmen der Länge (gemessen vom hinteren Ende der Ferse bis zum Ende der Spitze).

(Alle Größen sind europäische Schuhgrößen)
Kind: 15-19 cm
Damen Größe 34-37,5: 20,5-23 cm
Damen Größe 37,5-41: 23-25,5 cm
Damen Größe 41,5-44,5: 26-28 cm
Herren Größe 37,5-41: 23,5-25,5 cm
Herren Größe 41,5-44,5: 26-28 cm
Herren Größe 45-48: 28,5-30,5 cm

Bei einer Socke mit Käppchenferse musst du auch die Länge der Spitze berücksichtigen:

Kind: 3 cm
S: 4 cm
M: 4 cm
L: 4 cm
XL: 4,5 cm

Von deiner gewünschten Fußlänge (vom hinteren Ende der Ferse bis zum Ende der Spitze) ziehst du nun das Maß der Spitze ab. Beispiel: Meine gewünschte Fußlänge ist 23 cm. Ich ziehe die Länge meiner Spitze (4 cm) ab; es bleiben 19 cm, die ich bis zum Beginn der Abnahmen für die Spitze str muss.

Spitze

1. Rd: 1 M rechts, ssk, **10/14/18/22/26 M** rechts, 2 M rechts zusammen, 1 M rechts, MMs, 1 M rechts, ssk, **10/14/18/22/26 M** rechts, 2 M rechts zusammen, 1 M rechts.
2. Rd: Alle M rechts str.
3. Rd: 1 M rechts, ssk, rechte M bis 3 M vor folg MM, 2 M rechts zusammen, 1 M rechts, MM abh, 1 M rechts, ssk, rechte M bis 3 M vor Rd-Ende, 2 M rechts zusammen, 1 M rechts.

Die 2. und 3. Rd wdh, bis noch **16/20/24/28/32 M** verbleiben.

Die Öffnung an der Spitze im M-Stich schließen (siehe Seite 33).

Fertigstellen

Alle Fäden vernähen und die Socken spannen (siehe Kapitel 4).

Dicke kurze Söckchen

MATERIAL

Garn: Little Lionhead Knits DK Tweed (85% Superwash Bluefaced Leicester, 15% Donegal Nep; LL 225 m/110 g): 76/91/108/121/138 m in Golden Brown (HF)

Knit Picks Stroll, doppelfädig verstrickt (75% Superwash Merino, 25% Polyamid; LL 211 m/50 g): 29/37/47/59/71 m in Pucker (KF)

Tipp: Zwei Fäden eines 4-fädigen Sockengarns zusammen verstrickt entspricht einem 6-fädigen Garn. Du kannst also ein beliebiges 4-fädiges Garn doppelt nehmen oder einfach 6-fädiges Garn verwenden.

Stricknadeln: 3,25 mm

Sonstiges: Wollnadel, Maschenmarkierer, Schere, Maßband

Maschenprobe: 24 M = 8 cm glatt rechts in Rd und gespannt

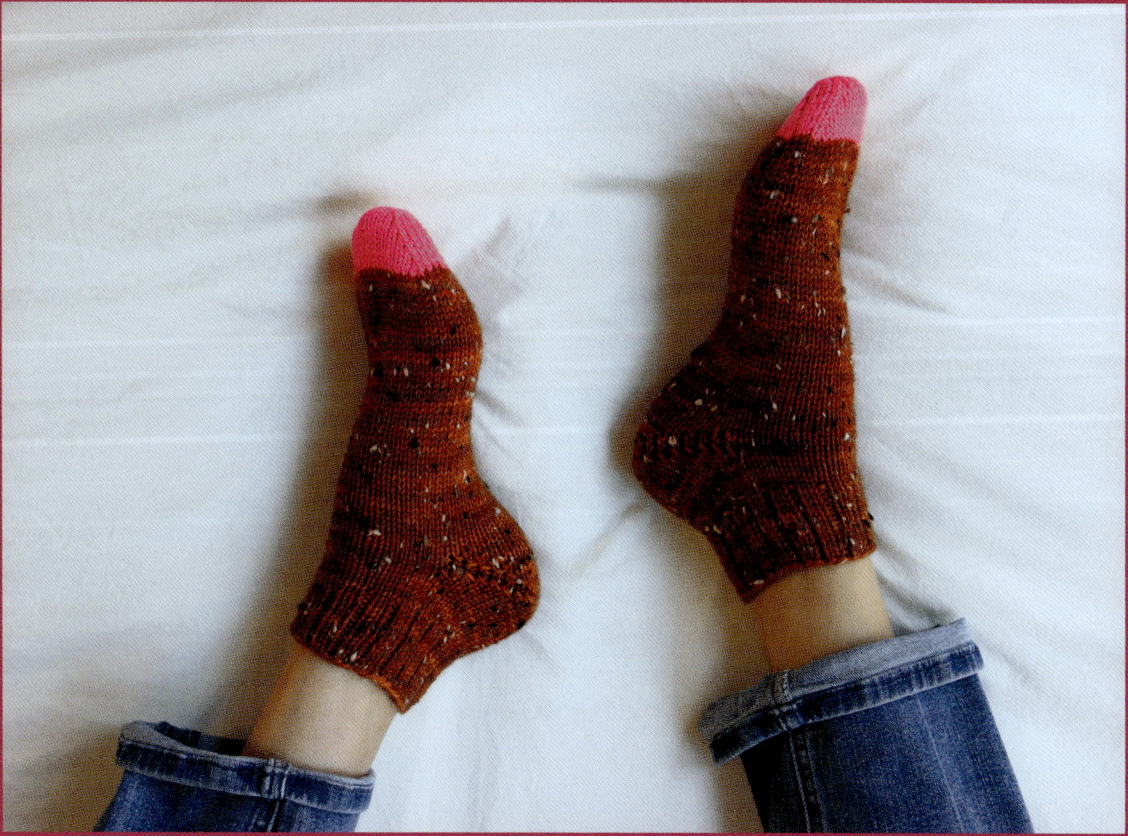

Größen

Kind/S/M/L/XL

Maße

Die Zahlen unten beziehen sich auf den Umfang am Fußballen; es sind nicht die Maße der fertigen Socke.
13-15/18/20/23/25 cm

ANLEITUNG

Bündchen

In der HF **33/39/48/57/63 M** anschl und zur Rd schließen, darauf achten, dass die M sich nicht verdrehen. Beginne im 2/1-Rippenmuster: Fortl [2 M rechts, 1 M links].

4 cm oder bis zur gewünschten Länge im Rippenmuster str. In der letzten Rd des Bündchens müssen wir unsere M auf eine gerade Zahl bringen! Bei Größe M ist die M-Zahl bereits gerade und du kannst einfach am Schaft weiterstr. Ansonsten je nach Größe folg Zu- oder Abnahme arb:

Kind: Rippen bis 3 M vor Ende, 2 M rechts zusammen, 1 M links. **32 M.**
S: Rippen bis 3 M vor Ende, kfb, 1 M rechts, 1 M links. **40 M.**
L: Rippen bis 3 M vor Ende, 2 M rechts zusammen, 1 M links. **56 M.**
XL: Rippen bis 3 M vor Ende, kfb, 1 M rechts, 1 M links. **64 M.**

Schaft

Glatt rechts (nur rechte M) str, bis der Schaft (mit Bündchen) 5 cm lang ist oder die gewünschte Länge hat. Wenn du die Länge anpassen möchtest, hier einige gängige Maße für verschiedene Größen:

Sneakersocken: 2,5-5 cm
Kinder: 10-15 cm
Erwachsene, halblang: 10-15 cm
Erwachsene, lang: 18 cm und mehr

Wenn du mit der Schaftlänge zufrieden bist, geht es weiter mit der Ferse.

Bumerangferse

Tipp: Eine detaillierte Anleitung zur Bumerangferse findest du auf Seite 49.

Die ersten **16/20/24/28/32 M** der folg Rd rechts str. Die Ferse über die nächsten **16/20/24/28/32 M** str und je nach Größe MMs wie folgt:

Kind: 5 M rechts, MMs, 6 M rechts, MMs, 5 M rechts. Wenden.
S: 6 M rechts, MMs, 8 M rechts, MMs, 6 M rechts. Wenden.
M: 8 M rechts, MMs, 8 M rechts, MMs, 8 M rechts. Wenden.
L: 9 M rechts, MMs, 10 M rechts, MMs, 9 M rechts. Wenden.
XL: 10 M rechts, MMs, 12 M rechts, MMs, 10 M rechts. Wenden.

Du solltest nun die linke Seite (innen) der Arbeit vor dir haben. Mit dem Fv (wie immer beim Abh) die 1. M abh und 1 DM arb (siehe Seite 50). Linke M bis Ende, wenden.

Die 1. M abh und 1 DM arb. Bis zur DM der Vor-R rechts str, wenden. 1 DM, dann links str bis zur DM der Vor-R. Wenden, die 1. M abh, dann rechts str bis zur nächsten DM.

Diese Abfolge von R wdh, bis du alle M beidseits der MM gestrickt hast. Wenn du fertig bist, solltest du beidseits der MM nur noch DM haben.

Die Fersen-M zwischen den beiden MM rechts str, den MM abh und die 1. DM rechts zusammenstr.

Auch alle folg DM bis zum Ende der Fersen-Nd rechts zusammenstr.

Nun die ersten **16/20/24/28/32 M** an der Vorderseite (Fußrücken) rechts str. Jetzt solltest du wieder an der Fersen-Nd sein. Erneut jede DM rechts zusammenstr, dann die übrigen Fersen-M rechts str (dabei die MM einfach abh).

Nun wieder die ersten **16/20/24/28/32 M** rechts str, dann die Fersen-M rechts str bis zum 2. MM auf der Fersen-Nd. Diesen MM entfernen, 1 M rechts, wenden, 1 DM arb, links str bis zum anderen MM. Den MM entfernen, 1 M links, 1 DM arb, wenden. Bis zur 1. DM aus der Vor-Rd rechts str, die DM rechts zusammenstr, 1 M rechts, wenden, 1 DM arb. Bis zur DM der Vor-Rd links str, die DM links zusammenstr, 1 M links, wenden, 1 DM arb.

Nach diesem Schema fortfahren, bis alle M an beiden Enden der Nd gestrickt sind. In Rd weiterstr. Bei den verbleibenden DM angekommen, diese rechts zusammenstr.

Fuß

Weiter glatt rechts str, bis der Fuß bis zur Spitze deines kleinen Zehs reicht. Falls du die Socken beim Str nicht gut anprobieren kannst oder sie ein Geschenk sein sollen, hilft dir die folg Tabelle beim Bestimmen der Länge (gemessen vom hinteren Ende der Ferse bis zum Ende der Spitze).

(Alle Größen sind europäische Schuhgrößen)
Kind: 15-19 cm
Damen Größe 34-37,5: 20,5-23 cm
Damen Größe 37,5-41: 23-25,5 cm
Damen Größe 41,5-44,5: 26-28 cm
Herren Größe 37,5-41: 23,5-25,5 cm
Herren Größe 41,5-44,5: 26-28 cm
Herren Größe 45-48: 28,5-30,5 cm

Bei einer Socke mit Bumerangferse musst du auch die Länge der Spitze berücksichtigen:

Kind: 3 cm
S: 4 cm
M: 4 cm
L: 4 cm
XL: 4,5 cm

Von deiner gewünschten Fußlänge (vom hinteren Ende der Ferse bis zum Ende der Spitze) ziehst du nun das Maß der Spitze ab. Beispiel: Meine gewünschte Fußlänge ist 23 cm. Ich ziehe die Länge meiner Spitze (4 cm) ab; es bleiben 19 cm, die ich bis zum Beginn der Abnahmen für die Spitze str muss.

Spitze

Die HF abschneiden und zur KF wechseln. 1 Rd rechte M str, dann mit den Abnahmen für die Spitze beginnen:

1. Rd: 1 M rechts, ssk, **10/14/18/22/26 M** rechts, 2 M rechts zusammen, 1 M rechts, MMs, 1 M rechts, ssk, **10/14/18/22/26 M** rechts, 2 M rechts zusammen, 1 M rechts.
2. Rd: Alle M rechts str.
3. Rd: 1 M rechts, ssk, rechte M bis 3 M vor folg MM, 2 M rechts zusammen, 1 M rechts, MM abh, 1 M rechts, ssk, rechte M bis 3 M vor Rd-Ende, 2 M rechts zusammen, 1 M rechts.

Die 2. und 3. Rd wdh, bis noch **16/20/24/28/32/36 M** verbleiben.

Die Öffnung an der Spitze im M-Stich schließen (siehe Seite 33).

Fertigstellen

Alle Fäden vernähen und die Socken spannen (siehe Kapitel 4).

Edle Socken mit Mohair

Dicke Socken kannst du aus dickem Garn stricken (logisch!), aber du kannst dafür auch zwei Fäden eines dünneren Garns zusammen verstricken. Aber für echte Luxussocken nimmst du zu einem dünnen Sockengarn einen Faden Seiden-Mohair oder Baby-Alpaka dazu. Das sind mit Abstand die weichsten, kuscheligsten und wärmsten Socken, die ich je gestrickt habe. Wegen des schon erwähnten heißen Klimas bei mir zu Hause trage ich sie nur ungefähr dreimal im Jahr, aber diese drei Tage sind etwas ganz Besonderes.

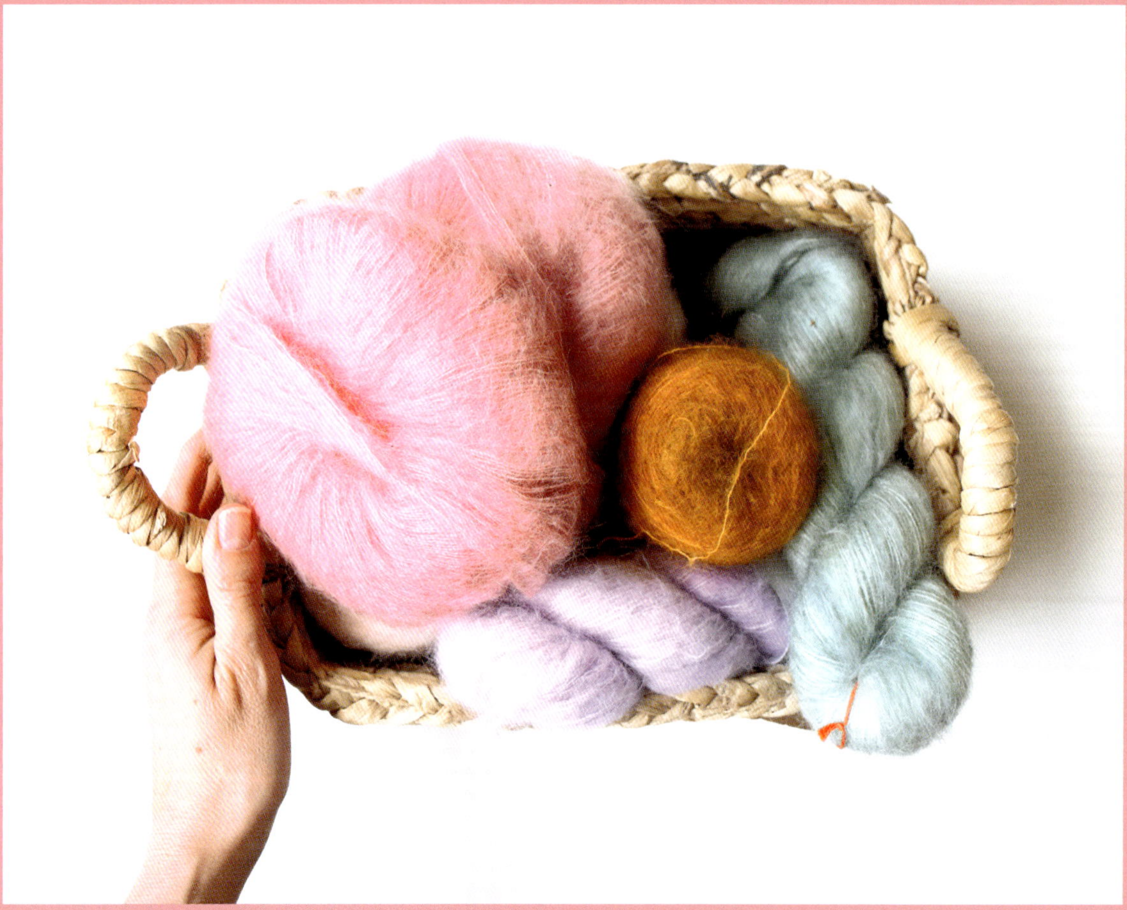

MATERIAL

Garn: A Knitter's Homestead Sock (100 % Bio-Merinowolle ohne Superwash, Stärke Fingering) zusammen verstrickt mit A Knitter's Homestead Silk Mohair (72 % Kid Mohair, 28 % Seide, Stärke Lace): jeweils 135/147/165/185/205 m in Cappuccino (Sock) und Potter's Clay (Silk) (HF)

A Knitter's Homestead Sock zusammen verstrickt mit A Knitter's Homestead Silk Mohair: jeweils 113/131/146/167/187 m in Goldfinch (Sock) und Potter's Clay (Silk) (KF)

Tipp: Wenn du einen Faden 4-fädiges Sockengarn zusammen mit einem dünnen Faden Mohair (Lace) verstr, erhältst du etwa ein 6-fädiges Sockengarn. Du kannst jedes beliebige 4-fädige Sockengarn und Mohair-Lace-Garn verwenden.

Stricknadeln: 3,25 mm

Sonstiges: Wollnadel, Maschenmarkierer, Schere, Maßband

Maschenprobe: 28 M = 9,5 cm glatt rechts in Rd und gespannt

Größen

Kind/S/M/L/XL

Maße

Die Zahlen unten beziehen sich auf den Umfang am Fußballen; es sind nicht die Maße der fertigen Socke.
13-15/18/20/23/25 cm

Ringelmuster

Pro Fb jeweils 5 Rd glatt rechts str.

ANLEITUNG

Bündchen

In der HF **32/40/48/56/64 M** anschl und zur Rd schließen, darauf achten, dass die M sich nicht verdrehen. Beginne im 1/1-Rippenmuster: Fortl [1 M rechts, 1 M links].

1 cm oder bis zur gewünschten Länge im Rippenmuster str.

Die HF beenden.

Schaft

In der KF mit dem Ringelmuster beginnen. Weiter im Ringelmuster glatt rechts (nur rechte M) str, bis der Schaft 15 cm lang ist oder die gewünschte Länge hat. Wenn du die Länge anpassen möchtest, hier einige gängige Maße für verschiedene Größen:

Sneakersocken: 2,5-5 cm
Kinder: 10-15 cm
Erwachsene, halblang: 10-15 cm
Erwachsene, lang: 18 cm und mehr

Wenn du mit der Schaftlänge zufrieden bist, geht es weiter mit der Ferse. Ich habe den Schaft nach einem gelben Ringel beendet.

Fersenwand

Die Fersenwand in der HF str. Die ersten **16/20/24/28/32 M** rechts str, dann über die übrigen **16/20/24/28/32 M** die Fersenwand in R str wie folgt:

1. R (Hin-R): 2 M rechts, fortl [1 M abh, 1 M rechts]. Wenden.
2. R (Rück-R): 1 M abh Fv, linke M bis Ende. Wenden.
3. R: Fortl [1 M abh, 1 M rechts]. Wenden.

Die 2. und 3. R wdh, bis die Fersenwand **4,5/5/5/6/6,5 cm** hoch ist. Nach einer 3. R enden.

Käppchen

1. R (Rück-R): 1 M abh Fv, **8/10/12/14/16 M** links, 2 M links zusammen, 1 M links, wenden.
2. R (Hin-R): 1 M abh, 3 M rechts, ssk, 1 M rechts, wenden.
3. R: 1 M abh Fv, 4 M links, 2 M links zusammen, 1 M links, wenden.
4. R: 1 M abh, 5 M rechts, ssk, 1 M rechts, wenden.

Du hast folg Muster für dein Käppchen eingeteilt: 1 M abh, rechte oder linke M bis 1 M vor der Lücke vom Wenden in der Vor-R, ssk oder 2 M links zusammen, 1 M rechts oder links, wenden. In diesem Muster fortfahren, bis alle Fersen-M gestrickt sind. Mit einer Hin-R enden. Du solltest nun **10/12/14/16/18 Fersen-M** haben.

Spickel

Die rechte Seite der Arbeit liegt oben. Entlang der linken Seite der Fersenwand **6/8/8/8/10 M** aufnehmen und rechts str.

Nun die stillgelegten **16/20/24/28/32 M** rechts str. MMs und **6/8/8/8/10 M** aus der rechten Seite der Fersenwand aufnehmen und rechts str. Die Fersen-M rechts str, dann die zuvor aus der Fersenwand aufgenommenen M rechts str. Damit bist du am Rd-Ende angekommen und hast alle M aufgenommen. Du solltest insgesamt **38/48/54/60/70 M** auf den Nd haben.

Spickelabnahmen

1. Rd: 16/20/24/28/32 M rechts, MM abh, 1 M rechts, ssk, rechte M bis 3 M vor Rd-Ende, 2 M rechts zusammen, 1 M rechts.
2. Rd: Ohne Abnahmen rechts str.

Diese beiden Rd wdh, bis noch **32/40/48/56/64 M** auf den Nd liegen. Dabei das Ringelmuster beibehalten.

Fuß

Weiter im Ringelmuster glatt rechts str, bis der Fuß bis zur Spitze deines kleinen Zehs reicht.

Tipp: Versuche, den Fuß mit einem Ringel in KF zu beenden, da die Spitze in der HF gestrickt wird.

Falls du die Socken beim Str nicht gut anprobieren kannst oder sie ein Geschenk sein sollen, hilft dir die folg Tabelle beim Bestimmen der Länge (gemessen vom hinteren Ende der Ferse bis zum Ende der Spitze).

(Alle Größen sind europäische Schuhgrößen)
Kind: 15-19 cm
Damen Größe 34-37,5: 20,5-23 cm
Damen Größe 37,5-41: 23-25,5 cm
Damen Größe 41,5-44,5: 26-28 cm
Herren Größe 37,5-41: 23,5-25,5 cm
Herren Größe 41,5-44,5: 26-28 cm
Herren Größe 45-48: 28,5-30,5 cm

Bei einer Socke mit Käppchenferse musst du auch die Länge der Spitze berücksichtigen:

Kind: 3 cm
S: 4 cm
M: 4 cm
L: 4 cm
XL: 4,5 cm

Von deiner gewünschten Fußlänge (vom hinteren Ende der Ferse bis zum Ende der Spitze) ziehst du nun das Maß der Spitze ab. Beispiel: Meine gewünschte Fußlänge ist 23 cm. Ich ziehe die Länge meiner Spitze (4 cm) ab; es bleiben 19 cm, die ich bis zum Beginn der Abnahmen für die Spitze str muss.

Spitze

Die Spitze in der HF str.

1. Rd: 1 M rechts, ssk, **10/14/18/22/26 M** rechts, 2 M rechts zusammen, 1 M rechts, MMs, 1 M rechts, ssk, **10/14/18/22/26 M** rechts, 2 M rechts zusammen, 1 M rechts.
2. Rd: Alle M rechts str.
3. Rd: 1 M rechts, ssk, rechte M bis 3 M vor folg MM, 2 M rechts zusammen, 1 M rechts, MM abh, 1 M rechts, ssk, rechte M bis 3 M vor Rd-Ende, 2 M rechts zusammen, 1 M rechts.

Die 2. und 3. Rd wdh, bis noch **16/20/24/28/32 M** verbleiben.

Die Öffnung an der Spitze im M-Stich schließen (siehe Seite 33).

Fertigstellen

Alle Fäden vernähen und die Socken spannen (siehe Kapitel 4).

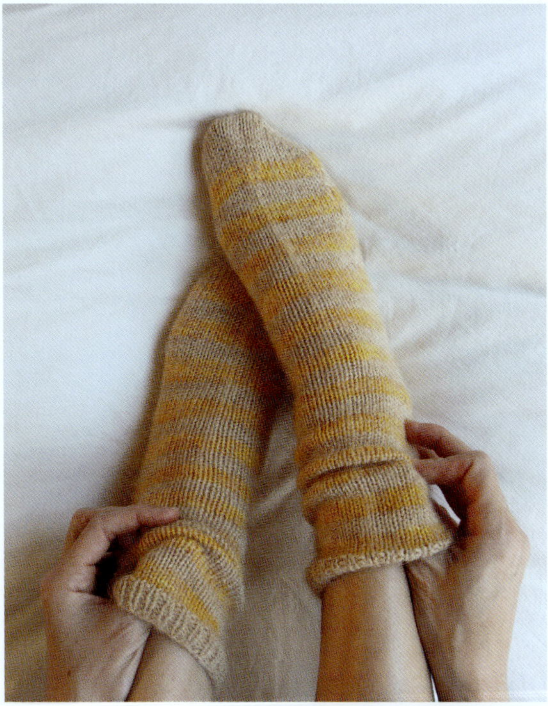

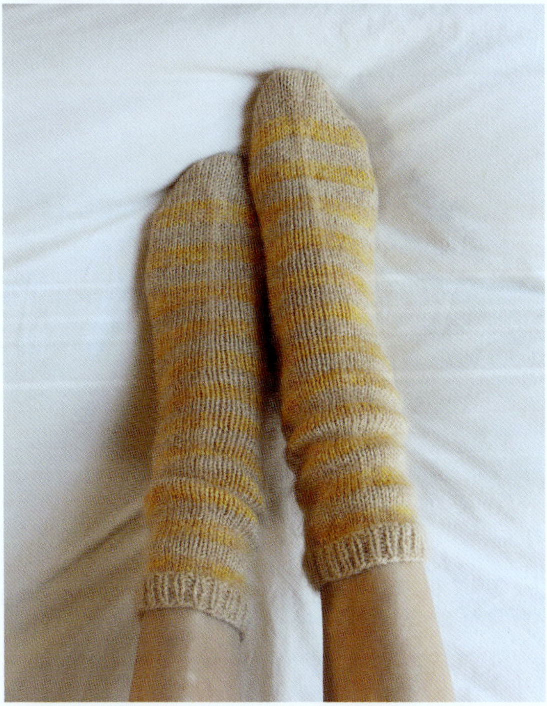

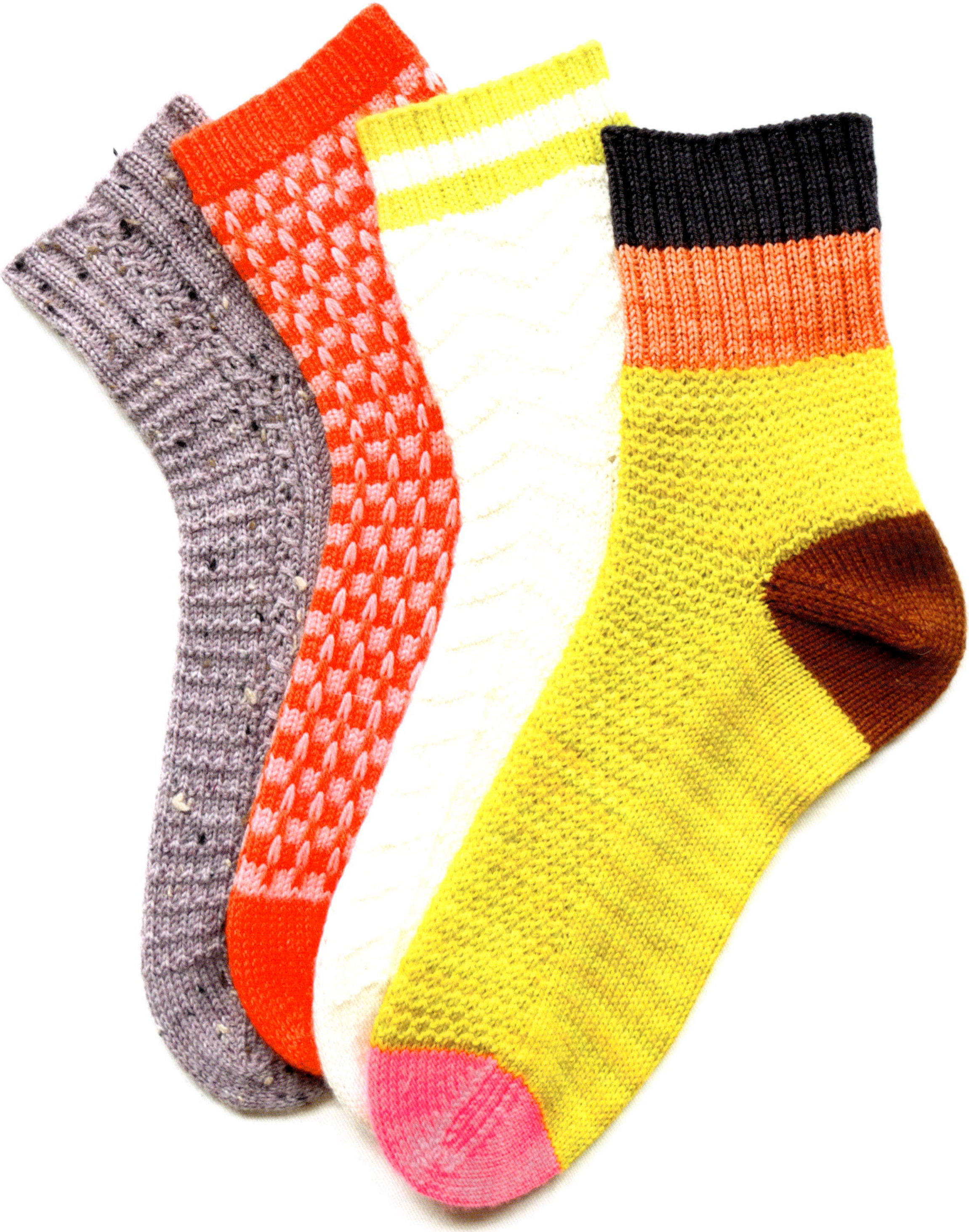

Kapitel 9

SOCKEN MIT RECHTS-LINKS-MUSTERN & HEBEMASCHEN

Wenn du erst einen ganzen Stapel Basic-Socken gestrickt hast und mit den Konstruktionstechniken vertraut bist, kannst du deine Fähigkeiten weiterentwickeln, indem du deinen Socken durch einfache Rechts-Links- und Hebemaschen-Muster eine schöne Struktur verleihst. In diesem Kapitel findest du vier Sockenmodelle mit Mustern, die einfach für Anfänger:innen sind, aber auch Fortgeschrittenen Spaß machen. Dazu musst du nur rechte und linke Maschen stricken, Maschen abheben und einen Umschlag machen können.

Surf Wax-Socken

Da ich mein ganzes Leben in einem Binnenstaat verbracht habe, in dem es nur an Seen so etwas wie einen Strand gibt (und glaubt mir, künstlich erschaffene Strände an einem See in Oklahoma sind nicht so prickelnd), habe ich eine gewisse Faszination für die Surfkultur entwickelt und für Menschen, die am Meer leben, als wäre das vollkommen normal. Obwohl ich das noch nie gemacht habe, stelle ich mir vor, auf Rollerblades über die Strandpromenade zu fahren, dabei Fleetwood Mac zu hören und in der Ferne Wale zu beobachten. Das klingt nach dem besten Tag ever. Diese Socken sind meine Hommage an diesen perfekten Tag in einer kleinen Surfstadt an der Pazifikküste (wo ich auch noch nie gewesen bin!).

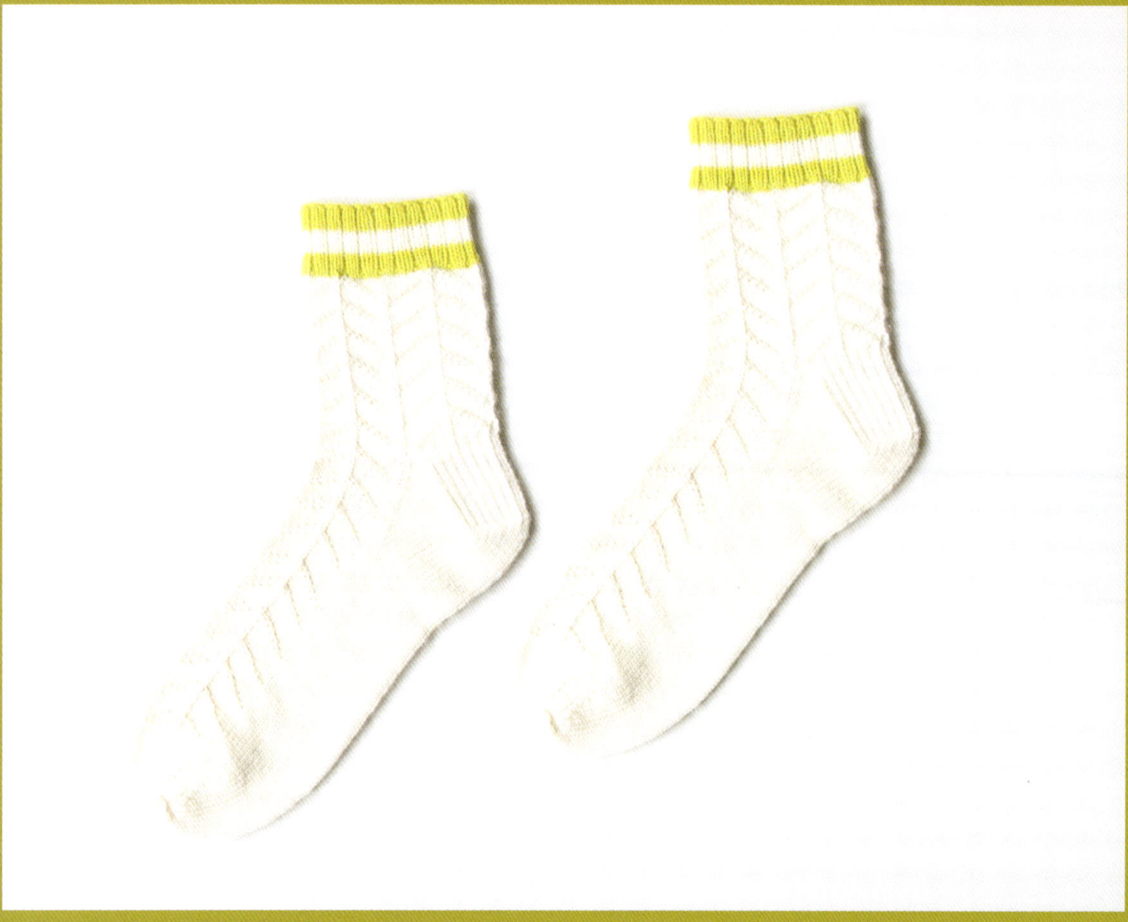

MATERIAL

Garn: Knit Picks Stroll (75% Superwash Merino, 25% Polyamid; LL 211 m/50 g): 200/227/252/276 m in Bare (HF)

Hedgehog Fibres Sock (90% Superwash Merino, 10% Polyamid; LL 400 m/100 g): 9/13/16/20 m in UFO (KF)

Tipp: Jedes 4-fädige Sockengarn ähnlicher LL ist geeignet!

Stricknadeln: 2,25 mm

Sonstiges: Wollnadel, Schere, Maßband, Maschenmarkierer

Maschenprobe: 36 M = 10 cm im Chevron-Muster in Rd und gespannt

Größen

S/M/L/XL

Maße

Die Zahlen unten beziehen sich auf den Umfang am Fußballen; es sind nicht die Maße der fertigen Socke.
18/20/23/25 cm

Chevron-Muster

Größe S

1. Rd: 4x [1 M abh, 5 M rechts, 1 M links, 1 M abh, 1 M links, 5 M rechts].
2. Rd: 4x [5 M rechts, 2 M links, 1 M rechts, 2 M links, 4 M rechts].
3. Rd: 4x [1 M abh, 3 M rechts, 2 M links, 1 M rechts, 1 M abh, 1 M rechts, 2 M links, 3 M rechts].
4. Rd: 4x [3 M rechts, 2 M links, 5 M rechts, 2 M links, 2 M rechts].
5. Rd: 4x [1 M abh, 1 M rechts, 2 M links, 3 M rechts, 1 M abh, 3 M rechts, 2 M links, 1 M rechts].
6. Rd: 4x [1 M rechts, 2 M links, 9 M rechts, 2 M links].
7. Rd: 4x [1 M abh, 1 M links, 5 M rechts, 1 M abh, 5 M rechts, 1 M links].

Größe M

1. Rd: 4x [1 M abh, 6 M rechts, 1 M links, 1 M abh, 1 M links, 6 M rechts].
2. Rd: 4x [6 M rechts, 2 M links, 1 M rechts, 2 M links, 5 M rechts].
3. Rd: 4x [1 M abh, 4 M rechts, 2 M links, 1 M rechts, 1 M abh, 1 M rechts, 2 M links, 4 M rechts].
4. Rd: 4x [4 M rechts, 2 M links, 5 M rechts, 2 M links, 3 M rechts].
5. Rd: 4x [1 M abh, 2 M rechts, 2 M links, 3 M rechts, 1 M abh, 3 M rechts, 2 M links, 2 M rechts].
6. Rd: 4x [2 M rechts, 2 M links, 9 M rechts, 2 M links, 1 M rechts].
7. Rd: 4x [1 M abh, 2 M links, 5 M rechts, 1 M abh, 5 M rechts, 2 M links].
8. Rd: 4x [1 M rechts, 1 M links, 13 M rechts, 1 M links].

Größe L

1. Rd: 4x [1 M abh, 7 M rechts, 1 M links, 1 M abh, 1 M links, 7 M rechts].
2. Rd: 4x [7 M rechts, 2 M links, 1 M rechts, 2 M links, 7 M rechts].
3. Rd: 4x [1 M abh, 5 M rechts, 2 M links, 1 M rechts, 1 M abh, 1 M rechts, 2 M links, 5 M rechts].
4. Rd: 4x [5 M rechts, 2 M links, 5 M rechts, 2 M links, 4 M rechts].
5. Rd: 4x [1 M abh, 3 M rechts, 2 M links, 3 M rechts, 1 M abh, 3 M rechts, 2 M links, 3 M rechts].
6. Rd: 4x [3 M rechts, 2 M links, 9 M rechts, 2 M links, 2 M rechts].
7. Rd: 4x [1 M abh, 1 M rechts, 2 M links, 5 M rechts, 1 M abh, 5 M rechts, 2 M links, 1 M rechts].
8. Rd: 4x [1 M rechts, 2 M links, 13 M rechts, 2 M links].
9. Rd: 4x [1 M abh, 1 M links, 7 M rechts, 1 M abh, 7 M rechts, 1 M links].

Größe XL
1. Rd: 4x [1 M abh, 8 M rechts, 1 M links, 1 M abh, 1 M links, 8 M rechts].
2. Rd: 4x [8 M rechts, 2 M links, 1 M rechts, 2 M links, 7 M rechts].
3. Rd: 4x [1 M abh, 6 M rechts, 2 M links, 1 M rechts, 1 M abh, 1 M rechts, 2 M links, 6 M rechts].
4. Rd: 4x [6 M rechts, 2 M links, 5 M rechts, 2 M links, 5 M rechts].
5. Rd: 4x [1 M abh, 4 M rechts, 2 M links, 3 M rechts, 1 M abh, 3 M rechts, 2 M links, 4 M rechts].
6. Rd: 4x [4 M rechts, 2 M links, 9 M rechts, 2 M links, 3 M rechts].
7. Rd: 4x [1 M abh, 2 M rechts, 2 M links, 5 M rechts, 1 M abh, 5 M rechts, 2 M links, 2 M rechts].
8. Rd: 4x [2 M rechts, 2 M links, 13 M rechts, 2 M links, 1 M rechts].
9. Rd: 4x [1 M abh, 2 M links, 7 M rechts, 1 M abh, 7 M rechts, 2 M li].
10. Rd: 4x [1 M rechts, 1 M links, 17 M rechts, 1 M links].

ANLEITUNG

Bündchen

In der KF **57/63/72/81 M** anschl und zur Rd schließen, darauf achten, dass die M sich nicht verdrehen. Beginne im 2/1-Rippenmuster: Fortl [2 M rechts, 1 M links].

Tipp: Für saubere Fb-Übergänge an Rippenmustern wende den Trick von Seite 91 an.

Noch 5 Rd im Rippenmuster str. Zur HF wechseln und 6 Rd im Rippenmuster str, dann noch 6 Rd Rippenmuster in KF. In der letzten Rd des Bündchens müssen wir unsere M auf eine gerade Zahl bringen. Bei Größe L ist die M-Zahl bereits gerade und du kannst einfach am Schaft weiterstr. Ansonsten je nach Größe folg Zu- oder Abnahme arb:

S: Rippen bis 3 M vor Ende, 2 M rechts zusammen, 1 M links. **56 M.**
M: Rippen bis 3 M vor Ende, kfb, 1 M rechts, 1 M links. **64 M.**
XL: Rippen bis 3 M vor Ende, 2 M rechts zusammen, 1 M links. **80 M.**

Die KF abschneiden.

Schaft

Weiter im Chevron-Muster deiner Größe str. Wdh alle **7/8/9/10 Rd** des Musters, bis der Schaft (mit Bündchen) 11 cm lang ist oder die gewünschte Länge hat. Es ist egal, in welcher Rd des Chevron-Musters du endest, am besten sieht es jedoch aus, wenn du nach der letzten Rd endest.

Fersenwand

Die ersten **28/32/36/40 M** im Chevron-Muster str, dann über die übrigen **28/32/36/40 M** die Fersenwand in R str wie folgt:

1. R (Hin-R): 2 M rechts, fortl [1 M abh, 1 M rechts]. Wenden.
2. R (Rück-R): 1 M abh Fv, linke M bis Ende. Wenden.
3. R: Fortl [1 M abh, 1 M rechts]. Wenden.

Die 2. und 3. R wdh, bis die Fersenwand **5/5/6/6,5 cm** hoch ist. Nach einer 3. R enden.

Käppchen

1. R (Rück-R): 1 M abh Fv, **14/16/18/20 M** links, 2 M links zusammen, 1 M links, wenden.
2. R (Hin-R): 1 M abh, 3 M rechts, ssk, 1 M rechts, wenden.
3. R: 1 M abh Fv, 4 M links, 2 M links zusammen, 1 M links, wenden.
4. R: 1 M abh, 5 M rechts, ssk, 1 M rechts, wenden.

Du hast folg Muster für dein Käppchen eingeteilt: 1 M abh, rechte oder linke M bis 1 M vor der Lücke vom Wenden in der Vor-R, ssk oder 2 M links zusammen, 1 M rechts oder links, wenden. In diesem Muster fortfahren, bis alle Fersen-M gestrickt sind. Mit einer Hin-R enden. Du solltest nun **16/18/20/22 Fersen-M** haben.

Spickel

Die rechte Seite der Arbeit liegt oben. Entlang der linken Seite der Fersenwand **12/14/16/18 M** aufnehmen und rechts str.

Nun die stillgelegten **28/32/36/40 M** weiter im Chevron-Muster str. MMs und **12/14/16/18 M** aus der rechten Seite der Fersenwand aufnehmen und rechts str. Die Fersen-M rechts str, dann die zuvor aus der Fersenwand aufgenommenen M rechts str. Damit bist du am Rd-Ende angekommen und hast alle M aufgenommen. Du solltest insgesamt **68/78/88/98 M** auf den Nd haben.

Spickelabnahmen

1. Rd: 28/32/36/40 M weiter im Chevron-Muster str, MM abh, 1 M rechts, ssk, rechte M bis 3 M vor Rd-Ende, 2 M rechts zusammen, 1 M rechts.
2. Rd: Ohne Abnahmen gerade hoch str.

Diese beiden Rd wdh, bis noch **56/64/72/80 M** auf den Nd liegen.

Fuß

Die ersten **28/32/36/40 M** weiter im Chevron-Muster str, die nächsten **28/32/36/40 M** glatt rechts (jede M rechts) str, bis der Fuß die gewünschte Länge vor den Abnahmen für die Spitze hat. Die folg Tabelle hilft dir beim Bestimmen der Länge (gemessen vom hinteren Ende der Ferse bis zum Ende der Spitze).

(Alle Größen sind europäische Schuhgrößen)
Damen Größe 34-37,5: 20,5-23 cm
Damen Größe 37,5-41: 23-25,5 cm
Damen Größe 41,5-44,5: 26-28 cm
Herren Größe 37,5-41: 23,5-25,5 cm
Herren Größe 41,5-44,5: 26-28 cm
Herren Größe 45-48: 28,5-30,5 cm

Bei einer Socke mit Käppchenferse musst du auch die Länge der Spitze berücksichtigen:

S: 4 cm
M: 4 cm
L: 4 cm
XL: 4,5 cm

Von deiner gewünschten Fußlänge (vom hinteren Ende der Ferse bis zum Ende der Spitze) ziehst du nun das Maß der Spitze ab. Beispiel: Meine gewünschte Fußlänge ist 23 cm. Ich ziehe die Länge meiner Spitze (4 cm) ab; es bleiben 19 cm, die ich bis zum Beginn der Abnahmen für die Spitze str muss.

Es ist egal, mit welcher Rd des Chevron-Musters du endest.

Spitze

Beginne mit den Abnahmen für die Spitze wie folgt:

1. Rd: 1 M rechts, ssk, **22/26/30/34 M** rechts, 2 M rechts zusammen, 1 M rechts, MMs, 1 M rechts, ssk, **22/26/30/34 M** rechts, 2 M rechts zusammen, 1 M rechts.
2. Rd: Alle M rechts str.
3. Rd: 1 M rechts, ssk, rechte M bis 3 M vor folg MM, 2 M rechts zusammen, 1 M rechts, MM abh, 1 M rechts, ssk, rechte M bis 3 M vor Rd-Ende, 2 M rechts zusammen, 1 M rechts.

Die 2. und 3. Rd wdh, bis noch **24/28/32/36 M** verbleiben.

Die Öffnung an der Spitze im M-Stich schließen (siehe Seite 33).

Fertigstellen

Alle Fäden vernähen und die Socken spannen (siehe Kapitel 4).

Trompe le Monde-Socken

Mit Hebemaschen und zwei Farben kannst du fast zaubern und regelrecht optische Täuschungen herstellen. Diese Socken sehen aus, als hätten sie ein Jacquard-Muster, doch du strickst immer nur mit einer Farbe. Beachte meine Tipps auf Seite 73 um Stufen beim Farbwechsel zu vermeiden und möglichst wenige Fäden zum Vernähen entstehen zu lassen.

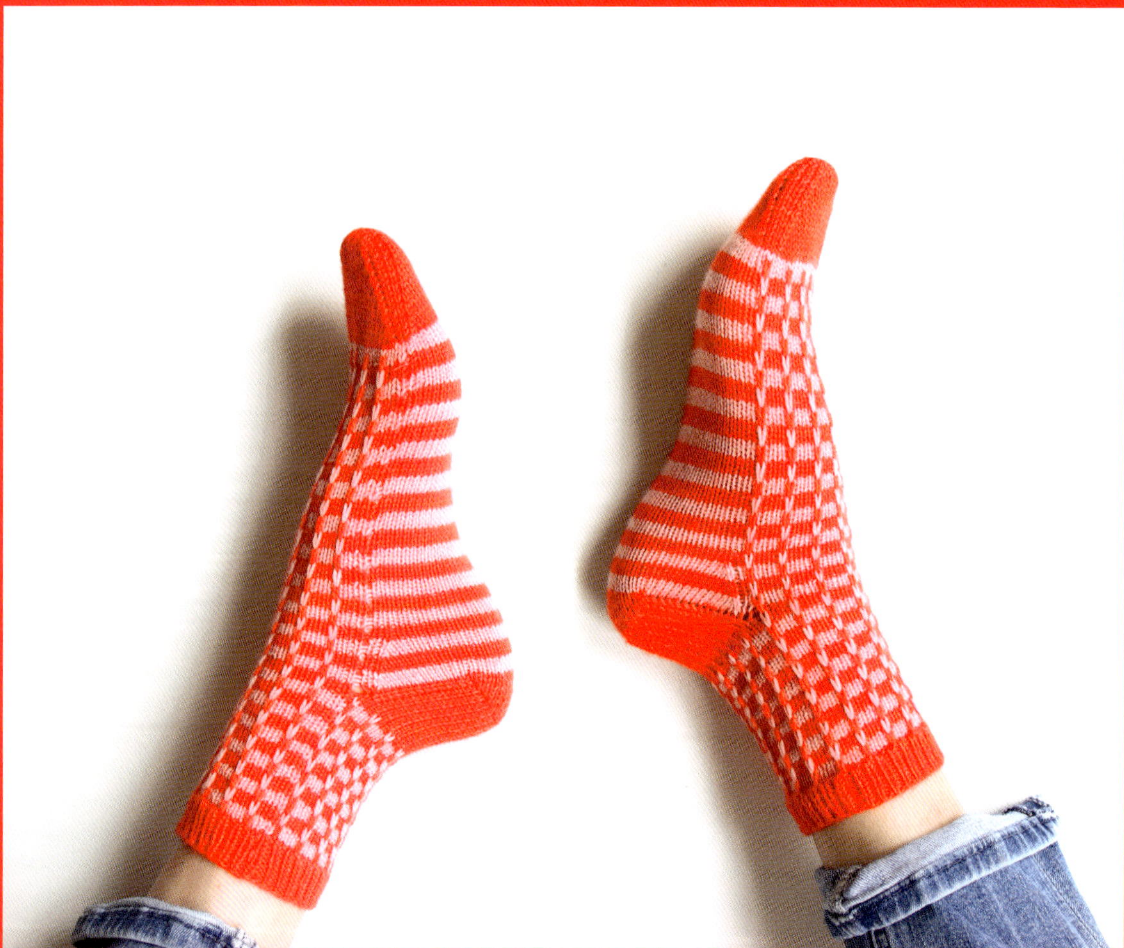

MATERIAL

Garn: Knit Picks Stroll (75% Superwash Merino, 25% Polyamid; LL 211 m/50 g): 83/96/117/128/152/173 m in Buoy (Fb 28180) (HF)

Knit Picks Stroll (75% Superwash Merino, 25% Polyamid; LL 211 m/50 g): 66/76/87/102/118/130 m in Dogwood Heather (Fb 25603) (KF)

Tipp: Jedes 4-fädige Sockengarn ähnlicher LL ist geeignet!

Stricknadeln: 2,25 mm

Sonstiges: Wollnadel, Maschenmarkierer, Schere, Maßband

Maschenprobe: 36 M = 10 cm im Hebemaschen-Muster in Rd und gespannt

Größen

Kleinkind/Kind/S/M/L/XL

Maße

Die Zahlen unten beziehen sich auf den Umfang am Fußballen; es sind nicht die Maße der fertigen Socke.
8-10/13-15/18/20/23/25 cm

Hebemaschen-Muster

1.-3. Rd: In KF fortl [3 M rechts, 1 M abh].
4. Rd: In KF rechts str.
5.-7. Rd: In HF fortl [3 M rechts, 1 M abh].
8. Rd: In HF rechts str.

ANLEITUNG

Bündchen

In der HF **39/48/57/63/72/81 M** anschl und zur Rd schließen, darauf achten, dass die M sich nicht verdrehen. Beginne im 2/1-Rippenmuster: Fortl [2 M rechts, 1 M links].

2,5 cm oder bis zur gewünschten Länge im Rippenmuster str. In der letzten Rd des Bündchens müssen wir unsere M auf eine gerade Zahl bringen! In der Kinder- und L-Größe ist sie ohnehin gerade und du kannst direkt am Schaft weiterarb. Ansonsten je nach Größe folg Zu- oder Abnahme arb:

Kleinkind: Rippen bis 3 M vor Ende, kfb, 1 M rechts, 1 M links. **40 M.**
S: Rippen bis 3 M vor Ende, 2 M rechts zusammen, 1 M links. **56 M.**

M: Rippen bis 3 M vor Ende, kfb, 1 M rechts, 1 M links. **64 M.**
XL: Rippen bis 3 M vor Ende, 2 M rechts zusammen, 1 M links. **80 M.**

Schaft

In der HF 1 Rd ohne Abnahmen rechts str. Die HF abschneiden und zur KF wechseln. Dann mit dem Hebemaschen-Muster beginnen. Die 8 Rd des Musters so oft wdh, bis der Schaft (mit Bündchen) 10 cm lang ist oder die gewünschte Länge hat. Nach einer 6. Rd des Musters enden.

Setup-Rd: Die ersten **20/24/28/32/36/40 M** im Muster str (7. Rd), dann die übrigen **20/24/28/32/36/40 M** rechts str.

Fersenwand

Achtung: Wenn du wie in meinem Beispiel vorgehst, str du die Ferse in der HF.

Die ersten **20/24/28/32/36/40 M** im Muster str (du solltest bei der 8. Rd sein), dann über die übrigen **20/24/28/32/36/40 M** die Fersenwand in R str wie folgt:

1. R (Hin-R): 2 M rechts, fortl [1 M abh, 1 M rechts]. Wenden.
2. R (Rück-R): 1 M abh Fv, linke M bis Ende. Wenden.
3. R: Fortl [1 M abh, 1 M rechts]. Wenden.

Die 2. und 3. R wdh, bis die Fersenwand **4/4,5/5/5/6/6,5 cm** hoch ist. Nach einer 3. R enden.

Käppchen

1. R (Rück-R): 1 M abh Fv, **10/12/14/16/18/20 M** links, 2 M links zusammen, 1 M links, wenden.
2. R (Hin-R): 1 M abh, 3 M rechts, ssk, 1 M rechts, wenden.
3. R: 1 M abh Fv, 4 M links, 2 M links zusammen, 1 M links, wenden.
4. R: 1 M abh, 5 M rechts, ssk, 1 M rechts, wenden.

Du hast folg Muster für dein Käppchen eingeteilt: 1 M abh, rechte oder linke M bis 1 M vor der Lücke vom Wenden in der Vor-R, ssk oder 2 M links zusammen, 1 M rechts oder links, wenden. In diesem Muster fortfahren, bis alle Fersen-M gestrickt sind. Mit einer Hin-R enden. Du solltest nun **12/14/16/18/20/22 Fersen-M** haben.

Spickel

Die rechte Seite der Arbeit liegt oben. Entlang der linken Seite der Fersenwand **8/10/12/14/16/18 M** aufnehmen und rechts str.

Nun die stillgelegten **20/24/28/32/36/40 M** im Muster str (du solltest bei der 1. Rd sein). MMs und **8/10/12/14/16/18 M** aus der rechten Seite der Fersenwand aufnehmen und rechts str. Die Fersen-M rechts str, dann die zuvor aus der Fersenwand aufgenommenen M rechts str. Damit bist du am Rd-Ende angekommen und hast alle M aufgenommen. Du solltest insgesamt **48/58/68/78/88/98 M** auf den Nd haben.

Während der Spickelabnahmen und am Fuß das Muster an den ersten **20/24/28/32/36/40 M** fortsetzen, die nächsten **20/24/28/32/36/40 M** mit Ringeln glatt rechts str.

Spickelabnahmen

1. Rd: 20/24/28/32/36/40 M im Muster str, MM abh, 1 M rechts, ssk, rechte M bis 3 M vor Rd-Ende, 2 M rechts zusammen, 1 M rechts.
2. Rd: Ohne Abnahmen gerade hoch str.

Diese beiden Rd wdh, bis noch **40/48/56/64/72/80 M** auf den Nd liegen.

Fuß

Weiter die ersten **20/24/28/32/36/40 M** im Muster und die nächsten **20/24/28/32/36/40 M** glatt rechts str, bis der Fuß bis zur Spitze deines kleinen Zehs reicht. Falls du die Socken beim Str nicht gut anprobieren kannst oder sie ein Geschenk sein sollen, hilft dir die folg Tabelle beim Bestimmen der richtigen Länge (gemessen vom hinteren Ende der Ferse bis zum Ende der Spitze).

(Alle Größen sind europäische Schuhgrößen)
Kleinkind: 11-15 cm
Kind: 15-19 cm
Damen Größe 34-37,5: 20,5-23 cm
Damen Größe 37,5-41: 23-25,5 cm
Damen Größe 41,5-44,5: 26-28 cm
Herren Größe 37,5-41: 23,5-25,5 cm
Herren Größe 41,5-44,5: 26-28 cm
Herren Größe 45-48: 28,5-30,5 cm

Bei einer Socke mit Käppchenferse musst du auch die Länge der Spitze berücksichtigen:

Kleinkind: 2,5 cm
Kind: 3 cm
S: 4 cm
M: 4 cm
L: 4 cm
XL: 4,5 cm

Von deiner gewünschten Fußlänge (vom hinteren Ende der Ferse bis zum Ende der Spitze) ziehst du nun das Maß der Spitze ab. Beispiel: Meine gewünschte Fußlänge ist 23 cm. Ich ziehe die Länge meiner Spitze (4 cm) ab; es bleiben 19 cm, die ich bis zum Beginn der Abnahmen für die Spitze str muss.

Vor der Spitze mit einer 4. oder 8. Rd des Musters enden.

Spitze

In der HF 1 Rd rechte M str, dann mit den Abnahmen für die Spitze beginnen:

1. Rd: 1 M rechts, ssk, **14/18/22/26/30/34 M** rechts, 2 M rechts zusammen, 1 M rechts, MMs, 1 M rechts, ssk, **14/18/22/26/30/34 M** rechts, 2 M rechts zusammen, 1 M rechts.
2. Rd: Alle M rechts str.
3. Rd: 1 M rechts, ssk, rechte M bis 3 M vor folg MM, 2 M rechts zusammen, 1 M rechts, MM abh, 1 M rechts, ssk, rechte M bis 3 M vor Rd-Ende, 2 M rechts zusammen, 1 M rechts.

Die 2. und 3. Rd wdh, bis noch **16/20/24/28/32/36 M** verbleiben.

Die Öffnung an der Spitze im M-Stich schließen (siehe Seite 33).

Fertigstellen

Alle Fäden vernähen und die Socken spannen (siehe Kapitel 4).

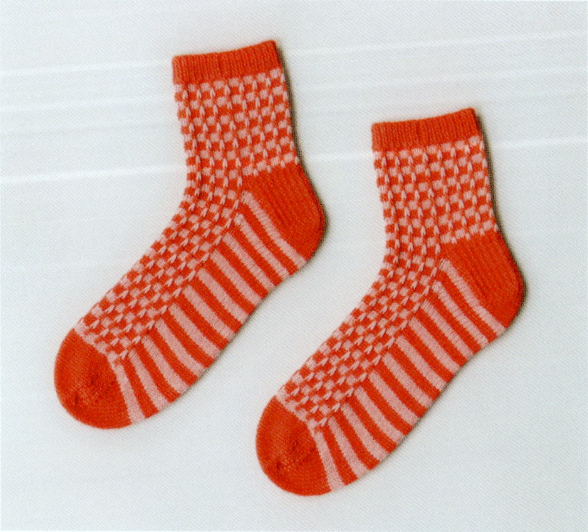

Soma-Socken

Das falsche Zopfmuster ist so toll, dass du es unbedingt in dein Repertoire aufnehmen solltest. Es sieht aus wie kleine Zöpfchen, man benötigt dafür jedoch keine Zopfnadel. An diesen Socken habe ich außerdem das andalusische Muster eingearbeitet. Die schöne Struktur dieses einfachen Rechts-Links-Musters verleiht den schlichten Socken das gewisse Etwas.

Eine Sache solltest du aber bei falschen Zöpfen wissen: In der ersten Runde nimmst du eine Masche ab. Das muss dich nicht irritieren. Diese Masche bekommst du mit einem Umschlag in der zweiten Runde wieder.

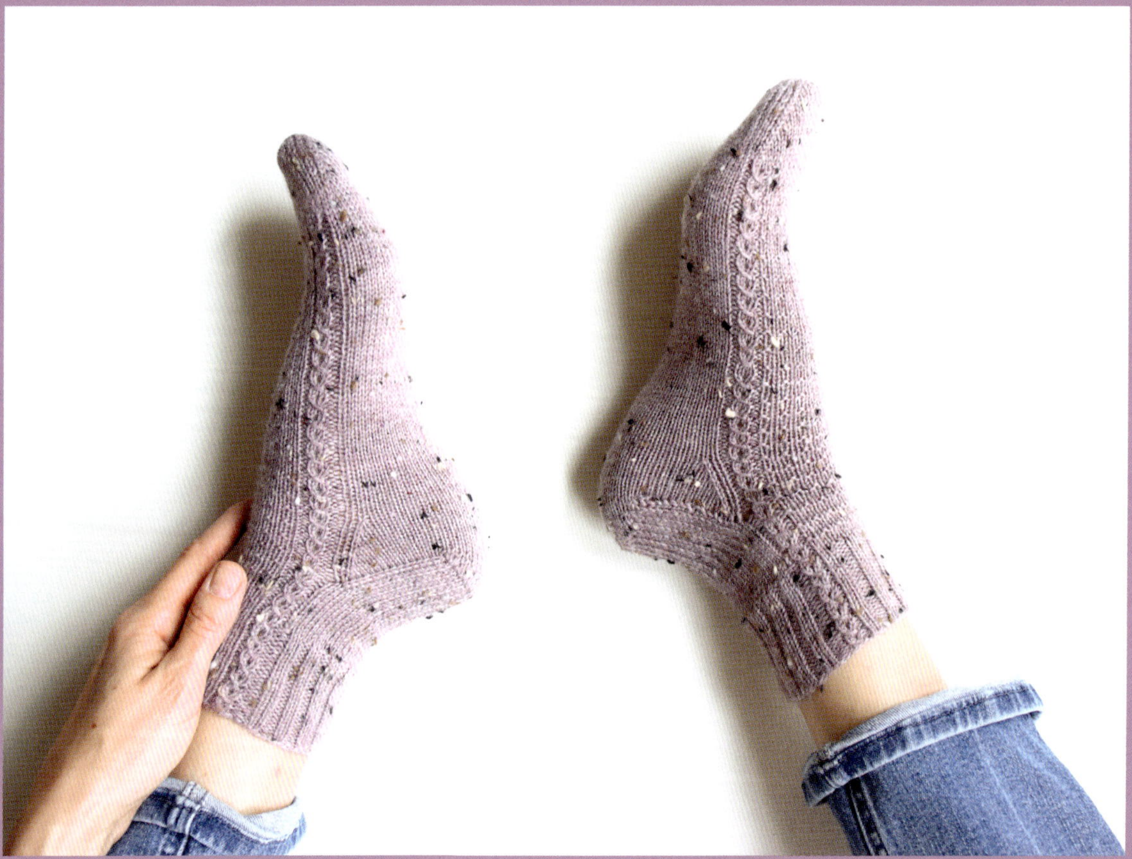

MATERIAL

Garn: Knit Picks Stroll Tweed (65% Superwash Merino, 25% Polyamid, 10% Donegal Tweed; LL 211 m/50 g): 136/152/165/176/194/214 m in Lavender Field Heather

Tipp: Jedes 4-fädige Sockengarn ähnlicher LL ist geeignet!

Stricknadeln: 2,25 mm

Sonstiges: Wollnadel, Maschenmarkierer, Schere, Maßband

Maschenprobe: 38 M = 10 cm im Muster in Rd und gespannt

Größen

Kleinkind/Kind/S/M/L/XL

Maße

Die Zahlen unten beziehen sich auf den Umfang am Fußballen; es sind nicht die Maße der fertigen Socke.
8-10/13-15/18/20/23/25 cm

ANLEITUNG

Bündchen

40/48/56/64/72/80 M anschl und zur Rd schließen, darauf achten, dass die M sich nicht verdrehen.

Setup-Rd: 1 M links, 3 M rechts, 1 M links, **2/3/4/5/6/7x** [2 M rechts, 2 M li], 2 M rechts, 1 M links, 3 M rechts, 2 M links, **4/5/6/7/8/9x** [2 M rechts, 2 M li], 2 M rechts, 1 M links.
1. Rd: 1 M links, 1 M abh, 2 M rechts, die abgehobene M darüberziehen, 1 M links, **2/3/4/5/6/7x** [2 M rechts, 2 M li], 2 M rechts, 1 M links, 1 M abh, 2 M rechts, die abgehobene M darüberziehen, 2 M links, **4/5/6/7/8/9x** [2 M rechts, 2 M li], 2 M rechts, 1 M links.
2. Rd: 1 M links, 1 M rechts, 1 U, 1 M rechts, 1 M links, **2/3/4/5/6/7x** [2 M rechts, 2 M li], 2 M rechts, 1 M links, 1 M rechts, 1 U, 1 M rechts, 2 M links, **4/5/6/7/8/9x** [2 M rechts, 2 M li], 2 M rechts, 1 M links.
3. und 4. Rd: 1 M links, 3 M rechts, 1 M links, **2/3/4/5/6/7x** [2 M rechts, 2 M li], 2 M rechts, 1 M links, 3 M rechts, 2 M links, **4/5/6/7/8/9x** [2 M rechts, 2 M li], 2 M rechts, 1 M links.

Die violett gedruckten Angaben bilden das falsche Zopfmuster.

Die 1.-4. Rd noch **3/4/6/6/6/6x** wdh.

Schaft

1. Rd: 1 M links, 1 M abh, 2 M rechts, die abgehobene M darüberziehen, 1 M links, **10/14/18/22/26/30 M** rechts, 1 M links, 1 M abh, 2 M rechts, die abgehobene M darüberziehen, 1 M links, **20/24/28/32/36/40 M** rechts.
2. Rd: 1 M links, 1 M rechts, 1 U, 1 M rechts, 1 M links, **10/14/18/22/26/30 M** rechts, 1 M links, 1 M rechts, 1 U, 1 M rechts, 1 M links, **20/24/28/32/36/40** M rechts.
3. Rd: 1 M links, 3 M rechts, 1 M links, **10/14/18/22/26/30 M** rechts, 1 M links, 3 M rechts, 1 M links, **20/24/28/32/36/40 M** rechts.
4. Rd: 1 M links, 3 M rechts, 1 M links, **5/7/9/11/13/15x** [1 M rechts, 1 M li], 1 M links, 3 M rechts, 1 M links, **20/24/28/32/36/40 M** rechts.

Die 1.-4. Rd wdh, bis der Schaft (mit Bündchen) 8 cm lang ist oder die gewünschte Länge hat. Mit welcher Rd des Musters du vor der Ferse endest, spielt keine Rolle.

Fersenwand

Die ersten **20/24/28/32/36/40 M** im Muster str, dann über die übrigen **20/24/28/32/36/40 M** die Fersenwand in R str wie folgt:

1. R (Hin-R): 2 M rechts, fortl [1 M abh, 1 M rechts]. Wenden.
2. R (Rück-R): 1 M abh Fv, linke M bis Ende. Wenden.
3. R: Fortl [1 M abh, 1 M rechts]. Wenden.

Die 2. und 3. R wdh, bis die Fersenwand **4/4,5/5/5/6/6,5 cm** hoch ist. Nach einer 3. R enden.

Käppchen

1. R (Rück-R): 1 M abh Fv, **10/12/14/16/18/20 M** links, 2 M links zusammen, 1 M links, wenden.
2. R (Hin-R): 1 M abh, 3 M rechts, ssk, 1 M rechts, wenden.
3. R: 1 M abh Fv, 4 M links, 2 M links zusammen, 1 M links, wenden.
4. R: 1 M abh, 5 M rechts, ssk, 1 M rechts, wenden.

Du hast folg Muster für dein Käppchen eingeteilt: 1 M abh, rechte oder linke M bis 1 M vor der Lücke vom Wenden in der Vor-R, ssk oder 2 M links zusammen, 1 M rechts oder links, wenden. In diesem Muster fortfahren, bis alle Fersen-M gestrickt sind. Mit einer Hin-R enden. Du solltest nun **12/14/16/18/20/22 Fersen-M** haben.

Spickel

Die rechte Seite der Arbeit liegt oben. Entlang der linken Seite der Fersenwand **8/10/12/14/16/18 M** aufnehmen und rechts str.

Nun die stillgelegten **20/24/28/32/36/40 M** im Muster str. MMs und **8/10/12/14/16/18 M** aus der rechten Seite der Fersenwand aufnehmen und rechts str. Die Fersen-M rechts str, dann die zuvor aus der Fersenwand aufgenommenen M rechts str. Damit bist du am Rd-Ende angekommen und hast alle M aufgenommen. Du solltest insgesamt **48/58/68/78/88/98 M** auf den Nd haben.

Spickelabnahmen

1. Rd: 20/24/28/32/36/40 M im Muster str, MM abh, 1 M rechts, ssk, rechte M bis 3 M vor Rd-Ende, 2 M rechts zusammen, 1 M rechts.
2. Rd: Ohne Abnahmen gerade hoch str.

Diese beiden Rd wdh, bis noch **40/48/56/64/72/80 M** auf den Nd liegen.

Fuß

Weiter die ersten **20/24/28/32/36/40 M** im Muster und die nächsten **20/24/28/32/36/40 M** glatt rechts (nur rechte M) str, bis der Fuß bis zur Spitze deines kleinen Zehs reicht. Falls du die Socken beim Str nicht gut anprobieren kannst (bei einem Ndspiel oder extra kurzen Rundstrick-Nd kann das schwierig sein) oder deine Socken ein Geschenk sein sollen, hilft dir die folg Tabelle beim Bestimmen der richtigen Länge (gemessen vom hinteren Ende der Ferse bis zum Ende der Spitze). Du solltest nach einer 3. oder 4. Rd des falschen Zopfmusters enden.

(Alle Größen sind europäische Schuhgrößen)
Kleinkind: 11-15 cm
Kind: 15-19 cm
Damen Größe 34-37,5: 20,5-23 cm
Damen Größe 37,5-41: 23-25,5 cm
Damen Größe 41,5-44,5: 26-28 cm
Herren Größe 37,5-41: 23,5-25,5 cm
Herren Größe 41,5-44,5: 26-28 cm
Herren Größe 45-48: 28,5-30,5 cm

Bei einer Socke mit Käppchenferse musst du auch die Länge der Spitze berücksichtigen:

Kleinkind: 2,5 cm	**M:** 4 cm
Kind: 3 cm	**L:** 4 cm
S: 4 cm	**XL:** 4,5 cm

Von deiner gewünschten Fußlänge (vom hinteren Ende der Ferse bis zum Ende der Spitze) ziehst du nun das Maß der Spitze ab. Beispiel: Meine gewünschte Fußlänge ist 23 cm. Ich ziehe die Länge meiner Spitze (4 cm) ab; es bleiben 19 cm, die ich bis zum Beginn der Abnahmen für die Spitze str muss.

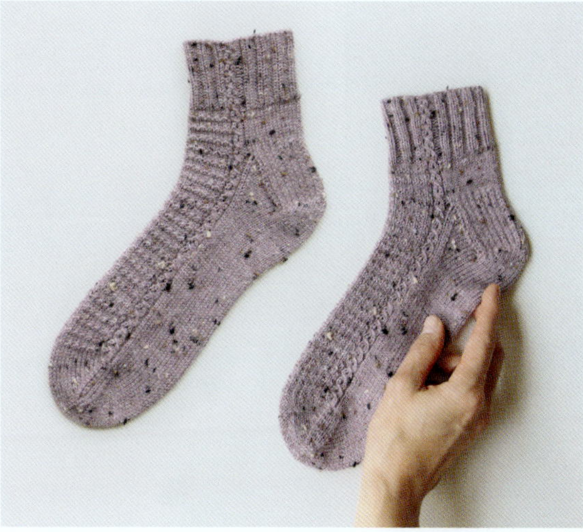

Spitze

1. Rd: 1 M rechts, ssk, **14/18/22/26/30/34 M** rechts, 2 M rechts zusammen, 1 M rechts, MMs, 1 M rechts, ssk, **14/18/22/26/30/34 M** rechts, 2 M rechts zusammen, 1 M rechts.
2. Rd: Alle M rechts str.
3. Rd: 1 M rechts, ssk, rechte M bis 3 M vor folg MM, 2 M rechts zusammen, 1 M rechts, MM abh, 1 M rechts, ssk, rechte M bis 3 M vor Rd-Ende, 2 M rechts zusammen, 1 M rechts.

Die 2. und 3. Rd wdh, bis noch **16/20/24/28/32/36 M** verbleiben.

Die Öffnung an der Spitze im M-Stich schließen (siehe Seite 33).

Fertigstellen

Alle Fäden vernähen und die Socken spannen (siehe Kapitel 4).

Luna-Socken

Dieses Strickmuster lässt eine unglaublich weiche und fluffige Struktur entstehen. Ich verwende es hier an ganz bunten Socken, doch es wäre auch in dezenteren Farben wunderschön, etwa in einem neutralen Tweedgarn oder Ton in Ton. Das Schöne am Sockenstr ist, dass die individuelle Gestaltung kein Hexenwerk ist. Ein anderes Garn oder ein kürzeres Bündchen können enorm viel ausmachen. Für einen sauberen Farbwechsel am Rippenmuster wende meinen Trick von Seite 91 an.

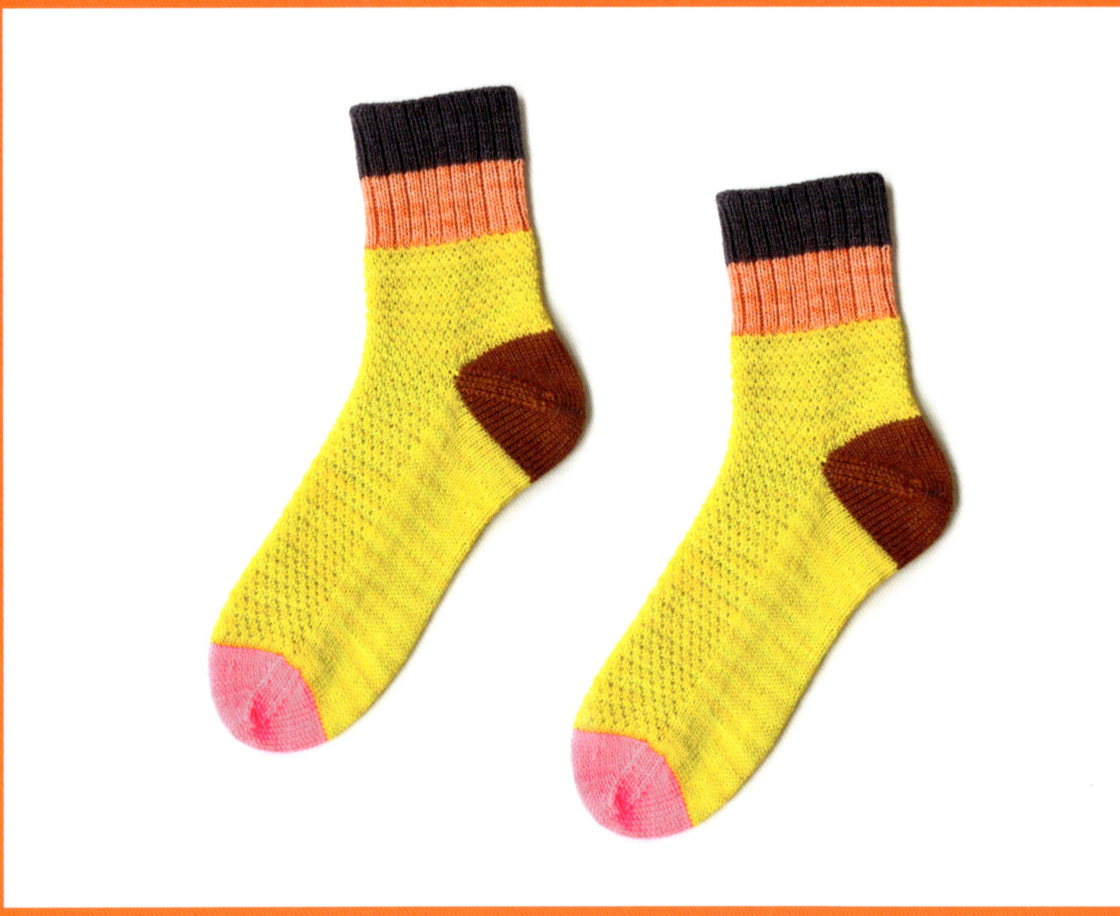

MATERIAL

Garn: Hedgehog Fibres Sock (90% Superwash Merino, 10% Polyamid; LL 400 m/100 g): 76/93/111/132/154/173 m in UFO (HF)

Spun Right Round Classic Sock (100% Superwash Merinowolle; LL 401 m/100 g): 15/19/25/33/38/47 m in OOAK (KF1)

Twisted Ambitions Yarn Sweet Sock (75% Superwash Merinowolle, 25% Polyamid; LL 423 m/100 g): 15/19/25/33/38/47 m in Rust (KF2)

Filcolana Arwetta (80% Superwash Merino, 20% Polyamid; LL 210 m/50 g): 9/11/13/15/16/18 m in Red Squirrel (Fb 352) (KF3)

Knit Picks Stroll (75% Superwash Merino, 25% Polyamid; LL 211 m/50 g): **9/11/13/15/16/18 m** in Pucker (Fb 26401) (KF4)

Tipp: Jedes 4-fädige Sockengarn ähnlicher LL ist geeignet!

Stricknadeln: 2,25 mm

Sonstiges: Wollnadel, Maschenmarkierer (davon 1 verschließbar), Schere, Maßband

Maschenprobe: 38 M = 10 cm im Strukturmuster in Rd und gespannt

Größen

Kleinkind/Kind/S/M/L/XL

Maße

Die Zahlen unten beziehen sich auf den Umfang am Fußballen; es sind nicht die Maße der fertigen Socke.
8-10/13-15/18/20/23/25 cm

ANLEITUNG

Bündchen

In KF1 **39/48/57/63/72/81 M** anschl und zur Rd schließen, darauf achten, dass die M sich nicht verdrehen. Beginne im 2/1-Rippenmuster: Fortl [2 M rechts, 1 M links].

4 cm oder bis zur gewünschten Länge im Rippenmuster str. KF1 abschneiden. Zu KF2 wechseln und noch 4 cm im 2/1-Rippenmuster str. In der letzten Rd des Bündchens müssen wir unsere M auf eine gerade Zahl bringen! In der Kinder- und L-Größe ist sie ohnehin gerade und du kannst direkt am Schaft weiterarb. Ansonsten je nach Größe folg Zu- oder Abnahme arb:

Kleinkind: Rippen bis 3 M vor Ende, kfb, 1 M rechts, 1 M links. **40 M.**

S: Rippen bis 3 M vor Ende, 2 M rechts zusammen, 1 M links. **56 M.**

M: Rippen bis 3 M vor Ende, kfb, 1 M rechts, 1 M links. **64 M.**

XL: Rippen bis 3 M vor Ende, 2 M rechts zusammen, 1 M links. **80 M.**

KF2 abschneiden.

Schaft

Zur HF wechseln und 1 Rd ohne Abnahmen rechts str, dann mit folg Strukturmuster beginnen:

1. Rd: Fortl [1 M rechts, 1 M links].
2. Rd: Alle M rechts str.
3. Rd: Fortl [1 M links, 1 M rechts].
4. Rd: Alle M rechts str.

Diese 4 Rd wdh, bis der Schaft (mit Bündchen) 11 cm lang ist oder die gewünschte Länge hat. Nach einer 2. oder 4. Rd enden.

Maschenmarkierer für die nachträgliche Ferse setzen

Wenn du mit der Schaftlänge zufrieden bist, in der nächsten Rd **20/24/28/32/36/40 M** im Strukturmuster str (du solltest bei einer 1. oder 3. Rd sein) und die übrigen **20/24/28/32/36/40 M** rechts str, dabei nach **10/12/14/16/18/20 M** einen verschließbaren MMs. Hier wird später die nachträgliche Ferse gearbeitet. Zunächst Fuß und Spitze str und später zurückkehren.

Fuß

Weiter an den ersten **20/24/28/32/36/40 M** alle 4 Rd des Musters wdh und die nächsten **20/24/28/32/36/40 M** glatt rechts str, bis der Fuß die gewünschte Länge hat. Die folg Tabelle hilft dir beim Bestimmen der richtigen Länge (gemessen vom hinteren Ende der Ferse bis zum Ende der Spitze).

(Alle Größen sind europäische Schuhgrößen)
Kleinkind: 11-15 cm
Kind: 15-19 cm
Damen Größe 34-37,5: 20,5-23 cm
Damen Größe 37,5-41: 23-25,5 cm
Damen Größe 41,5-44,5: 26-28 cm
Herren Größe 37,5-41: 23,5-25,5 cm
Herren Größe 41,5-44,5: 26-28 cm
Herren Größe 45-48: 28,5-30,5 cm

Bei einer Socke mit nachträglicher Ferse musst du sowohl die Länge der Ferse als auch die Länge der Spitze berücksichtigen (beide sind gleich lang):

Kleinkind: 2,5 cm	**M:** 4 cm
Kind: 3 cm	**L:** 4 cm
S: 4 cm	**XL:** 4,5 cm

Von deiner gewünschten Fußlänge (vom Ende der Ferse bis zum Ende der Spitze) ziehst du nun beide Maße (Ferse und Spitze) ab. Beispiel: Meine gewünschte Fußlänge ist 23 cm. Ich ziehe die Länge meiner Spitze (4 cm) und Ferse (4 cm) ab; es bleiben 15 cm, die ich bis zum Beginn der Abnahmen für die Spitze str muss.

Spitze

Die HF abschneiden und zu KF4 wechseln. 1 Rd rechte M str, dann mit den Abnahmen für die Spitze beginnen:

1. Rd: 1 M rechts, ssk, **14/18/22/26/30/34 M** rechts, 2 M rechts zusammen, 1 M rechts, MMs, 1 M rechts, ssk, **14/18/22/26/30/34 M** rechts, 2 M rechts zusammen, 1 M rechts.
2. Rd: Alle M rechts str.
3. Rd: 1 M rechts, ssk, rechte M bis 3 M vor folg MM, 2 M rechts zusammen, 1 M rechts, MM abh, 1 M rechts, ssk, rechte M bis 3 M vor Rd-Ende, 2 M rechts zusammen, 1 M rechts.

Die 2. und 3. Rd wdh, bis noch **16/20/24/28/32/36 M** verbleiben.

Die Öffnung an der Spitze im M-Stich schließen (siehe Seite 33).

Ferse nachträglich einstricken

Zuerst musst du die M der Rd oberhalb und unterhalb deines verschließbaren MMs auf die Nd legen (siehe Seite 39-40). Du solltest **40/48/56/64/72/80 M** gleichmäßig verteilt auf den Nd haben.

Zu KF3 wechseln und 3 Rd ohne Abnahmen rechts str, dann mit den Abnahmen für die Ferse beginnen wie folgt:

1. Rd: 1 M rechts, ssk, **14/18/22/26/30/34 M** rechts, 2 M rechts zusammen, 1 M rechts, MMs, 1 M rechts, ssk, **14/18/22/26/30/34 M** rechts, 2 M rechts zusammen, 1 M rechts.
2. Rd: Alle M rechts str.
3. Rd: 1 M rechts, ssk, rechte M bis 3 M vor folg MM, 2 M rechts zusammen, 1 M rechts, MM abh, 1 M rechts, ssk, rechte M bis 3 M vor Rd-Ende, 2 M rechts zusammen, 1 M rechts.

Die 2. und 3. Rd wdh, bis noch **16/20/24/28/32/36 M** verbleiben.

Tipp: Höhe und Passform deiner Ferse kannst du anpassen. Dazu mehr oder weniger Abnahme-Rd str. Probiere die Socke zwischendurch an, um zu sehen, wie sie passt. Beende die Abnahmen, wenn du die M an der Fersenspitze leicht ohne Lücke aneinanderlegen kannst. Wenn du noch an den M ziehen musst, um die Lücke zu schließen, musst du weitere Abnahme-Rd str, damit deine Ferse Platz genug hat und die Socke am Fußrücken nicht spannt. Str an der nächsten Socke mehr gerade Rd, bevor du mit den Abnahmen beginnst.

Die Öffnung an der Ferse im M-Stich schließen (siehe Seite 33).

Fertigstellen

Alle Fäden vernähen und die Socken spannen (siehe Kapitel 4).

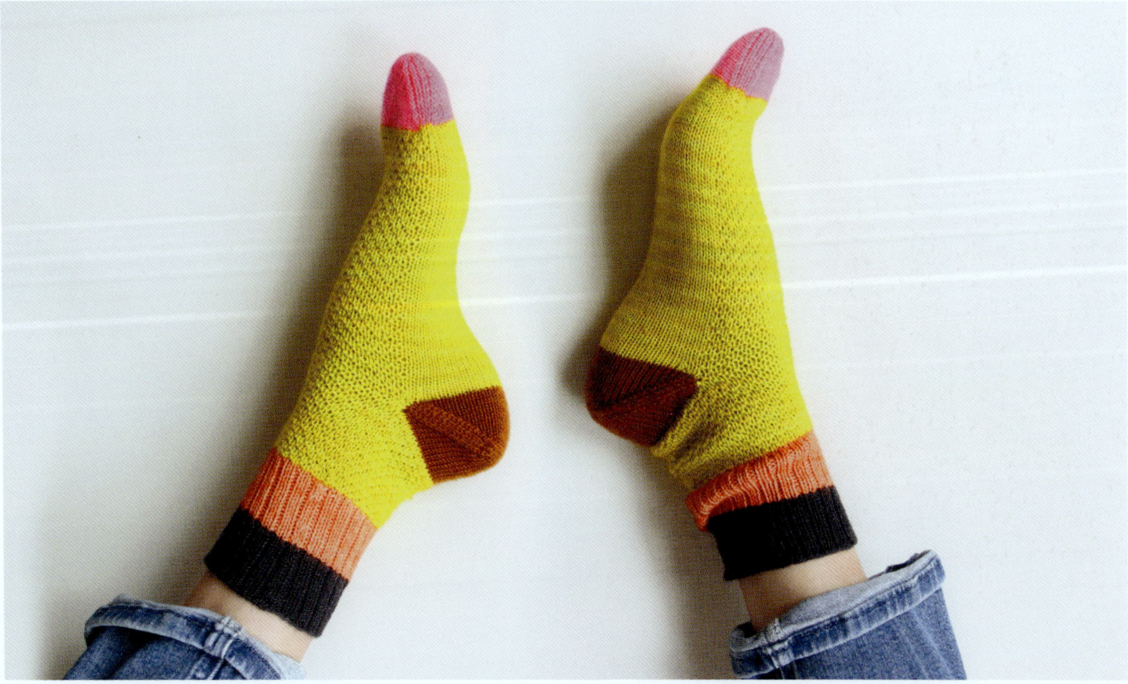

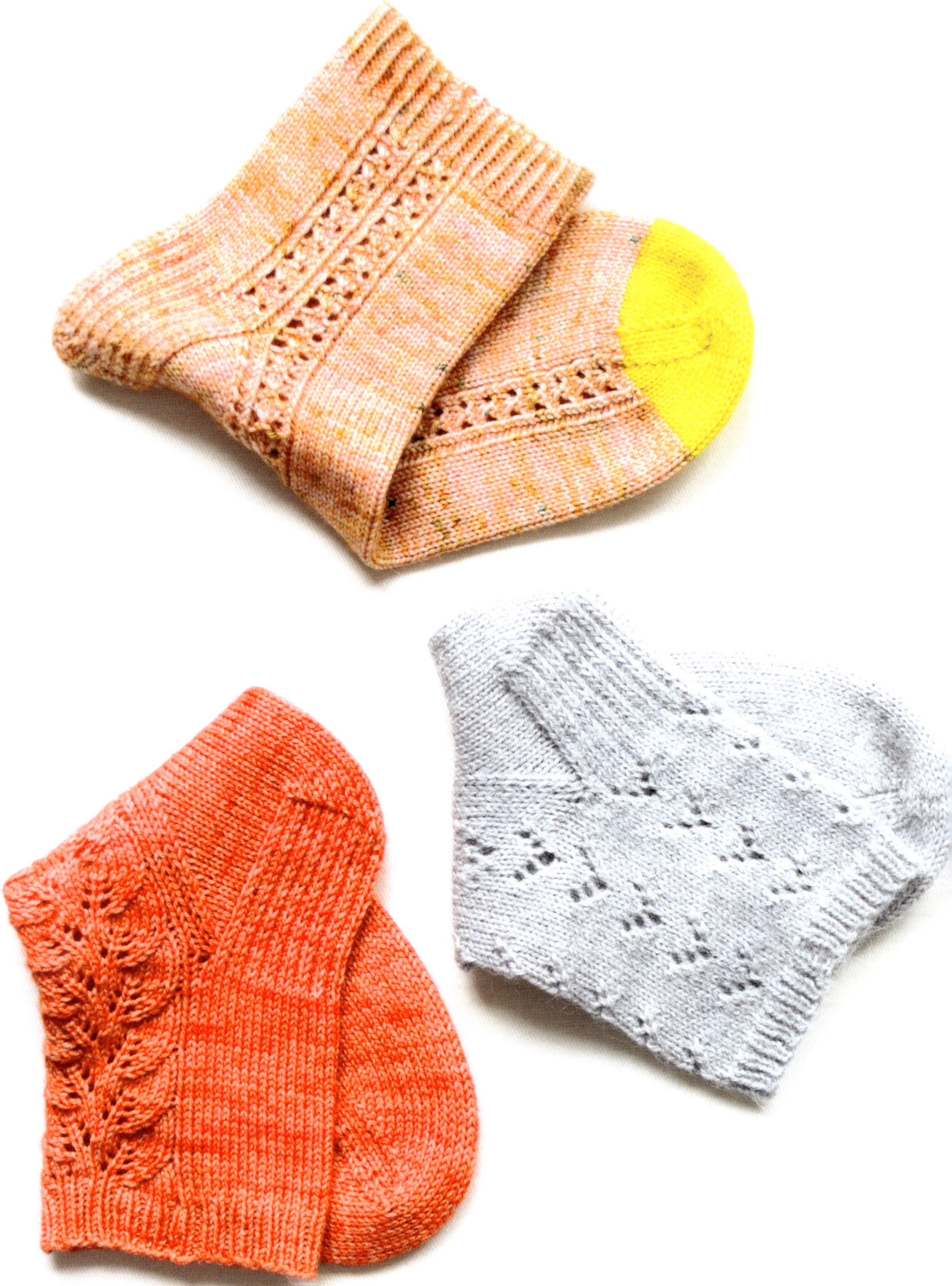

Kapitel 10
LACE-SOCKEN

In den ersten Jahren meines Stricklebens dachte ich, Lace-Stricken sei etwas Rätselhaftes, das nur runzelige, unendlich erfahrene Stricker:innen beherrschen. Solche komplizierten, raffinierten Werke konnten doch nur uralte Wesen erschaffen, die schon vor langer Zeit sämtliche Stricktechniken dieser Welt ergründet hatten. Ich betrachtete diese Kunstwerke und dachte mutlos, dass ich mit meinen ungeschickten Händen niemals so etwas Zartes, Schönes, Unmögliches zustande bringen könnte.

Wie so oft war es die Langeweile, die mich dazu bewegte, etwas auszuprobieren, das mir unerreichbar erschien. (Ich begann Schlagzeug zu spielen, als ich mal eine Lesekrise hatte – ich konnte einfach kein gutes Buch finden, das mich gerettet hätte. Also sei froh über Langeweile, denn du weißt nie, zu welchen aufregenden Dingen sie dich bringt.) So stellte ich also fest, dass Lace-Stricken im Grunde ganz einfach ist. Eine Abnahme hier, ein Umschlag dort, und plötzlich hast du ohne große Schweißausbrüche ein fantastisches Blattmuster gestrickt – womit wieder einmal bewiesen wäre, dass Stricken pure Magie ist.

Murmuration-Socken

Diese zarten Söckchen gehören zu meinen Lieblingsmodellen. Sie sind so schlicht und zeitlos – damit fühle ich mich, als hätte ich einen Haufen haarloser Katzen und würde in meinem Pied-à-Terre im East Village mit einem Buch am Kamin sitzen, Spiced Brandy trinken und Nina Simone hören. (Leider habe ich nicht mal EINE haarlose Katze, habe noch nie Brandy probiert – schon gar nicht die Spiced-Version – und weiß auch nicht so genau, was ein Pied-à-Terre ist. Als echtes Oklahoma-Girl weiß ich dafür so manches über Kreuzungen in der Rinderzucht, du würdest staunen!)

Meine Lace-Socken habe ich in einem wunderbar weichen Grau gestrickt, denn manchmal schaue ich über meinen bunten Tellerrand hinaus und experimentiere mit neutralen Farben. Die Socken würden aber aus allen möglichen Garnen fantastisch aussehen. Leuchtende Edelsteinfarben, Melange-Herbsttöne oder auch gesprenkeltes Garn würden gut mit dem Vogelzug-Muster harmonieren.

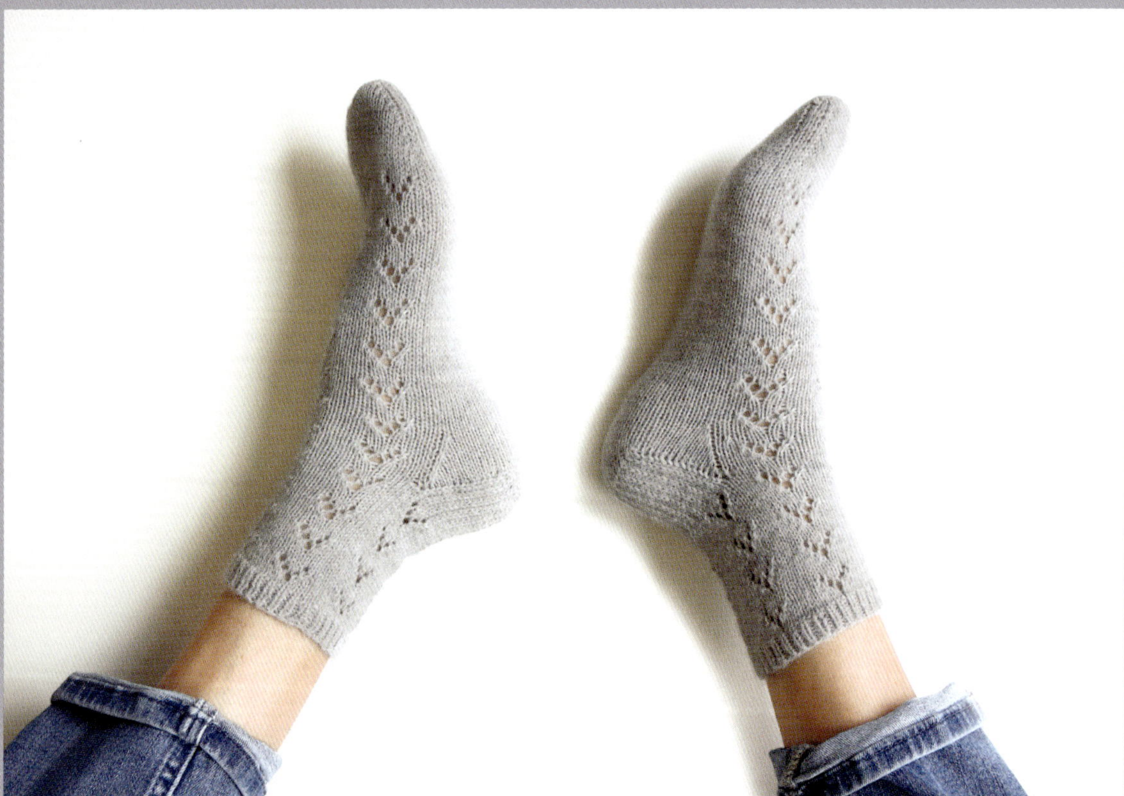

MATERIAL

Garn: Purl Soho Quartz (65% Merinowolle, 35% Suri Alpaka; LL 384 m/100 g): 124/146/173/198 m in Ash Gray

Tipp: Jedes 4-fädige Sockengarn ähnlicher LL ist geeignet!

Stricknadeln: 2,25 mm

Sonstiges: Wollnadel, Schere, Maßband, Maschenmarkierer

Maschenprobe: 38 M = 10 cm im Lace-Muster in Rd und gespannt

Größen

S/M/L/XL

Maße

Die Zahlen unten beziehen sich auf den Umfang am Fußballen; es sind nicht die Maße der fertigen Socke.
18/20/23/25 cm

Lace-Muster

Größe S

1. Rd: 4 M rechts, 1 U, ssk, 5x [7 M rechts, 1 U, ssk], 3 M rechts.
2. und 4. Rd: Alle M rechts str.
3. Rd: 2 M rechts, 2 M rechts zusammen, 1 U, 1 M rechts, 1 U, ssk, 4x [4 M rechts, 2 M rechts zusammen, 1 U, 1 M rechts, 1 U, ssk], 4 M rechts, 2 M rechts zusammen, 1 U, 1 M rechts, 1 U, ssk, 2 M rechts.
5. Rd: 1 M rechts, 2 M rechts zusammen, 1 U, 3 M rechts, 1 U, ssk, 4x [2 M rechts, 2 M rechts zusammen, 1 U, 3 M rechts, 1 U, ssk], 2 M rechts, 2 M rechts zusammen, 1 U, 3 M rechts, 1 U, ssk, 1 M rechts.
6.-9. Rd: Alle M rechts str.

Größe M

1. Rd: 5 M rechts, 1 U, ssk, 4x [9 M rechts, 1 U, ssk], 9 M rechts, 1 U, ssk, 4 M rechts.
2. und 4. Rd: Alle M rechts str.
3. Rd: 3 M rechts, 2 M rechts zusammen, 1 U, 1 M rechts, 1 U, ssk, 4x [6 M rechts, 2 M rechts zusammen, 1 U, 1 M rechts, 1 U, ssk], 6 M rechts, 2 M rechts zusammen, 1 U, 1 M rechts, 1 U, ssk, 3 M rechts.
5. Rd: 2 M rechts, 2 M rechts zusammen, 1 U, 3 M rechts, 1 U, ssk, 4x [4 M rechts, 2 M rechts zusammen, 1 U, 3 M rechts, 1 U, ssk], 4 M rechts, 2 M rechts zusammen, 1 U, 3 M rechts, 1 U, ssk, 2 M rechts.
6.-9. Rd: Alle M rechts str.

Größe L

1. Rd: 4 M rechts, 1 U, ssk, 6x [7 M rechts, 1 U, ssk], 7 M rechts, 1 U, ssk, 3 M rechts.
2. und 4. Rd: Alle M rechts str.
3. Rd: 2 M rechts, 2 M rechts zusammen, 1 U, 1 M rechts, 1 U, ssk, 6x [4 M rechts, 2 M rechts zusammen, 1 U, 1 M rechts, 1 U, ssk], 4 M rechts, 2 M rechts zusammen, 1 U, 1 M rechts, 1 U, ssk, 2 M rechts.
5. Rd: 1 M rechts, 2 M rechts zusammen, 1 U, 3 M rechts, 1 U, ssk, 6x [2 M rechts, 2 M rechts zusammen, 1 U, 3 M rechts, 1 U, ssk], 2 M rechts, 2 M rechts zusammen, 1 U, 3 M rechts, 1 U, ssk, 1 M rechts.
6.-9. Rd: Alle M rechts str.

Größe XL

1. Rd: 4 M rechts, 1 U, ssk, 6x [8 M rechts, 1 U, ssk], 8 M rechts, 1 U, ssk, 4 M rechts.
2. und 4. Rd: Alle M rechts str.
3. Rd: 2 M rechts, 2 M rechts zusammen, 1 U, 1 M rechts, 1 U, ssk, 6x [5 M rechts, 2 M rechts zusammen, 1 U, 1 M rechts, 1 U, ssk], 5 M rechts, 2 M rechts zusammen, 1 U, 1 M rechts, 1 U, ssk, 3 M rechts.
5. Rd: 1 M rechts, 2 M rechts zusammen, 1 U, 3 M rechts, 1 U, ssk, 6x [3 M rechts, 2 M rechts zusammen, 1 U, 3 M rechts, 1 U, ssk], 3 M rechts, 2 M

rechts zusammen, 1 U, 3 M rechts, 1 U, ssk, 2 M rechts.
6.-9. Rd: Alle M rechts str.

ANLEITUNG

Bündchen

54/66/72/80 M anschl und zur Rd schließen, darauf achten, dass die M sich nicht verdrehen. Beginne im 1/1-Rippenmuster: Fortl [1 M rechts, 1 M links].

2 cm oder bis zur gewünschten Länge im Rippenmuster str.

Schaft

2 Rd glatt rechts (nur rechte M) str, dann mit dem Lace-Muster für deine Größe beginnen. Alle 9 Rd des Lace-Musters wdh, bis der Schaft (mit Bündchen) 9 cm lang ist oder die gewünschte Länge hat. An meinem Beispiel habe ich das Lace-Muster bis zur Ferse 4x gestrickt. Mit einer 7. Rd enden. In Größe S und M noch folg Zunahme-Rd str:

Nur Größe S: 26 M im Lace-Muster str (du bist in der 8. Rd des Lace-Musters). 1 M zun (QF), 27 M rechts, 1 M zun (QF), 1 M rechts. **56 M.**
Nur Größe M: 31 M im Lace-Muster str (du bist in der 8. Rd des Lace-Musters). 2 M rechts zusammen, 30 M rechts, 2 M rechts zusammen, 1 M rechts. **64 M.**

Fersenwand

28/32/36/40 M im Lace-Muster str (Größen S und M = 9. Rd des Lace-Musters, Größen L und XL = 8. Rd des Lace-Musters). Über die übrigen **28/32/36/40 M** die Fersenwand in R str wie folgt:

1. R (Hin-R): 2 M rechts, fortl [1 M abh, 1 M rechts]. Wenden.
2. R (Rück-R): 1 M abh Fv, linke M bis Ende. Wenden.
3. R: Fortl [1 M abh, 1 M rechts]. Wenden.

Die 2. und 3. R wdh, bis die Fersenwand **5/5/6/6,5 cm** hoch ist. Nach einer 3. R enden.

Käppchen

1. R (Rück-R): 1 M abh Fv, **14/16/18/20 M** links, 2 M links zusammen, 1 M links, wenden.
2. R (Hin-R): 1 M abh, 3 M rechts, ssk, 1 M rechts, wenden.
3. R: 1 M abh Fv, 4 M links, 2 M links zusammen, 1 M links, wenden.
4. R: 1 M abh, 5 M rechts, ssk, 1 M rechts, wenden.

Du hast folg Muster für dein Käppchen eingeteilt: 1 M abh, rechte oder linke M bis 1 M vor der Lücke vom Wenden in der Vor-R, ssk oder 2 M links zusammen, 1 M rechts oder links, wenden. In diesem Muster fortfahren, bis alle Fersen-M gestrickt sind. Mit einer Hin-R enden. Du solltest nun **16/18/20/22 Fersen-M** haben.

Spickel

Die rechte Seite der Arbeit liegt oben. Entlang der linken Seite der Fersenwand **12/14/16/18 M** aufnehmen und rechts str.

Nun die stillgelegten **28/32/36/40 M** weiter im Lace-Muster str. MMs und **12/14/16/18 M** aus der rechten Seite der Fersenwand aufnehmen und rechts str. Die Fersen-M rechts str, dann die zuvor aus der Fersenwand aufgenommenen M rechts str. Damit bist du am Rd-Ende angekommen und hast alle M aufgenommen. Du solltest insgesamt **68/78/88/98 M** auf den Nd haben.

Spickelabnahmen

1. Rd: 28/32/36/40 M weiter im Lace-Muster str, MM abh, 1 M rechts, ssk, rechte M bis 3 M vor Rd-Ende, 2 M rechts zusammen, 1 M rechts.
2. Rd: Ohne Abnahmen gerade hoch str.

Diese beiden Rd wdh, bis noch **56/64/72/80 M** auf den Nd liegen.

Fuß

Weiter die ersten **28/32/36/40 M** im Lace-Muster und die übrigen **28/32/36/40 M** glatt rechts str, bis dein Fuß die gewünschte Länge vor den Abnahmen für die Spitze hat. Die folg Tabelle hilft dir beim Bestimmen der Länge (gemessen vom hinteren Ende der Ferse bis zum Ende der Spitze).

(Alle Größen sind europäische Schuhgrößen)
Damen Größe 34-37,5: 20,5-23 cm
Damen Größe 37,5-41: 23-25,5 cm
Damen Größe 41,5-44,5: 26-28 cm
Herren Größe 37,5-41: 23,5-25,5 cm
Herren Größe 41,5-44,5: 26-28 cm
Herren Größe 45-48: 28,5-30,5 cm

Bei einer Socke mit Käppchenferse musst du auch die Länge der Spitze berücksichtigen:

S: 4 cm
M: 4 cm
L: 4 cm
XL: 4,5 cm

Von deiner gewünschten Fußlänge (vom hinteren Ende der Ferse bis zum Ende der Spitze) ziehst du nun das Maß der Spitze ab. Beispiel: Meine gewünschte Fußlänge ist 23 cm. Ich ziehe die Länge meiner Spitze (4 cm) ab; es bleiben 19 cm, die ich bis zum Beginn der Abnahmen für die Spitze str muss.

Bevor du mit der Spitze beginnst, das Muster mindestens bis zur 6. Rd str.

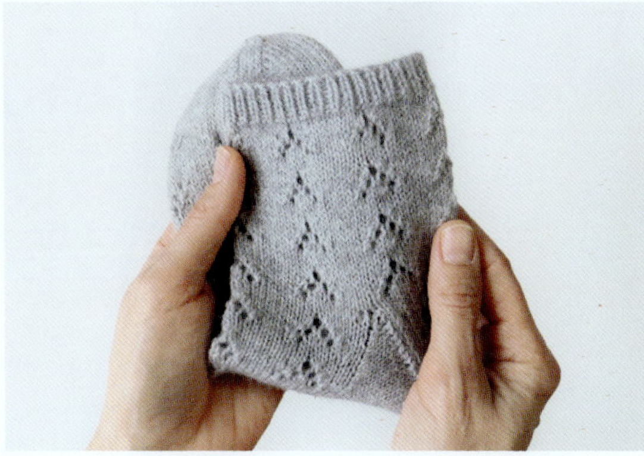

Spitze

Mit den Abnahmen für die Spitze beginnen wie folgt:

1. Rd: 1 M rechts, ssk, **22/26/30/34 M** rechts, 2 M rechts zusammen, 1 M rechts, MMs, 1 M rechts, ssk, **22/26/30/34 M** rechts, 2 M rechts zusammen, 1 M rechts.
2. Rd: Alle M rechts str.
3. Rd: 1 M rechts, ssk, rechte M bis 3 M vor folg MM, 2 M rechts zusammen, 1 M rechts, MM abh, 1 M rechts, ssk, rechte M bis 3 M vor Rd-Ende, 2 M rechts zusammen, 1 M rechts.

Die 2. und 3. Rd wdh, bis noch **24/28/32/36 M** verbleiben.

Die Öffnung an der Spitze im M-Stich schließen (siehe Seite 33).

Fertigstellen

Alle Fäden vernähen und die Socken spannen (siehe Kapitel 4).

Quinata-Socken

Gesprenkeltes Garn oder Garn mit Farbverlauf eignet sich weniger gut für Lace-Muster. Die raffinierten Motive gehen bei so unruhigem Garn leicht unter. Für Lochmuster verwende ich einfarbiges oder Ton in Ton gefärbtes Garn, damit die Muster gut zur Geltung kommen. Ein nur leicht gesprenkeltes Garn kann jedoch femininen, zeitlosen Lace-Socken spielerisch einen modernen Touch verleihen. Wenn sich das Lochmuster auf ein kleines Detail an der Seite beschränkt, können sowohl das Muster als auch das Garn glänzen!

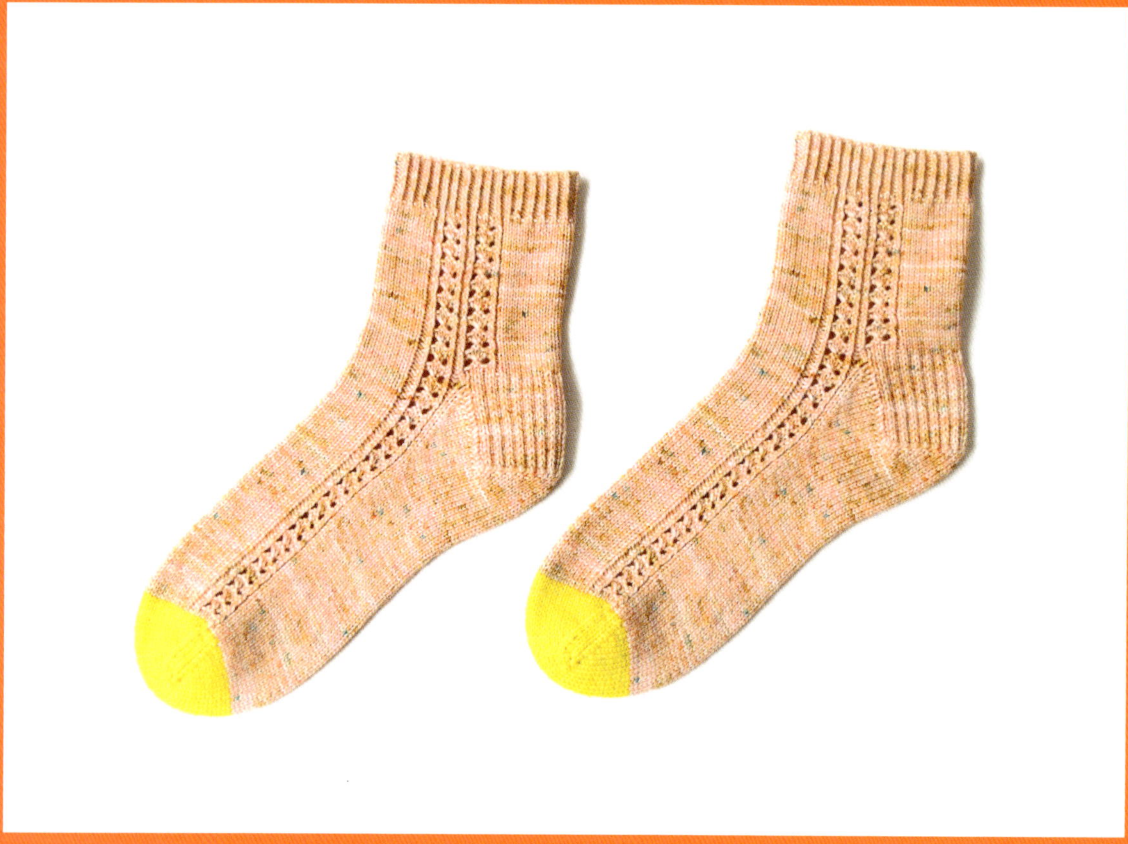

MATERIAL

Garn: Made By Hailey Bailey Classic Sock (75% Superwash Merino, 25% Polyamid; LL 423 m/100 g): 194/219/245/267 m in Peony (HF)

Hedgehog Fibres Sock (90% Superwash Merino, 10% Polyamid; LL 400 m/100 g): 16/20/24/27 m in UFO (KF)

Tipp: Jedes 4-fädige Sockengarn ähnlicher LL ist geeignet!

Stricknadeln: 2,25 mm

Sonstiges: Wollnadel, Schere, Maßband, Maschenmarkierer

Maschenprobe: 38 M = 10 cm im Muster in Rd und gespannt

Größen

S/M/L/XL

Maße

Die Zahlen unten beziehen sich auf den Umfang am Fußballen; es sind nicht die Maße der fertigen Socke.
18/20/23/25 cm

Lace-Partie

1. Rd: 1 M rechts verschr, 1 U, 2 M zusammen rechts abh, 1 M rechts, die 2 abgehobenen M darüberziehen, 1 U, 1 M rechts verschr.
2. Rd: 1 M rechts verschr, 3 M links, 1 M rechts verschr.
3. und 4. Rd: 1 M rechts verschr, 3 M rechts, 1 M rechts verschr.

ANLEITUNG

Bündchen

In der HF **56/64/72/80 M** anschl und zur Rd schließen, darauf achten, dass die M sich nicht verdrehen. Beginne das verschr 1/1-Rippenmuster: Fortl [1 M links verschr, 1 M rechts verschr].

2,5 cm oder bis zur gewünschten Länge im Rippenmuster str.

Schaft

Setup-Rd: 1 M links verschr, 1 M rechts verschr, 3 M rechts, 1 M rechts verschr, 1 M links verschr, **15/19/23/27 M** rechts, 1 M links verschr, 1 M rechts verschr, 3 M rechts, 1 M rechts verschr, 1 M links verschr, 1 M rechts verschr, 3 M rechts, 1 M rechts verschr, 1 M links verschr, **15/19/23/27 M** rechts, 1 M links verschr, 1 M rechts verschr, 3 M rechts, 1 M rechts verschr.

Damit ist das Muster mit den Lace-Partien (über je 5 M) am Schaft eingeteilt. Den Schaft nun wie folgt str: 1 M links verschr, Lace-Partie, 1 M links verschr, **15/19/23/27 M** rechts, 1 M links verschr, Lace-Partie, 1 M links verschr, Lace-Partie, 1 M links verschr, **15/19/23/27 M** rechts, 1 M links verschr, Lace-Partie.

Fersenwand

Die ersten **28/32/36/40 M** weiter im eingeteilten Muster str, dann über die übrigen **28/32/36/40 M** die Fersenwand in R str wie folgt:

1. R (Hin-R): 2 M rechts, fortl [1 M abh, 1 M rechts]. Wenden.
2. R (Rück-R): 1 M abh Fv, linke M bis Ende. Wenden.
3. R: Fortl [1 M abh, 1 M rechts]. Wenden.

Die 2. und 3. R wdh, bis die Fersenwand **5/5/6/ 6,5 cm** hoch ist. Nach einer 3. R enden.

Käppchen

1. R (Rück-R): 1 M abh Fv, **14/16/18/20 M** links, 2 M links zusammen, 1 M links, wenden.
2. R (Hin-R): 1 M abh, 3 M rechts, ssk, 1 M rechts, wenden.
3. R: 1 M abh Fv, 4 M links, 2 M links zusammen, 1 M links, wenden.
4. R: 1 M abh, 5 M rechts, ssk, 1 M rechts, wenden.

Du hast folg Muster für dein Käppchen eingeteilt: 1 M abh, rechte oder linke M bis 1 M vor der Lücke vom Wenden in der Vor-R, ssk oder 2 M links zusammen, 1 M rechts oder links, wenden. In diesem Muster fortfahren, bis alle Fersen-M gestrickt sind. Mit einer Hin-R enden. Du solltest nun **16/18/20/ 22 Fersen-M** haben.

Spickel

Die rechte Seite der Arbeit liegt oben. Entlang der linken Seite der Fersenwand **12/14/16/18 M** aufnehmen und rechts str.

Nun die stillgelegten **28/32/36/40 M** weiter im Muster str. MMs und **12/14/16/18 M** aus der rechten Seite der Fersenwand aufnehmen und rechts str. Die Fersen-M rechts str, dann die zuvor aus der Fersenwand aufgenommenen M rechts str. Damit bist du am Rd-Ende angekommen und hast alle M aufgenommen. Du solltest insgesamt **68/ 78/88/98 M** auf den Nd haben.

Spickelabnahmen

1. Rd: 28/32/36/40 M weiter im Muster str, MM abh, 1 M rechts, ssk, rechte M bis 3 M vor Rd-Ende, 2 M rechts zusammen, 1 M rechts.
2. Rd: Ohne Abnahmen gerade hoch str.

Diese beiden Rd wdh, bis noch **56/64/72/80 M** auf den Nd liegen.

Fuß

Den Fuß wie folgt str: 1 M links verschr, Lace-Partie, 1 M links verschr, **15/19/23/27 M** rechts, 1 M links verschr, Lace-Partie, 1 M links verschr, glatt rechts (nur rechte M) bis zum Rd-Ende. So fortfahren, bis dein Fuß die gewünschte Länge vor den Abnahmen für die Spitze hat. Die folg Tabelle hilft dir beim Bestimmen der Länge (gemessen vom hinteren Ende der Ferse bis zum Ende der Spitze).

(Alle Größen sind europäische Schuhgrößen)
Damen Größe 34-37,5: 20,5-23 cm
Damen Größe 37,5-41: 23-25,5 cm
Damen Größe 41,5-44,5: 26-28 cm
Herren Größe 37,5-41: 23,5-25,5 cm
Herren Größe 41,5-44,5: 26-28 cm
Herren Größe 45-48: 28,5-30,5 cm

Bei einer Socke mit Käppchenferse musst du auch die Länge der Spitze berücksichtigen:

S: 4 cm **L:** 4 cm
M: 4 cm **XL:** 4,5 cm

Von deiner gewünschten Fußlänge (vom hinteren Ende der Ferse bis zum Ende der Spitze) ziehst du nun das Maß der Spitze ab. Beispiel: Meine gewünschte Fußlänge ist 23 cm. Ich ziehe die Länge meiner Spitze (4 cm) ab; es bleiben 19 cm, die ich bis zum Beginn der Abnahmen für die Spitze str muss.

Die HF abschneiden.

Spitze

Zur KF wechseln und 1 Rd rechte M str, dann mit den Abnahmen für die Spitze beginnen:

1. Rd: 1 M rechts, ssk, **22/26/30/34 M** rechts, 2 M rechts zusammen, 1 M rechts, MMs, 1 M rechts, ssk, **22/26/30/34 M** rechts, 2 M rechts zusammen, 1 M rechts.
2. Rd: Alle M rechts str.
3. Rd: 1 M rechts, ssk, rechte M bis 3 M vor folg MM, 2 M rechts zusammen, 1 M rechts, MM abh, 1 M rechts, ssk, rechte M bis 3 M vor Rd-Ende, 2 M rechts zusammen, 1 M rechts.

Die 2. und 3. Rd wdh, bis noch **24/28/32/36 M** verbleiben.

Die Öffnung an der Spitze im M-Stich schließen (siehe Seite 33).

Fertigstellen

Alle Fäden vernähen und die Socken spannen (siehe Kapitel 4).

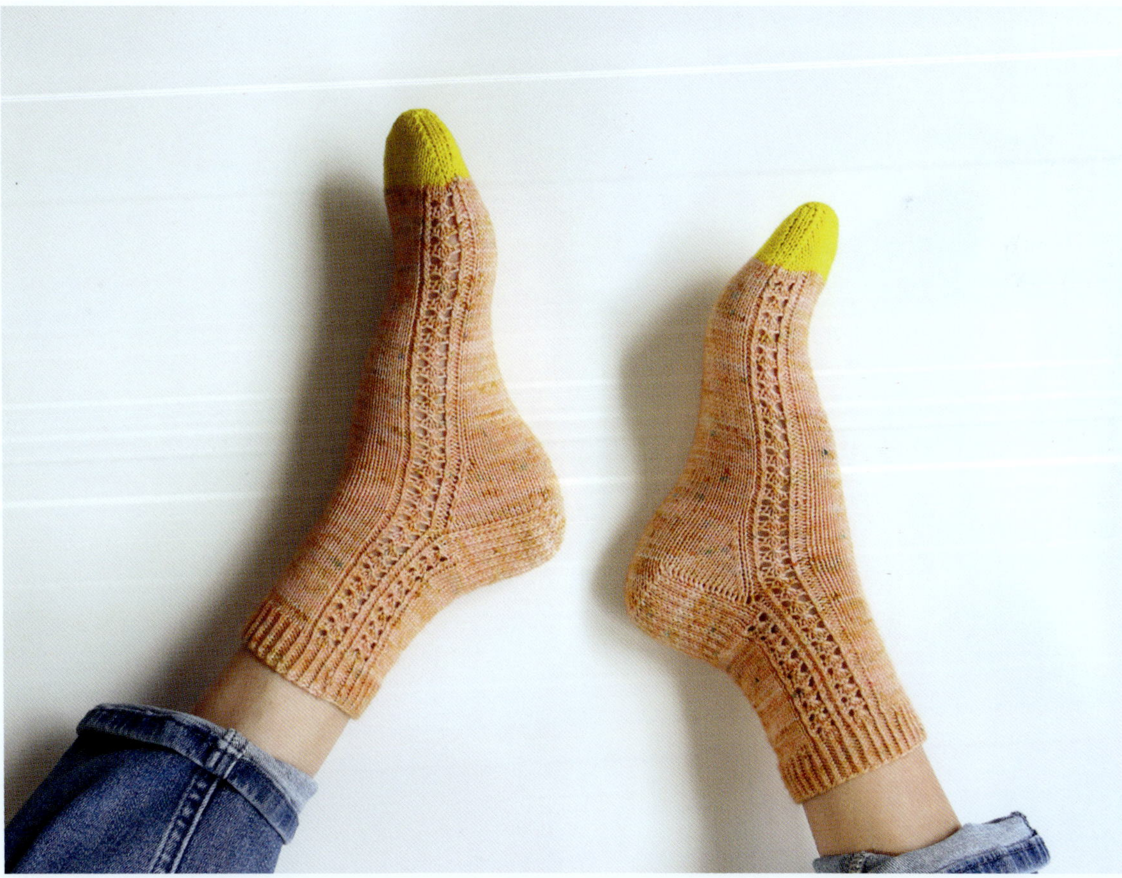

Camellia-Socken

Ich kann gar nicht sagen, wie oft ich schon Peter Jacksons Herr-der-Ringe-Trilogie geschaut habe. An meine Sehnsucht danach, tief im Auenland in meiner eigenen Hobbit-Höhle zu wohnen, kommt allenfalls mein Wunsch heran, endlich so eine Frisur zu haben wie Kurt Cobain in den frühen 90ern. (Ein blonder, leicht gewellter kinnlanger Bob, falls es dich interessiert. Aber es muss der richtige Blondton sein, und das ist schwierig, wenn man das dunkle Haar der American Indians hat. Seit 20 Jahren versuche ich das schon!)

Diese Socken mit ihrem zarten Blattmuster würden die Elben von Mittelerde wohl tragen, während sie sich auf Stühlen aus Weinranken fläzen und über die Sechste Dimension der Raumzeit nachsinnen oder ihre Skincare Routine perfektionieren. Das Lace-Muster sieht vielleicht kompliziert aus, aber lass dich davon nicht abschrecken. Wenn König Théoden zu Zorn und Verderben reiten konnte, kannst du auch diese Socken stricken! Das Muster ist ganz einfach, es gibt dazu sogar eine Strickschrift und eine Textanleitung.

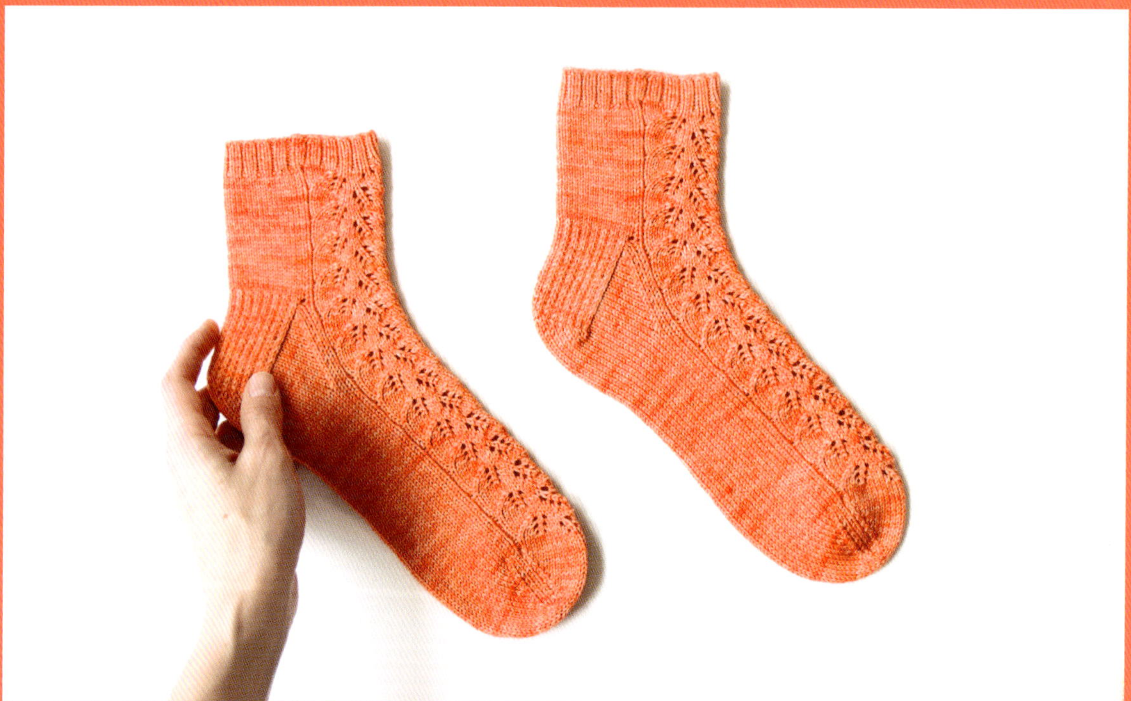

MATERIAL

Garn: Twisted Ambitions Yarn Sweet Sock (75% Superwash Merino, 25% Polyamid; LL 423 m/ 100 g): 153/181/205/236/260 m in Dusk (HF)

Tipp: Jedes 4-fädige Sockengarn ähnlicher LL ist geeignet!

Stricknadeln: 2,25 mm

Sonstiges: Wollnadel, Maschenmarkierer, Schere, Maßband

Maschenprobe: 38 M = 10 cm im Lace-Muster in Rd und gespannt

Größen

Kind/S/M/L/XL

Maße

Die Zahlen unten beziehen sich auf den Umfang am Fußballen; es sind nicht die Maße der fertigen Socke.
13-15/18/20/23/25 cm

Du weißt nicht genau, wie man eine Strickschrift liest? Ganz einfach: Die Zahlen unten stehen für die M in einer Rd. Die Zahlen rechts stehen für die Anzahl der Rd, über die gearbeitet wird. Gelesen wird das Zählmuster von unten nach oben (hier von der 1.-8. Rd) und von rechts nach links (hier von der 1.-21. M).

Die Strickschrift wdh: Die 1.-21. Rd str, dann wieder bei der 1. Rd beginnen. Neben dem Zählmuster werden die verwendeten Symbole erklärt, die es erleichtern, sich die Anleitung bildlich vorzustellen.

Noch eine Besonderheit von Lace-Strickschriften: Die M-Zahl der einzelnen Rd ist nicht immer gleich. Aufgrund der Umschläge und Abnahmen, aus denen das Muster entsteht, haben die Rd unterschiedliche M-Zahlen.

Textanleitung zur Strickschrift

1. Rd: 1 M links, 5 M rechts, 2 M rechts zusammen, 1 U, 1 M rechts, 1 U, 3 M rechts, 1 U, 1 M rechts, 1 U, 2 M rechts, 2 M rechts überzogen zusammen, 1 M rechts, 1 M links. **21 M.**
2. Rd: 1 M links, 4 M rechts, 2 M rechts zusammen, 11 M rechts, 2 M rechts überzogen zusammen, 1 M links. **19 M.**
3. Rd: 1 M links, 3 M rechts, 2 M rechts zusammen, 1 M rechts, 1 U, 1 M rechts, 1 U, 10 M rechts, 1 M links. **20 M.**
4. Rd: 1 M links, 2 M rechts, 2 M rechts zusammen, 14 M rechts, 1 M links. **19 M.**

Strickschrift Lace-Muster

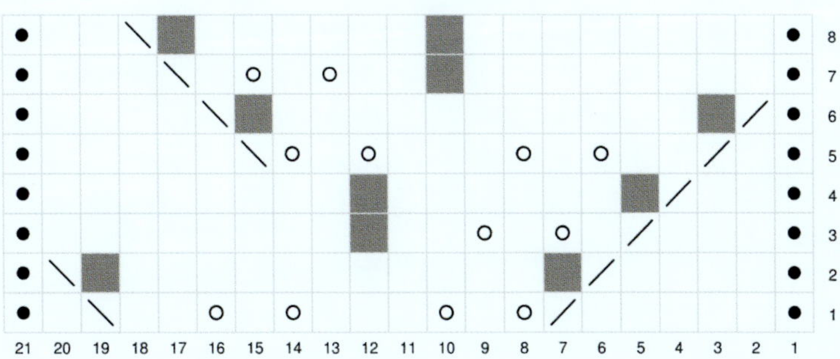

rechte Masche
linke Masche
2 Maschen rechts überzogen zusammenstr
2 Maschen rechts zusammenstr
Umschlag
keine Masche

5. Rd: 1 M links, 1 M rechts, 2 M rechts zusammen, 2 M rechts, 1 U, 1 M rechts, 1 U, 3 M rechts, 1 U, 1 M rechts, 1 U, 2 M rechts überzogen zusammen, 5 M rechts, 1 M links. **21 M.**
6. Rd: 1 M links, 2 M rechts zusammen, 11 M rechts, 2 M rechts überzogen zusammen, 4 M rechts, 1 M links. **19 M.**
7. Rd: 1 M links, 10 M rechts, 1 U, 1 M rechts, 1 U, 1 M rechts, 2 M rechts überzogen zusammen, 3 M rechts, 1 M links. **20 M.**
8. Rd: 1 M links, 14 M rechts, 2 M rechts überzogen zusammen, 2 M rechts, 1 M links. **19 M.**

ANLEITUNG

Bündchen

48/57/63/72/81 M anschl und zur Rd schließen, darauf achten, dass die M sich nicht verdrehen. Beginne im 2/1-Rippenmuster: Fortl [2 M rechts, 1 M links].

2 cm oder bis zur gewünschten Länge im Rippenmuster str. In der letzten Rd des Bündchens müssen wir unsere M auf eine gerade Zahl bringen. Bei der Kindergröße und bei Größe L ist die M-Zahl bereits gerade und du kannst einfach am Schaft weiterstr. Ansonsten je nach Größe folg Zu- oder Abnahme arb:

S: Rippen bis 3 M vor Ende, 2 M rechts zusammen, 1 M links. **56 M.**
M: Rippen bis 3 M vor Ende, kfb, 1 M rechts, 1 M links. **64 M.**
XL: Rippen bis 3 M vor Ende, 2 M rechts zusammen, 1 M links. **80 M.**

Schaft

1/3/5/7/9 M rechts, alle 21 M der 1. Rd des Lace-Musters arb, rechte M bis Ende.

Damit ist das Muster für die gesamte Socke (bis zu den Abnahmen an der Spitze) eingeteilt: **1/3/5/7/9 M** rechts, 21 M im Lace-Muster, dann rechte M bis Rd-Ende. Alle 8 Rd der Strickschrift wdh, bis der Schaft (mit Bündchen) 9 cm lang ist oder die gewünschte Länge hat. Ich habe die komplette Strickschrift bis zum Beginn der Fersenwand 4x gestrickt. Vor der Fersenwand mit einer geraden Rd-Zahl enden.

Fersenwand

Die ersten **24/28/32/36/40 M** im Muster str, dann über die übrigen **24/28/32/36/40 M** die Fersenwand in R str wie folgt:

1. R (Hin-R): 2 M rechts, fortl [1 M abh, 1 M rechts]. Wenden.
2. R (Rück-R): 1 M abh Fv, linke M bis Ende. Wenden.
3. R: Fortl [1 M abh, 1 M rechts]. Wenden.

Die 2. und 3. R wdh, bis die Fersenwand **4,5/5/5/6/6,5 cm** hoch ist. Nach einer 3. R enden.

Käppchen

1. R (Rück-R): 1 M abh Fv, **12/14/16/18/20 M** links, 2 M links zusammen, 1 M links, wenden.
2. R (Hin-R): 1 M abh, 3 M rechts, ssk, 1 M rechts, wenden.
3. R: 1 M abh Fv, 4 M links, 2 M links zusammen, 1 M links, wenden.
4. R: 1 M abh, 5 M rechts, ssk, 1 M rechts, wenden.

Du hast folg Muster für dein Käppchen eingeteilt: 1 M abh, rechte oder linke M bis 1 M vor der Lücke vom Wenden in der Vor-R, ssk oder 2 M links zusammen, 1 M rechts oder links, wenden. In diesem Muster fortfahren, bis alle Fersen-M gestrickt sind. Mit einer Hin-R enden. Du solltest nun **14/16/18/20/22 Fersen-M** haben.

Spickel

Die rechte Seite der Arbeit liegt oben. Entlang der linken Seite der Fersenwand **10/12/14/16/18 M** aufnehmen und rechts str.

Nun die stillgelegten **24/28/32/36/40 M** weiter im Muster str. MMs und **10/12/14/16/18 M** aus der rechten Seite der Fersenwand aufnehmen und rechts str. Die Fersen-M rechts str, dann die zuvor aus der Fersenwand aufgenommenen M rechts str. Damit bist du am Rd-Ende angekommen und hast alle M aufgenommen. Du solltest insgesamt **58/68/78/88/98 M** auf den Nd haben.

Spickelabnahmen

1. Rd: 24/28/32/36/40 M im Muster str, MM abh, 1 M rechts, ssk, rechte M bis 3 M vor Rd-Ende, 2 M rechts zusammen, 1 M rechts.
2. Rd: Ohne Abnahmen gerade hoch str.

Diese beiden Rd wdh, bis noch **48/56/64/72/80 M** auf den Nd liegen.

Fuß

Weiter die ersten **24/28/32/36/40 M** im Muster und die nächsten **24/28/32/36/40 M** glatt rechts str, bis der Fuß bis zur Spitze deines kleinen Zehs reicht. Falls du die Socken beim Str nicht gut anprobieren kannst oder sie ein Geschenk sein sollen, hilft dir die folg Tabelle beim Bestimmen der richtigen Länge (gemessen vom hinteren Ende der Ferse bis zum Ende der Spitze).

(Alle Größen sind europäische Schuhgrößen)
Kind: 15-19 cm
Damen Größe 34-37,5: 20,5-23 cm
Damen Größe 37,5-41: 23-25,5 cm
Damen Größe 41,5-44,5: 26-28 cm
Herren Größe 37,5-41: 23,5-25,5 cm
Herren Größe 41,5-44,5: 26-28 cm
Herren Größe 45-48: 28,5-30,5 cm

Bei einer Socke mit Käppchenferse musst du auch die Länge der Spitze berücksichtigen:

Kind: 3 cm
S: 4 cm
M: 4 cm
L: 4 cm
XL: 4,5 cm

Von deiner gewünschten Fußlänge (vom hinteren Ende der Ferse bis zum Ende der Spitze) ziehst du nun das Maß der Spitze ab. Beispiel: Meine gewünschte Fußlänge ist 23 cm. Ich ziehe die Länge meiner Spitze (4 cm) ab; es bleiben 19 cm, die ich bis zum Beginn der Abnahmen für die Spitze str muss.

Achtung: Vor Beginn der Abnahmen für die Spitze mit einer geraden Rd des Musters enden!

Spitze

Zuerst 1 Rd rechte M str, dann mit den Abnahmen für die Spitze beginnen:

1. Rd: 1 M rechts, ssk, **18/22/26/30/34 M** rechts, 2 M rechts zusammen, 1 M rechts, MMs, 1 M rechts, ssk, **18/22/26/30/34 M** rechts, 2 M rechts zusammen, 1 M rechts.
2. Rd: Alle M rechts str.
3. Rd: 1 M rechts, ssk, rechte M bis 3 M vor folg MM, 2 M rechts zusammen, 1 M rechts, MM abh, 1 M rechts, ssk, rechte M bis 3 M vor Rd-Ende, 2 M rechts zusammen, 1 M rechts.

Die 2. und 3. Rd wdh, bis noch **20/24/28/32/36 M** verbleiben.

Die Öffnung an der Spitze im M-Stich schließen (siehe Seite 33).

Fertigstellen

Alle Fäden vernähen und die Socken spannen (siehe Kapitel 4).

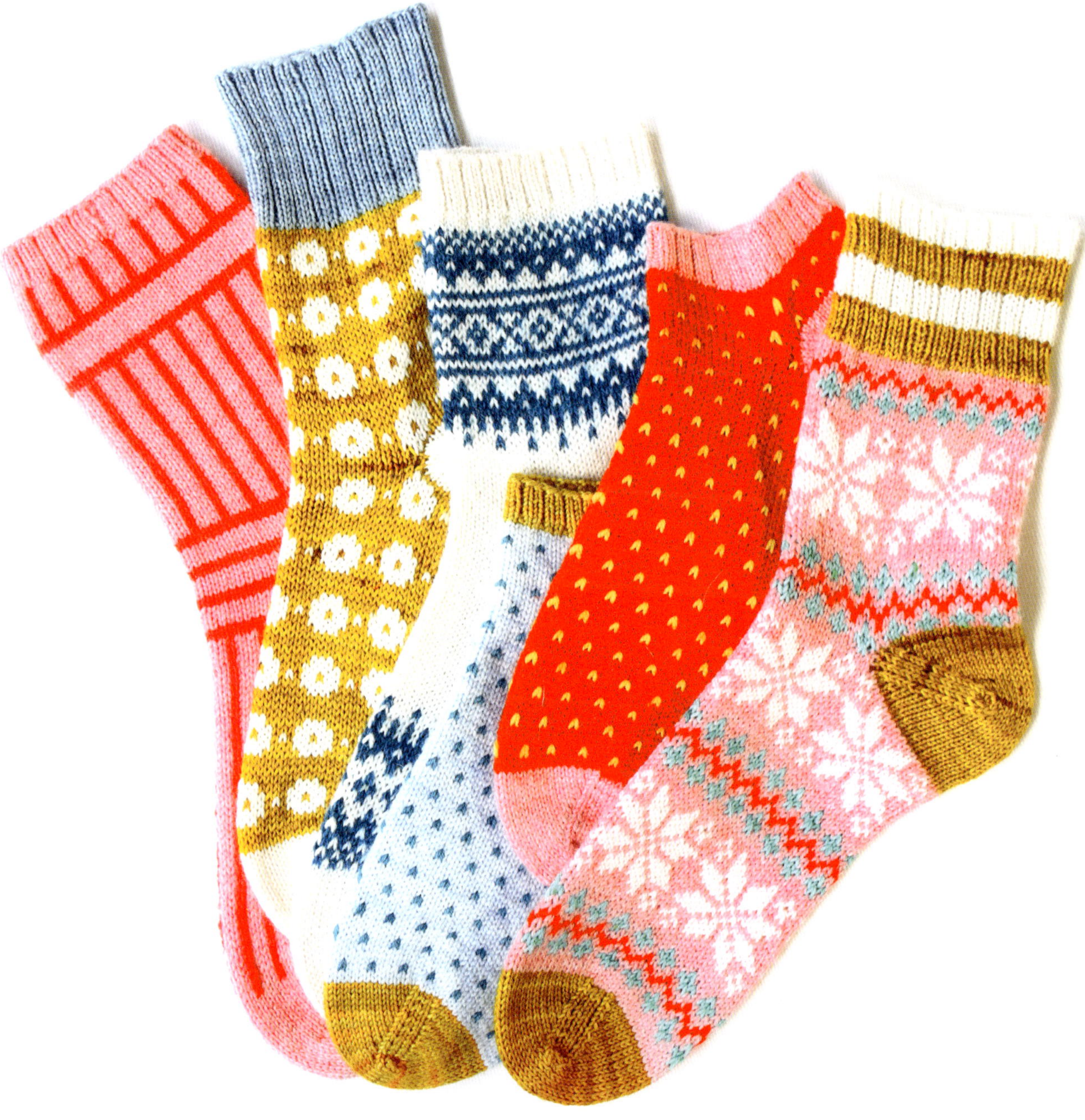

Kapitel 11
JACQUARD-SOCKEN

Früher waren Jacquard-Socken mein Mount Everest. (Als absolut fanatische Bergsteigerin kann ich dir jedoch sagen, dass der zweithöchste Berg der Welt, der K2, viel schwerer zu besteigen ist. Also waren Jacquard-Socken mein K2.)

Ich bekam keine gleichmäßige Fadenspannung hin, sodass sich das Gestrick zusammenzog und, ehrlich gesagt, ziemlich hässlich aussah. Schlimmer noch, die Socken dehnten sich kein bisschen. Kein Ziehen, Schwitzen und Fluchen half, die Socken über meine Ferse zu bekommen. Total erschöpft von der Anstrengung sank ich auf die Couch und fragte mich, was ich nur falsch gemacht hatte.

Zum Glück sind Jacquard-Socken gar nicht so schwer, und ich musste nur ein paar Kleinigkeiten ändern, um eine schöne Socke zu stricken, die gut sitzt!

Spannung, Spannung, Spannung

Hier hakt es am Anfang bei den meisten. Wir neigen dazu, unsere Maschen in der Hauptfarbe ganz gut zu stricken, doch bei den Maschen in der Musterfarbe ziehen wir zu fest am Garn, sodass die straffen Spannfäden auf der Rückseite das Gestrick zusammenziehen und die Socken sich weniger gut dehnen. Die Lösung ist simpel – einfach beim Stricken die Spannung lockern und bei den Farbwechseln nicht zu fest an den Fäden ziehen.

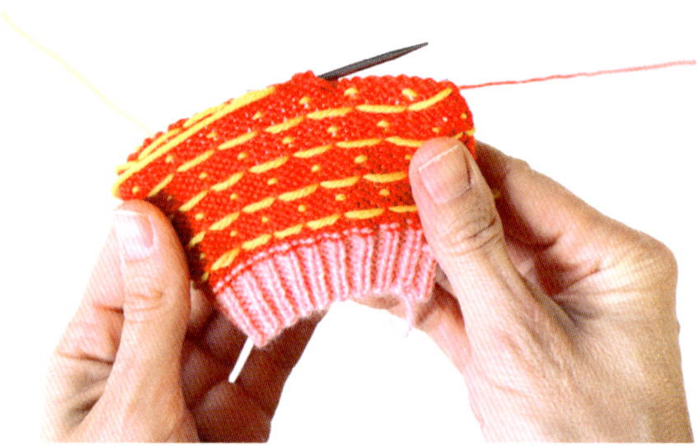

Diese losen Fäden auf der Innenseite der Socke nennt man Spannfäden.

Bei deinen ersten Exemplaren musst du dich vielleicht noch sehr auf deine Spannung konzentrieren. Nur Mut! Du findest bestimmt bald deinen Rhythmus und kannst dir beim Stricken von Motivsocken nonstop Folgen von Der Bachelor reinziehen (nicht dass ich diese Show JEMALS angesehen oder alle Staffeln verfolgt hätte oder irgendwas über die hoffnungsvollen Kandidaten wüsste, die in tropischen Gefilden auf der Suche nach Liebe oder viralem Ruhm sind!).

Maschen nicht bündeln!

Vielleicht ist dir aufgefallen, dass sich beim Stricken die Maschen auf der rechten Nadel gern zusammenschieben. Diese Bündelung ist normalerweise kein Problem, doch bei Jacquard-Socken können diese dicht gedrängten Maschen dazu führen, dass zu kurze Spannfäden entstehen. Bei zusammengeschobenen Maschen ist der Weg des Spannfadens bis zur nächsten Masche kürzer. Die Lösung? Einfach beim Stricken die Maschen schön auf der Nadel verteilen.

Auch darauf musst du dich zu Beginn bewusst konzentrieren, doch mit der Zeit lernen deine Finger, was sie tun müssen, und du schiebst diese Maschen beim Stricken automatisch auseinander, ohne nachzudenken.

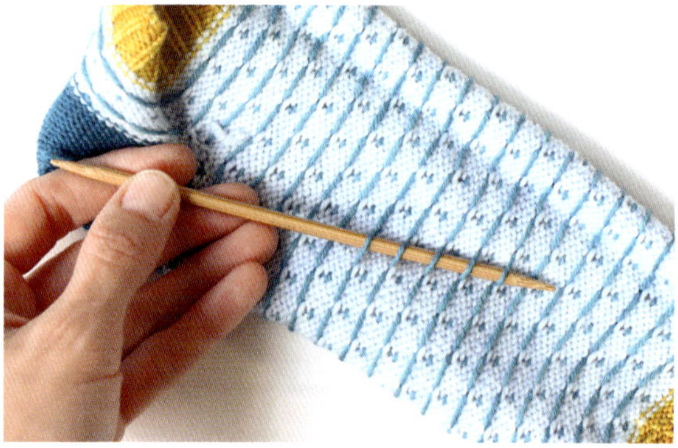

Unser Ziel sind lockere Spannfäden auf der Rückseite der Arbeit. Hier kann ich ganz leicht eine Stricknadel unter die Fäden schieben.

Dickere Nadeln oder mehr Maschen

Wie bereits gesagt, verringern die Spannfäden auf der Rückseite die Dehnbarkeit des Gestricks. Damit Socken trotzdem gut sitzen, muss daher einer von zwei Punkten erfüllt werden: Entweder strickst du die Socken auf dickeren Nadeln oder du schlägst mehr Maschen an. In den meisten Anleitungen wird eines von beidem empfohlen. Ich persönlich wähle für Jacquard-Socken lieber die dickeren Nadeln. Ich kenne meine Maschenzahlen, und so kann ich diese beibehalten. Manchmal entwerfe ich aber auch ein Design, für das mehr Maschen benötigt werden, um das Muster unterzubringen. In diesem Fall verwende ich dünnere Stricknadeln und gewinne durch die zusätzlichen Maschen die für die Socke benötigte Weite.

Das ist auch schon alles! Diese kleinen Änderungen genügen, um deine Jacquard-Socken-Technik entscheidend zu verbessern. Und wenn du deine Fadenspannung gut im Griff hast, eröffnet sich dir eine ganz neue Welt an Strickmustern – die BESTE aller Welten! Jacquard-Socken mag ich am allerliebsten, denn sie zu stricken, ist wie malen mit Wolle.

Extra-Tipp: Ich habe herausgefunden, dass ich meine Fadenspannung bei Jacquard-Socken am besten mit Mini-Rundstrick-Nadeln kontrollieren kann. Und noch wichtiger: So macht das Stricken auch am meisten Spaß!

Mit dem Magic Loop (also der langen Rundstricknadel) oder einem Nadelspiel kann Jacquard-Stricken etwas knifflig und frustrierend sein. (Dies ist meine persönliche Meinung. Vielleicht strickst du Jacquard gern mit einer dieser Techniken – umso besser!). Musstest du jemals auf zwei oder mehr kleine Kinder aufpassen? Jacquard auf einem Nadelspiel fühlt sich für mich so ähnlich an. Mehrere Fäden auf mehreren kleinen Stricknadeln zu bändigen ist wie der Versuch, hinter einem Kleinkind herzurennen, das über eine stark befahrene Straße laufen will, während das andere Kind sich gerade kopfüber in den Ententeich stürzt. Du kannst nicht gewinnen.

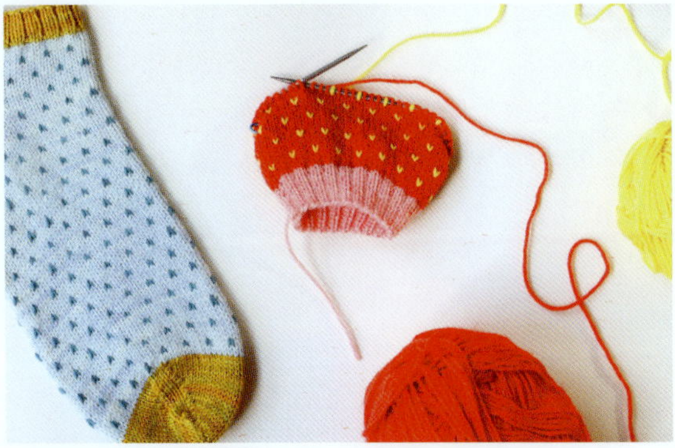

Ich liebe die Twist Shorties von ChiaoGoo. Für Jacquard habe ich immer einige davon in Stärke 2,75 mm parat. Ihr rechtes Ende ist länger als das linke, um Handkrämpfen vorzubeugen. Falls du Jacquard-Stricken mit deiner bisherigen Methode also schwierig findest, probiere es mal mit Mini-Rundstrick-Nadeln. Ich stricke Bündchen, Ferse und Spitze mit dem Magic Loop auf 2,25 mm-Nadeln, die übrige Socke auf den ChiaoGoo Twist Shorties (2,75 mm).

Klassische Pünktchen-Socken

Diese Socken sind einfach süß. Allerdings wird das Pünktchenmuster auch Floh- oder sogar Läusemuster genannt, was weniger niedlich klingt.

Ob Läuse oder Flöhe, diese kleinen Pünktchen sehen originell und fröhlich aus. Die Farbauswahl ist unbegrenzt, und du kannst hier ganz easy deine Fähigkeiten im Jacquard-Stricken trainieren. Das Muster wiederholt sich und ist leicht zu merken, sodass dein Kopf sich ganz auf die Fadenspannung konzentrieren kann.

Wenn du schon ein alter Jacquard-Hase bist, macht dieses Muster einfach nur Spaß. Ich habe etliche solcher Socken. Für mich ist es das Muster, wenn ich schlecht drauf oder neben der Spur bin. Dann mache ich einfach meinen Lieblingsfilm an (Overboard – Ein Goldfisch fällt ins Wasser) und stürze mich darauf, die nächsten Gute-Laune-Socken zu stricken.

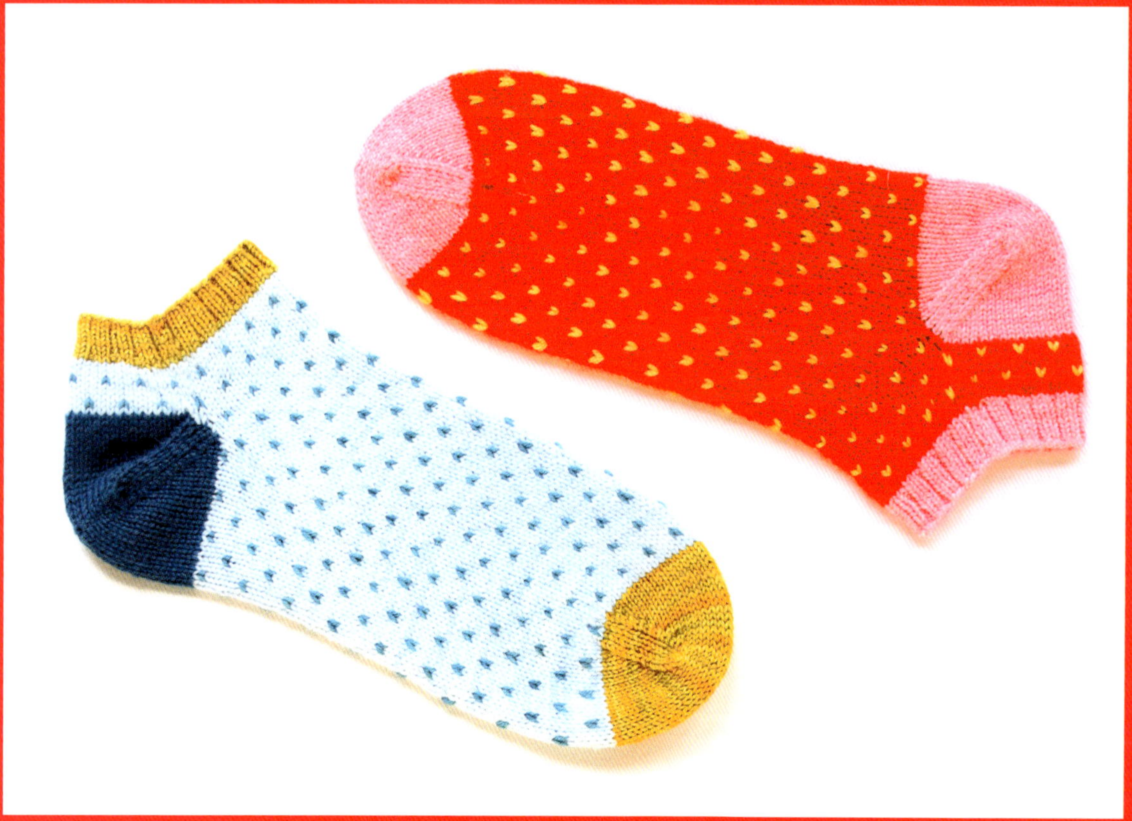

MATERIAL

Garn

Rote Socken

Knit Picks Stroll (75% Superwash Merino, 25% Polyamid; LL 211 m/50 g): 43/58/79/95/117/134 m in Buoy (HF)

Knit Picks Stroll (75% Superwash Merino, 25% Polyamid; LL 211 m/50 g): **18**/22/26/29/33/37 m in Dogwood Heather (KF1)

Knit Picks Stroll (75% Superwash Merino, 25% Polyamid; LL 211 m/50 g): 18/22/26/29/33/37 m in Dandelion (KF2)

Blaue Socken

Little Lionhead Knits Fingering Weight Sock Yarn (85% Superwash Merino, 15% Polyamid; LL 400 m/100 g): 43/58/79/95/117/134 m in Under the Stars (HF)

Madelintosh Tosh Sock (100% Superwash Merino; LL 361 m/100 g): 13/17/21/25/28/32 m in Candlewick (KF1)

Filcolana Arwetta (80% Superwash Merino, 20% Polyamid; LL 210 m/50 g): 24/29/35/40/44/48 m in Teal (Fb 202) (KF2)

Tipp: Jedes 4-fädige Sockengarn ähnlicher LL ist geeignet!

Stricknadeln: 2,25 mm und 2,75 mm

Sonstiges: Wollnadel, Maschenmarkierer (davon 1 verschließbar), Schere, Maßband

Maschenprobe: 36 M = 10 cm mit Nd 2,75 mm im Jacquard-Muster in Rd und gespannt

GRÖSSEN

Kleinkind/Kind/S/M/L/XL

Maße

Die Zahlen unten beziehen sich auf den Umfang am Fußballen; es sind nicht die Maße der fertigen Socke.
8-10/13-15/18/20/23/25 cm

Zählmuster

Du weißt nicht genau, wie man ein Zählmuster liest? Ganz einfach: Die Zahlen unten stehen für die M in einer Rd. Die Zahlen rechts stehen für die Anzahl der Rd, über die gearbeitet wird. Gelesen wird das Zählmuster von unten nach oben (hier von der 1.-8. Rd) und von rechts nach links (hier von der 1.-4. M).

Zählmuster werden in der Regel wiederholt. Hier in jeder Rd die 1.-4. M str, dann wieder mit der 1. M beginnen. Bis zum Rd-Ende fortl die 1.-4. M wdh. Dann hoch zur 2. Rd springen und deren M wdh. Wenn du alle 8 Rd des Zählmusters fertig hast, beginnst du wieder bei der 1. M der 1. Rd.

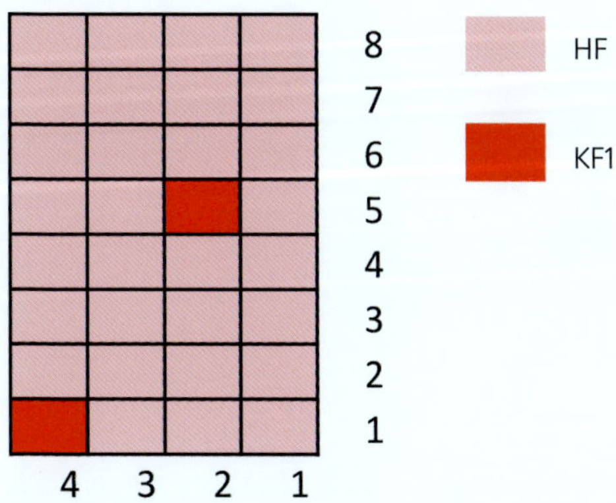

ANLEITUNG

Bündchen

Mit Nd 2,25 mm in KF1 **39/48/57/63/72/81 M** anschl und zur Rd schließen, darauf achten, dass die M sich nicht verdrehen. Beginne im 2/1-Rippenmuster: Fortl [2 M rechts, 1 M links].

2 cm oder bis zur gewünschten Länge im Rippenmuster str. In der letzten Rd des Bündchens müssen wir unsere M auf eine gerade Zahl bringen! In der Kinder- und L-Größe ist sie ohnehin gerade und du kannst direkt am Schaft weiterarb. Ansonsten je nach Größe folg Zu- oder Abnahme arb:

Kleinkind: Rippen bis 3 M vor Ende, kfb, 1 M rechts, 1 M links. **40 M.**

S: Rippen bis 3 M vor Ende, 2 M rechts zusammen, 1 M links. **56 M.**

M: Rippen bis 3 M vor Ende, kfb, 1 M rechts, 1 M links. **64 M.**

XL: Rippen bis 3 M vor Ende, 2 M rechts zusammen, 1 M links. **80 M.**

Schaft

KF1 abschneiden und zu Nd 2,75 mm wechseln. In der HF 3 Rd glatt rechts (nur rechte M) str, dann KF2 hinzunehmen und mit dem Zählmuster beginnen. Die 1.-6. Rd des Zählmusters str, dann den Anweisungen zum Setzen des MM für die nachträglich eingestrickte Ferse folgen.

Achtung: Diese Länge ergibt kurze Söckchen wie abgebildet. Wenn du lieber längere Socken hättest, findest du unten einige gängige Maße. Wdh die 1.-8. Rd des Zählmusters bis zur gewünschten Schaftlänge und fahre dann mit den Anweisungen zum Setzen des MM fort.

Kleinkinder: 8-10 cm
Kinder: 10-15 cm
Erwachsene, halblang: 10-15 cm
Erwachsene, lang: 18 cm und mehr

Maschenmarkierer für die nachträgliche Ferse setzen

Wenn du mit der Schaftlänge zufrieden bist, fahre mit der nächsten Rd des Zählmusters fort. Dies sollte eine 3. oder 7. Rd sein (wenn du meine kurzen Söckchen str, ist es die 7. Rd). Str von dieser Rd **30/36/42/48/54/60 M** rechts und markiere die letzte soeben gestrickte M mit einem verschließbaren MM. Dann einfach weiter bis zum Rd-Ende str. Damit hast du die spätere Position der nachträglichen Ferse markiert. Du solltest nun an der 4. oder 8. Rd des Zählmusters sein.

Fuß

Weiter fortl alle 8 Rd des Zählmusters wdh, bis der Fuß die gewünschte Länge hat. Die folg Tabelle hilft dir beim Bestimmen der Länge (gemessen vom hinteren Ende der Ferse bis zum Ende der Spitze).

(Alle Größen sind europäische Schuhgrößen)
Kleinkind: 11-15 cm
Kind: 15-19 cm
Damen Größe 34-37,5: 20,5-23 cm
Damen Größe 37,5-41: 23-25,5 cm
Damen Größe 41,5-44,5: 26-28 cm
Herren Größe 37,5-41: 23,5-25,5 cm
Herren Größe 41,5-44,5: 26-28 cm
Herren Größe 45-48: 28,5-30,5 cm

Bei einer Socke mit nachträglicher Ferse musst du sowohl die Länge der Ferse als auch die Länge der Spitze berücksichtigen (beide sind gleich lang):

Kleinkind: 2,5 cm
Kind: 3 cm
S: 4 cm
M: 4 cm
L: 4 cm
XL: 4,5 cm

Von deiner gewünschten Fußlänge (vom Ende der Ferse bis zum Ende der Spitze) ziehst du nun beide Maße (Ferse und Spitze) ab. Beispiel: Meine gewünschte Fußlänge ist 23 cm. Ich ziehe die Länge meiner Spitze (4 cm) und Ferse (4 cm) ab; es bleiben 15 cm, die ich bis zum Beginn der Abnahmen für die Spitze str muss.

Spitze

Die HF und KF2 abschneiden und zu KF1 sowie zurück zu Nd 2,25 mm wechseln. 1 Rd rechte M str, dann mit den Abnahmen für die Spitze beginnen:

1. Rd: 1 M rechts, ssk, **14/18/22/26/30/34 M** rechts, 2 M rechts zusammen, 1 M rechts, MMs, 1 M rechts, ssk, **14/18/22/26/30/34 M** rechts, 2 M rechts zusammen, 1 M rechts.
2. Rd: Alle M rechts str.
3. Rd: 1 M rechts, ssk, rechte M bis 3 M vor folg MM, 2 M rechts zusammen, 1 M rechts, MM abh, 1 M rechts, ssk, rechte M bis 3 M vor Rd-Ende, 2 M rechts zusammen, 1 M rechts.

Die 2. und 3. Rd wdh, bis noch **16/20/24/28/32/36 M** verbleiben.

Die Öffnung an der Spitze im M-Stich schließen (siehe Seite 33).

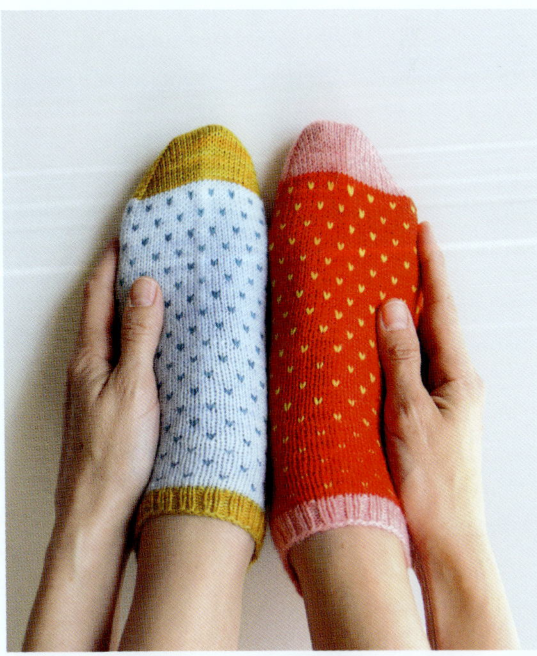

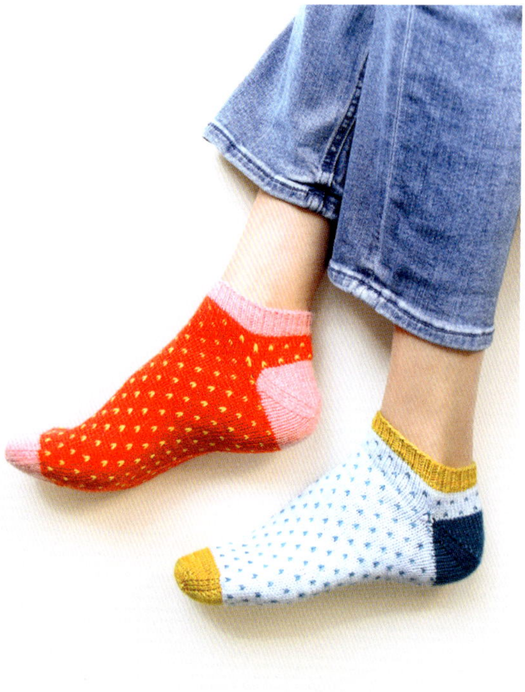

Ferse nachträglich einstricken

Zuerst musst du die M der Rd oberhalb und unterhalb deines verschließbaren MMs auf die Nd 2,25 mm legen (detaillierte Anleitung für die nachträgliche Ferse siehe Seite 39-40).

Die nachträgliche Ferse nun genau wie zuvor die Spitze str. KF1 ansetzen und 3 Rd ohne Abnahmen rechts str. Dann M abnehmen wie folgt:

1. Rd: 1 M rechts, ssk, **14/18/22/26/30/34 M** rechts, 2 M rechts zusammen, 1 M rechts, MMs, 1 M rechts, ssk, **14/18/22/26/30/34 M** rechts, 2 M rechts zusammen, 1 M rechts.
2. Rd: Alle M rechts str.
3. Rd: 1 M rechts, ssk, rechte M bis 3 M vor folg MM, 2 M rechts zusammen, 1 M rechts, MM abh, 1 M rechts, ssk, rechte M bis 3 M vor Rd-Ende, 2 M rechts zusammen, 1 M rechts.

Die 2. und 3. Rd wdh, bis noch **16/20/24/28/32/36 M** verbleiben. Die Öffnung an der Ferse im M-Stich schließen (siehe Seite 33).

Tipp: Höhe und Passform deiner Ferse kannst du anpassen. Dazu mehr oder weniger Abnahme-Rd str. Probiere die Socke zwischendurch an, um zu sehen, wie sie passt. Beende die Abnahmen, wenn du die M an der Fersenspitze leicht ohne Lücke aneinanderlegen kannst.

Fertigstellen

Alle Fäden vernähen und die Socken spannen (siehe Kapitel 4).

Na also! Das war doch gar nicht so schlimm, oder? Hoffentlich hast du nun eine schöne glatte Socke, die leicht über deinen Fuß gleitet. Oder sind die M zusammengezogen? Ist die Socke zu eng? Keine Sorge. Manche Dinge erfordern einfach etwas Übung. Konzentriere dich bei der nächsten Socke weiter auf deine Fadenspannung. Ich habe mindestens drei Paar schiefer, schlecht sitzender Socken gestrickt, bis ich im Flow war und die richtige Spannung gefunden hatte. Vielleicht klappt es bei dir auf Anhieb oder erst nach mehreren Paar, doch irgendwann wirst du es schaffen

Linea-Socken

Diese Socken haben ein moderneres Design. Auch hier ist das Zählmuster leicht zu merken und zu stricken, sodass du den Kopf frei hast, um dich auf eventuelle Probleme mit der Fadenspannung zu konzentrieren. Ich finde, das Muster würde sich hervorragend für Anzugsocken eignen. Nicht dass ich persönlich einen Hosenanzug besitze oder wüsste, wo ich ihn tragen sollte, wenn ich einen hätte. Doch wenn du gern Kunstmuseen besuchst, einen Bürojob hast oder ausgedehnte Mittagessen mit Freunden in Pariser Bistros liebst, wäre es der Clou, wenn diese Socken unter dem Saum deiner maßgeschneiderten Hose hervorblitzten. Auch zu Jeans und klassischen weißen Converse Chucks sehen sie super aus (und schicker wird's in meiner Garderobe nicht).

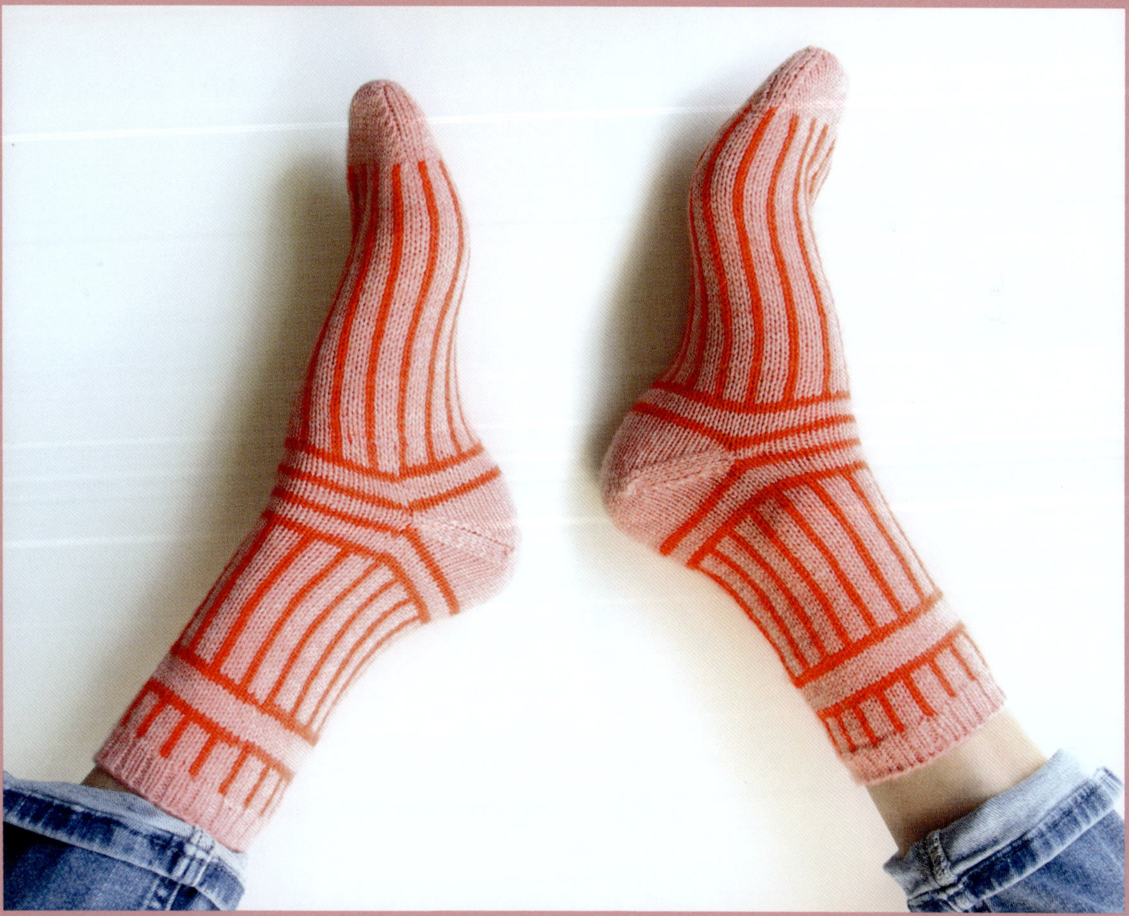

MATERIAL

Garn: Knit Picks Stroll (75% Superwash Merino, 25% Polyamid; LL 211 m/50 g): 115/135/157/183/215 m in Dogwood Heather (HF)

Knit Picks Stroll (75% Superwash Merino, 25% Polyamid; LL 211 m/50 g): 62/81/101/121/144 m in Buoy (KF)

Tipp: Jedes 4-fädige Sockengarn ähnlicher LL ist geeignet!

Stricknadeln: 2,25 mm und 2,75 mm

Sonstiges: Wollnadel, Maschenmarkierer (davon 1 verschließbar), Schere, Maßband

Maschenprobe: 38 M = 10 cm mit Nd 2,75 mm im Jacquard-Muster in Rd und gespannt

Größen

Kind/S/M/L/XL

Maße

Die Zahlen unten beziehen sich auf den Umfang am Fußballen; es sind nicht die Maße der fertigen Socke.
13-15/18/20/23/25 cm

Zählmuster

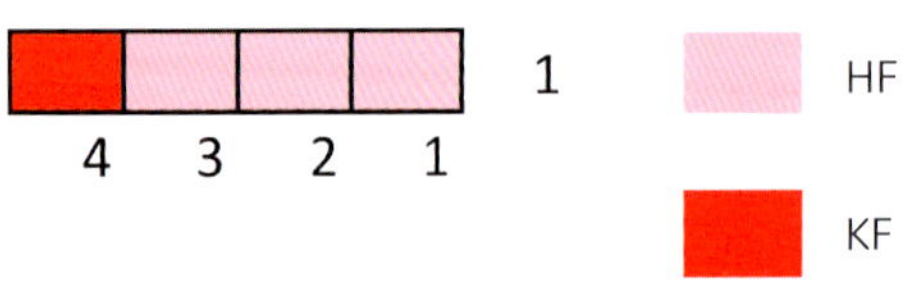

ANLEITUNG

Bündchen

Mit Nd 2,25 mm in der HF **48/57/63/72/81 M** anschl und zur Rd schließen, darauf achten, dass die M sich nicht verdrehen. Beginne im 2/1-Rippenmuster: Fortl [2 M rechts, 1 M links].

2 cm oder bis zur gewünschten Länge im Rippenmuster str. In der letzten Rd des Bündchens müssen wir die M auf eine gerade Zahl bringen. Bei der Kindergröße und bei Größe L ist die M-Zahl bereits gerade und du kannst einfach am Schaft weiterstr. Ansonsten je nach Größe folg Zu- oder Abnahme arb:

S: Rippen bis 3 M vor Ende, 2 M rechts zusammen, 1 M links. **56 M.**

M: Rippen bis 3 M vor Ende, kfb, 1 M rechts, 1 M links. **64 M.**

XL: Rippen bis 3 M vor Ende, 2 M rechts zusammen, 1 M links. **80 M.**

Schaft

Zu Nd 2,75 mm wechseln. Die KF hinzunehmen und das Zählmuster 8x arb. Dann glatt rechts (nur rechte M) 2 Rd in KF, 6 Rd in der HF und noch 2 Rd in KF str.

Über 29 Rd oder bis zur gewünschten Schaftlänge das Zählmuster str; dabei bedenken, dass der Schaft durch die 10 Rd des folg Ringelmusters noch etwas länger wird. Dann glatt rechts folg Fb-Folge arb:

KF: 2 Rd
HF: 4 Rd
KF: 2 Rd
HF: 2 Rd (in der 2. Rd MMs)

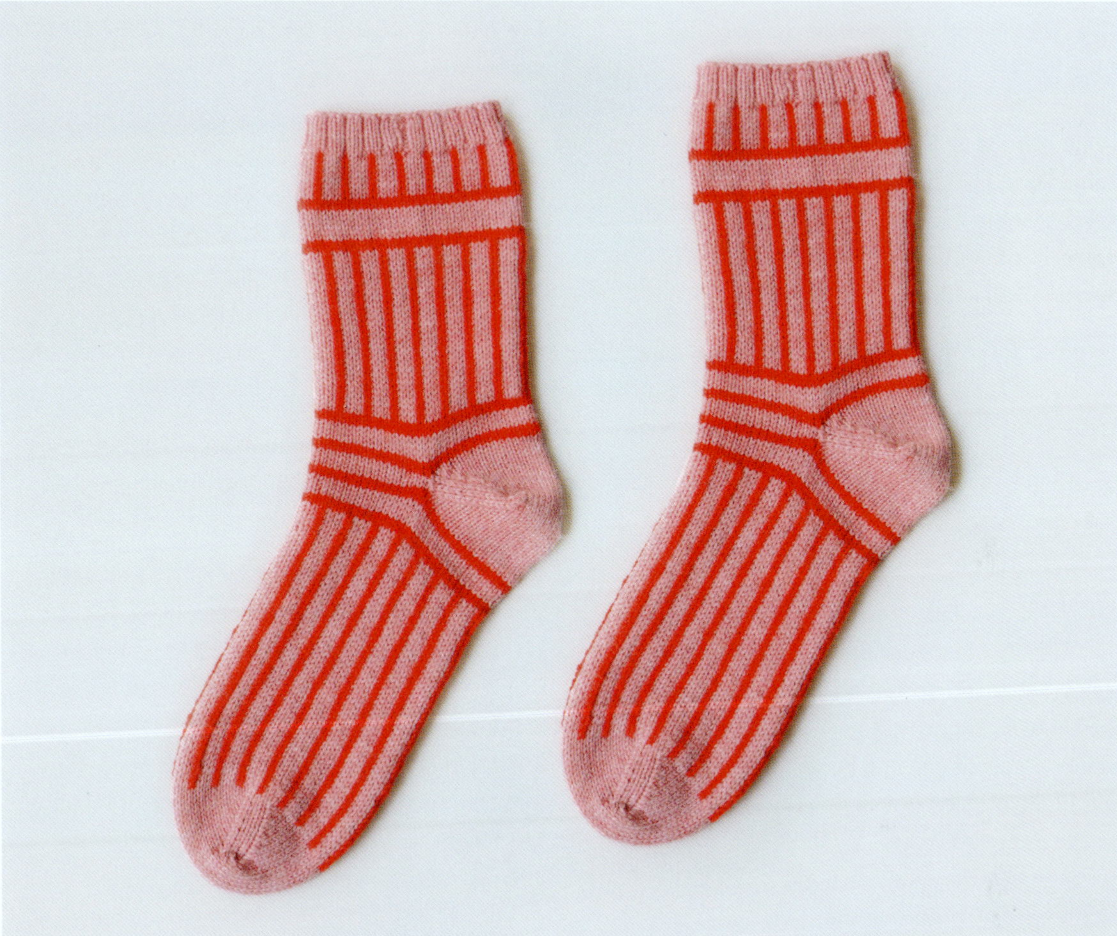

Maschenmarkierer für die nachträgliche Ferse setzen

In der 10. Rd des Ringelmusters (also in der 2. Rd des Ringels in HF) **36/42/48/54/60 M** rechts str und die letzte soeben gestrickte M mit einem verschließbaren MM markieren. Dann einfach weiter bis zum Rd-Ende str. Damit hast du die spätere Position der nachträglichen Ferse markiert und kannst mit dem Fuß fortfahren.

Fuß

Weiter glatt rechts folg Fb-Folge arb:

HF: 2 Rd
KF: 2 Rd
HF: 4 Rd
KF: 2 Rd

Nun nach dem Zählmuster weiterarb und dieses wdh, bis dein Fuß die gewünschte Länge hat. Die folg Tabelle hilft dir beim Bestimmen der Länge (gemessen vom hinteren Ende der Ferse bis zum Ende der Spitze).

(Alle Größen sind europäische Schuhgrößen)
Kind: 15-19 cm
Damen Größe 34-37,5: 20,5-23 cm
Damen Größe 37,5-41: 23-25,5 cm
Damen Größe 41,5-44,5: 26-28 cm
Herren Größe 37,5-41: 23,5-25,5 cm
Herren Größe 41,5-44,5: 26-28 cm
Herren Größe 45-48: 28,5-30,5 cm

Bei einer Socke mit nachträglicher Ferse musst du sowohl die Länge der Ferse als auch die Länge der Spitze berücksichtigen (beide sind gleich lang):

Kind: 3 cm
S: 4 cm
M: 4 cm
L: 4 cm
XL: 4,5 cm

Von deiner gewünschten Fußlänge (vom Ende der Ferse bis zum Ende der Spitze) ziehst du nun beide Maße (Ferse und Spitze) ab. Beispiel: Meine gewünschte Fußlänge ist 23 cm. Ich ziehe die Länge meiner Spitze (4 cm) und Ferse (4 cm) ab; es bleiben 15 cm, die ich bis zum Beginn der Abnahmen für die Spitze str muss.

Spitze

Die KF abschneiden und zurück zu Nd 2,25 mm wechseln. In der HF 1 Rd rechte M str, dann mit den Abnahmen für die Spitze beginnen:

1. Rd: 1 M rechts, ssk, **18/22/26/30/34 M** rechts, 2 M rechts zusammen, 1 M rechts, MMs, 1 M rechts, ssk, **18/22/26/30/34 M** rechts, 2 M rechts zusammen, 1 M rechts.
2. Rd: Alle M rechts str.
3. Rd: 1 M rechts, ssk, rechte M bis 3 M vor folg MM, 2 M rechts zusammen, 1 M rechts, MM abh, 1 M rechts, ssk, rechte M bis 3 M vor Rd-Ende, 2 M rechts zusammen, 1 M rechts.

Die 2. und 3. Rd wdh, bis noch **20/24/28/32/36 M** verbleiben.

Die Öffnung an der Spitze im M-Stich schließen (siehe Seite 33).

Ferse nachträglich einstricken

Zuerst musst du die M der Rd oberhalb und unterhalb deines verschließbaren MMs auf die 2,25 mm-Nd legen (detaillierte Anleitung für die nachträgliche Ferse siehe Seite 39-40).

Die nachträgliche Ferse nun genau wie zuvor die Spitze str. In der HF 3 Rd ohne Abnahmen glatt rechts str. Dann M abnehmen wie folgt:

1. Rd: 1 M rechts, ssk, **18/22/26/30/34 M** rechts, 2 M rechts zusammen, 1 M rechts, MMs, 1 M rechts, ssk, **18/22/26/30/34 M** rechts, 2 M rechts zusammen, 1 M rechts.
2. Rd: Alle M rechts str.
3. Rd: 1 M rechts, ssk, rechte M bis 3 M vor folg MM, 2 M rechts zusammen, 1 M rechts, MM abh, 1 M rechts, ssk, rechte M bis 3 M vor Rd-Ende, 2 M rechts zusammen, 1 M rechts.

Die 2. und 3. Rd wdh, bis noch **20/24/28/32/36 M** verbleiben. Die Öffnung an der Ferse im M-Stich schließen (siehe Seite 33).

Tipp: Höhe und Passform deiner Ferse kannst du anpassen. Dazu mehr oder weniger Abnahme-Rd str. Probiere die Socke zwischendurch an, um zu sehen, wie sie passt. Beende die Abnahmen, wenn du die M an der Fersenspitze leicht ohne Lücke aneinanderlegen kannst.

Fertigstellen

Alle Fäden vernähen und die Socken spannen (siehe Kapitel 4).

Sunny Side Up-Socken

Nun haben wir mit einfachen Mustern schon etwas Übung – Zeit, den Schwierigkeitsgrad zu erhöhen. Keine Angst, ich übertreibe es nicht. Auch diese Socken sind für Jacquard-Fans noch leicht zu stricken.

Das Muster ist ein abgewandeltes Tupfenmuster. Man kann es sich leicht merken, es erfordert jedoch etwas mehr Konzentration als die einfachen Pünktchen. Aber die Mühe lohnt sich! Diese Socken machen mich einfach glücklich, das Muster ist ein Klassiker, den du in jeder Farbkombi stricken kannst. (Ich habe zufällig Gelb und Weiß gewählt und mich total gefreut, als ich merkte, dass meine Tupfen aussehen wie kleine Spiegeleier!)

Achte besonders auf deine Fadenspannung. Große Partien in Kontrastfarben neigen zum Zusammenziehen, wenn du nicht entspannt bleibst.

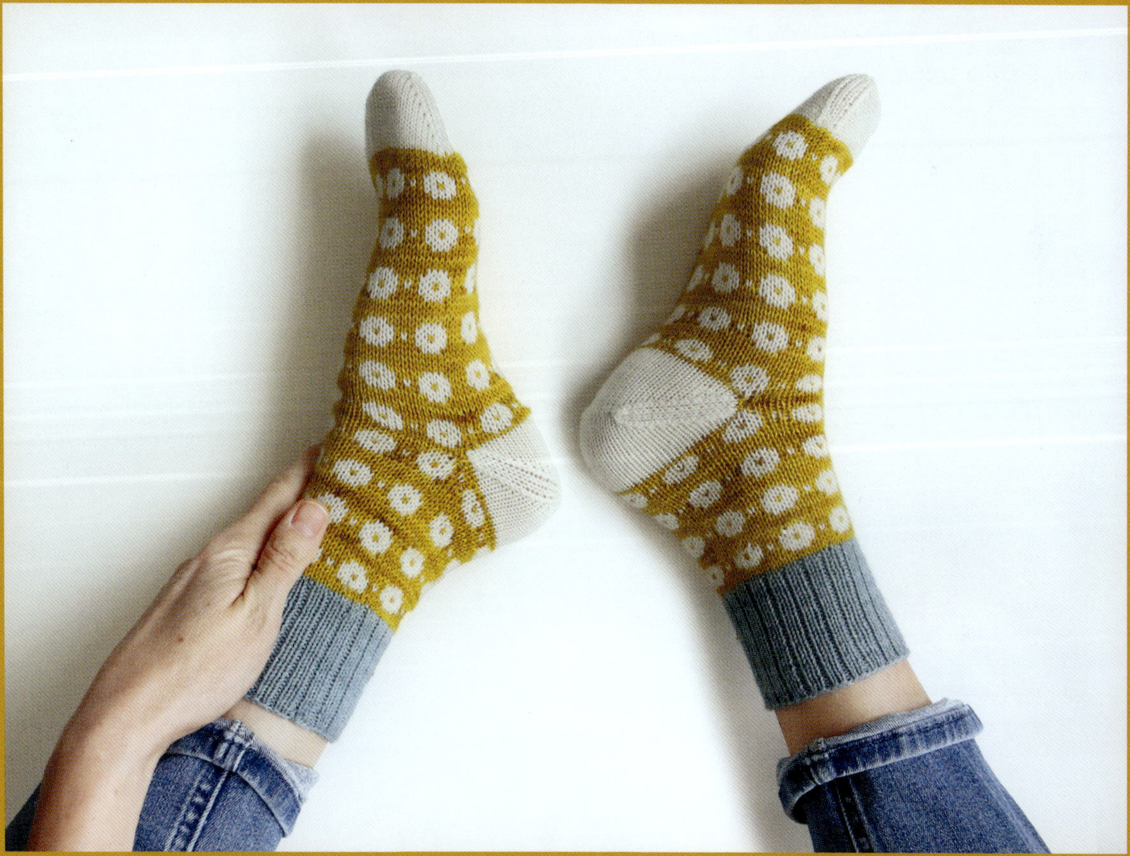

MATERIAL

Garn: La Bien Aimée Merino Super Sock (75% Merinowolle, 25% Polyamid; LL 425 m/100 g): 93/120/144/159/182 m in Yellow Brick Road (HF)

Knit Picks Stroll (75% Superwash Merino, 25% Polyamid; LL 211 m/50 g): 62/81/101/121/144 m in Bare (KF1)

Goosey Fibres Sock (75% Superwash Merino, 25% Polyamid; LL 422 m /100 g): 15/18/22/26/29 m in Zissou (KF2)

Tipp: Jedes 4-fädige Sockengarn ähnlicher LL ist geeignet!

Stricknadeln: 2,25 mm und 2,75 mm

Sonstiges: Wollnadel, Maschenmarkierer (davon 1 verschließbar), Schere, Maßband

Maschenprobe: 36 M = 10 cm mit Nd 2,75 mm im Jacquard-Muster in Rd und gespannt

Größen

Kind/S/M/L/XL

Maße

Die Zahlen unten beziehen sich auf den Umfang am Fußballen; es sind nicht die Maße der fertigen Socke.
13-15/18/20/23/25 cm

Zählmuster

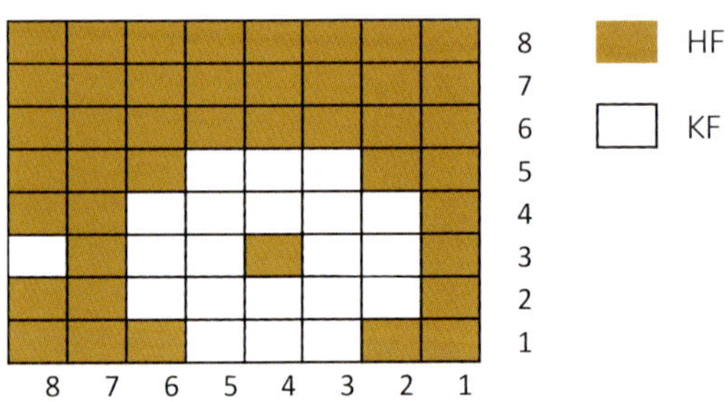

ANLEITUNG

Bündchen

Mit Nd 2,25 mm in KF2 **48/57/63/72/81 M** anschl und zur Rd schließen, darauf achten, dass die M sich nicht verdrehen. Beginne im 2/1-Rippenmuster: Fortl [2 M rechts, 1 M links].

2 cm oder bis zur gewünschten Länge im Rippenmuster str. In der letzten Rd des Bündchens müssen wir unsere M auf eine gerade Zahl bringen. Bei der Kindergröße und bei Größe L ist die M-Zahl bereits gerade und du kannst einfach am Schaft weiterstr. Ansonsten je nach Größe folg Zu- oder Abnahme arb:

S: Rippen bis 3 M vor Ende, 2 M rechts zusammen, 1 M links. **56 M.**

M: Rippen bis 3 M vor Ende, kfb, 1 M rechts, 1 M links. **64 M.**

XL: Rippen bis 3 M vor Ende, 2 M rechts zusammen, 1 M links. **80 M.**

Schaft

KF2 abschneiden und zu Nd 2,75 mm wechseln. In der HF 2 Rd ohne Abnahmen glatt rechts (nur rechte M) str. KF1 hinzunehmen und mit dem Tupfen-Zählmuster beginnen. Alle 8 Rd des Zählmusters wdh, bis der Schaft (mit Bündchen) 14 cm lang ist oder die gewünschte Länge hat. Wichtig: Nach einer 6. Rd des Zählmusters enden.

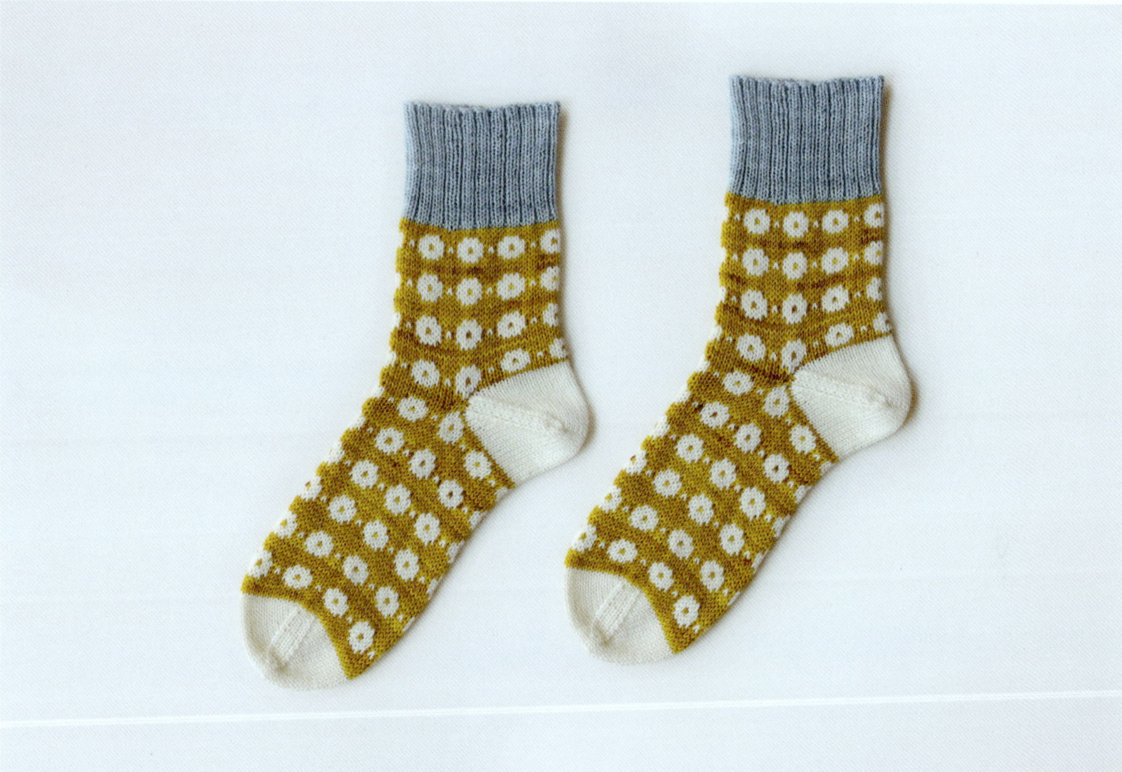

Maschenmarkierer für die nachträgliche Ferse setzen

Wenn du mit der Schaftlänge zufrieden bist, in der nächsten Rd (dies sollte die 7. Rd des Zählmusters sein) **36/42/48/54/60 M** rechts str und die letzte soeben gestrickte M mit einem verschließbaren MM markieren. Weiter bis zum Rd-Ende str. Damit hast du die spätere Position der nachträglichen Ferse markiert. Du solltest nun an der 8. Rd des Zählmusters sein.

Fuß

Weiter fortl alle 8 Rd des Zählmusters wdh, bis der Fuß die gewünschte Länge hat. Die folg Tabelle hilft dir beim Bestimmen der Länge (gemessen vom hinteren Ende der Ferse bis zum Ende der Spitze).

(Alle Größen sind europäische Schuhgrößen)
Kind: 15-19 cm
Damen Größe 34-37,5: 20,5-23 cm
Damen Größe 37,5-41: 23-25,5 cm
Damen Größe 41,5-44,5: 26-28 cm
Herren Größe 37,5-41: 23,5-25,5 cm
Herren Größe 41,5-44,5: 26-28 cm
Herren Größe 45-48: 28,5-30,5 cm

Bei einer Socke mit nachträglicher Ferse musst du sowohl die Länge der Ferse als auch die Länge der Spitze berücksichtigen (beide sind gleich lang):

Kind: 3 cm
S: 4 cm
M: 4 cm
L: 4 cm
XL: 4,5 cm

Von deiner gewünschten Fußlänge (vom Ende der Ferse bis zum Ende der Spitze) ziehst du nun beide Maße (Ferse und Spitze) ab. Beispiel: Meine gewünschte Fußlänge ist 23 cm. Ich ziehe die Länge meiner Spitze (4 cm) und Ferse (4 cm) ab; es bleiben 15 cm, die ich bis zum Beginn der Abnahmen für die Spitze str muss.

Spitze

Die HF abschneiden und zu KF1 sowie zurück zu Nd 2,25 mm wechseln. 1 Rd rechte M str, dann mit den Abnahmen für die Spitze beginnen:

1. Rd: 1 M rechts, ssk, **18/22/26/30/34 M** rechts, 2 M rechts zusammen, 1 M rechts, MMs, 1 M rechts, ssk, **18/22/26/30/34 M** rechts, 2 M rechts zusammen, 1 M rechts.
2. Rd: Alle M rechts str.
3. Rd: 1 M rechts, ssk, rechte M bis 3 M vor folg MM, 2 M rechts zusammen, 1 M rechts, MM abh, 1 M rechts, ssk, rechte M bis 3 M vor Rd-Ende, 2 M rechts zusammen, 1 M rechts.

Die 2. und 3. Rd wdh, bis noch **20/24/28/32/36 M** verbleiben.

Die Öffnung an der Spitze im M-Stich schließen (siehe Seite 33).

Ferse nachträglich einstricken

Zuerst musst du die M der Rd oberhalb und unterhalb deines verschließbaren MM auf die Nd 2,25 mm legen (detaillierte Anleitung für die nachträgliche Ferse siehe Seite 39-40).

Die nachträgliche Ferse genau wie zuvor die Spitze str. KF1 ansetzen und 3 Rd ohne Abnahmen glatt rechts str. Dann M abnehmen wie folgt:

1. Rd: 1 M rechts, ssk, **18/22/26/30/34 M** rechts, 2 M rechts zusammen, 1 M rechts, MMs, 1 M rechts, ssk, **18/22/26/30/34 M** rechts, 2 M rechts zusammen, 1 M rechts.
2. Rd: Alle M rechts str.
3. Rd: 1 M rechts, ssk, rechte M bis 3 M vor folg MM, 2 M rechts zusammen, 1 M rechts, MM abh, 1 M rechts, ssk, rechte M bis 3 M vor Rd-Ende, 2 M rechts zusammen, 1 M rechts.

Die 2. und 3. Rd wdh, bis noch **20/24/28/32/36 M** verbleiben. Die Öffnung an der Ferse im M-Stich schließen (siehe Seite 33).

Tipp: Höhe und Passform deiner Ferse kannst du anpassen. Dazu mehr oder weniger Abnahme-Rd str. Probiere die Socke zwischendurch an, um zu sehen, wie sie passt. Beende die Abnahmen, wenn du die M an der Fersenspitze leicht ohne Lücke aneinanderlegen kannst.

Fertigstellen

Alle Fäden vernähen und die Socken spannen (siehe Kapitel 4).

Scrimshaw-Socken

Auch wenn Jacquard zu meinen liebsten Stricktechniken gehört, ist einem das gelegentlich zu anstrengend. Manchmal hätte man gern etwas, das nach Jacquard aussieht, aber ohne die ganze Mühe. Ein nordischer Musterstreifen am Schaft und am Fuß, dazwischen ein Riesenstück uni glatt rechts – fertig sind geniale Jacquard-Socken, die nur halb so viel Arbeit machen.

Ich kann dir nur empfehlen, mal in eine Buchhandlung oder Bücherei zu gehen. Oft findest du dort Bücher mit Zählmustern für traditionelle nordische Muster, mit denen du simple einfarbige Socken super aufpeppen kannst. Achte darauf, dass die Maschenzahl der Motive durch 4 oder 8 teilbar ist. So lassen sich die Muster am einfachsten in meine Basic-Socken einbauen.

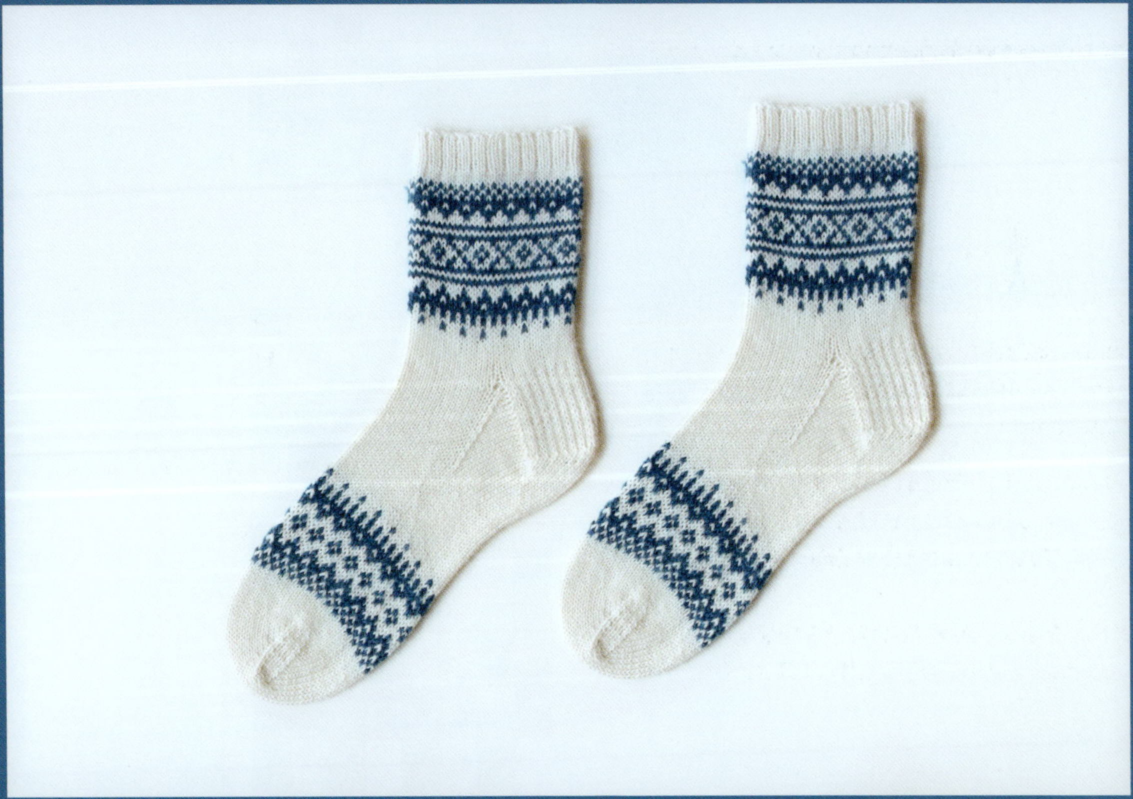

MATERIAL

Garn: Purl Soho Quartz (65% Merinowolle, 35% Suri Alpaka; LL 384 m/100 g): 93/120/144/159/182 m in Heirloom White (HF)

Purl Soho Quartz (65% Merinowolle, 35% Suri Alpaka; LL 384 m/100 g): 27/38/56/71/84 m in Aquamarine Blue (KF)

Tipp: Jedes 4-fädige Sockengarn ähnlicher LL ist geeignet!

Stricknadeln: 2,25 mm und 2,75 mm

Sonstiges: Wollnadel, Maschenmarkierer (davon 1 verschließbar), Schere, Maßband

Maschenprobe: 38 M = 10 cm mit Nd 2,75 mm im Jacquard-Muster in Rd und gespannt

Größen

Kind/S/M/L/XL

Maße

Die Zahlen unten beziehen sich auf den Umfang am Fußballen; es sind nicht die Maße der fertigen Socke.
13-15/18/20/23/25 cm

Zählmuster A

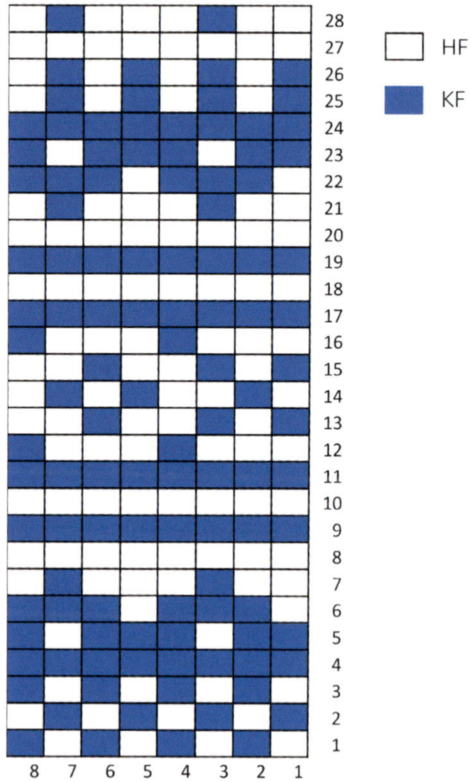

Zählmuster B

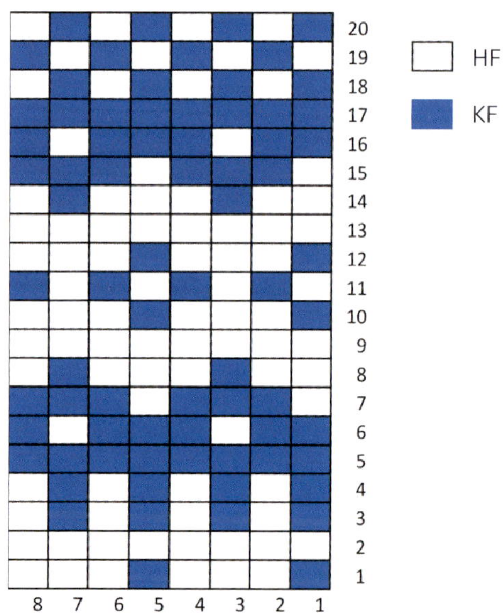

ANLEITUNG

Bündchen

Mit Nd 2,25 mm in der HF **48/57/63/72/81 M** anschl und zur Rd schließen, darauf achten, dass die M sich nicht verdrehen. Beginne im 2/1-Rippenmuster: Fortl [2 M rechts, 1 M links].

2 cm oder bis zur gewünschten Länge im Rippenmuster str. In der letzten Rd des Bündchens müssen wir unsere M auf eine gerade Zahl bringen. Bei der Kindergröße und bei Größe L ist die M-Zahl bereits gerade und du kannst einfach am Schaft weiterstr. Ansonsten je nach Größe folg Zu- oder Abnahme arb:

S: Rippen bis 3 M vor Ende, 2 M rechts zusammen, 1 M links. **56 M.**
M: Rippen bis 3 M vor Ende, kfb, 1 M rechts, 1 M links. **64 M.**

XL: Rippen bis 3 M vor Ende, 2 M rechts zusammen, 1 M links. **80 M.**

Schaft

Zu Nd 2,75 mm wechseln und 2 Rd ohne Abnahmen glatt rechts (nur rechte M) str, dann 1x alle 28 Rd von Zählmuster A str. Die KF abschneiden.

Wieder zu Nd 2,25 mm wechseln und in der HF ohne Abnahmen glatt rechts str, bis die Arbeit (mit Bündchen) 13 cm lang ist.

Fersenwand

Die ersten **24/28/32/36/40 M** rechts str, dann über die übrigen **24/28/32/36/40 M** die Fersenwand in R str wie folgt:

1. R (Hin-R): 2 M rechts, fortl [1 M abh, 1 M rechts]. Wenden.
2. R (Rück-R): 1 M abh Fv, linke M bis Ende. Wenden.
3. R: Fortl [1 M abh, 1 M rechts]. Wenden.

Die 2. und 3. R wdh, bis die Fersenwand **4,5/5/5/6/6,5 cm** hoch ist. Nach einer 3. R enden.

Käppchen

1. R (Rück-R): 1 M abh Fv, **12/14/16/18/20 M** links, 2 M links zusammen, 1 M links, wenden.
2. R (Hin-R): 1 M abh, 3 M rechts, ssk, 1 M rechts, wenden.
3. R: 1 M abh Fv, 4 M links, 2 M links zusammen, 1 M links, wenden.
4. R: 1 M abh, 5 M rechts, ssk, 1 M rechts, wenden.

Du hast folg Muster für dein Käppchen eingeteilt: 1 M abh, rechte oder linke M bis 1 M vor der Lücke vom Wenden in der Vor-R, ssk oder 2 M links zusammen, 1 M rechts oder links, wenden. In diesem Muster fortfahren, bis alle Fersen-M gestrickt sind. Mit einer Hin-R enden. Du solltest nun **14/16/18/20/22 Fersen-M** haben.

Spickel

Die rechte Seite der Arbeit liegt oben. Entlang der linken Seite der Fersenwand **10/12/14/16/18 M** aufnehmen und rechts str.

Nun die stillgelegten **24/28/32/36/40 M** rechts str. MMs und **10/12/14/16/18 M** aus der rechten Seite der Fersenwand aufnehmen und rechts str. Die Fersen-M rechts str, dann die zuvor aus der Fersenwand aufgenommenen M rechts str. Damit bist du am Rd-Ende angekommen und hast alle M aufgenommen. Du solltest insgesamt **58/68/78/88/98 M** auf den Nd haben.

Spickelabnahmen

1. Rd: 24/28/32/36/40 M rechts, MM abh, 1 M rechts, ssk, rechte M bis 3 M vor Rd-Ende, 2 M rechts zusammen, 1 M rechts.
2. Rd: Ohne Abnahmen rechts str.

Diese beiden Rd wdh, bis noch **48/56/64/72/80 M** auf den Nd liegen.

Fuß

Weiter ohne Abnahmen glatt rechts str, bis es Zeit für das nächste Jacquard-Motiv ist. Woher weißt du, wann es so weit ist? Tja, ihr Lieben, nun ist ein bisschen Mathe angesagt (nur Plus und Minus, keine Quantenphysik, versprochen).

Das zweite Jacquard-Motiv ist etwa 5 cm lang. Berechnen wir zuerst die Gesamtlänge unseres Fußes. Die folg Tabelle hilft dir beim Bestimmen der Länge (gemessen vom hinteren Ende der Ferse bis zum Ende der Spitze).

(Alle Größen sind europäische Schuhgrößen)
Kind: 15-19 cm
Damen Größe 34-37,5: 20,5-23 cm
Damen Größe 37,5-41: 23-25,5 cm
Damen Größe 41,5-44,5: 26-28 cm
Herren Größe 37,5-41: 23,5-25,5 cm
Herren Größe 41,5-44,5: 26-28 cm
Herren Größe 45-48: 28,5-30,5 cm

Bei einer Socke mit Käppchenferse musst du auch die Länge der Spitze berücksichtigen:

Kind: 3 cm
S: 4 cm
M: 4 cm
L: 4 cm
XL: 4,5 cm

Von deiner gewünschten Fußlänge (vom hinteren Ende der Ferse bis zum Ende der Spitze) ziehst du nun das Maß der Spitze ab. Beispiel: Meine gewünschte Fußlänge ist 23 cm. Ich ziehe die Länge meiner Spitze (4 cm) ab; es bleiben 19 cm, die ich bis zum Beginn der Abnahmen für die Spitze str muss.

Nach dem Abziehen der Spitze müssen wir nun noch die Länge des 2. Jacquard-Motivs abziehen (5 cm). Zusätzlich wollen wir zwischen dem Ende des Jacquard-Streifens und dem Beginn der Spitze 2,5 cm uni str. Das bedeutet, dass ich meinen Fuß bis zum Beginn des Jacquard-Motivs 11,5 cm lang str muss.

Wenn du die für deine Größe berechnete Fußlänge erreicht hast, wechsele zurück zu Nd 2,75 mm und nimm die KF hinzu. Nun 1x alle 20 Rd von Zählmuster B str. Die KF abschneiden und wieder zu Nd 2,25 mm wechseln.

In der HF noch 2,5 cm glatt rechts str, dann mit der Spitze beginnen.

Spitze

1. Rd: 1 M rechts, ssk, **18/22/26/30/34 M** rechts, 2 M rechts zusammen, 1 M rechts, MMs, 1 M rechts, ssk, **18/22/26/30/34 M** rechts, 2 M rechts zusammen, 1 M rechts.
2. Rd: Alle M rechts str.
3. Rd: 1 M rechts, ssk, rechte M bis 3 M vor folg MM, 2 M rechts zusammen, 1 M rechts, MM abh,

1 M rechts, ssk, rechte M bis 3 M vor Rd-Ende, 2 M rechts zusammen, 1 M rechts.

Die 2. und 3. Rd wdh, bis noch **20/24/28/32/36 M** verbleiben.

Die Öffnung an der Spitze im M-Stich schließen (siehe Seite 33).

Fertigstellen

Alle Fäden vernähen und die Socken spannen (siehe Kapitel 4).

Extra-Tipp: Es kann vorkommen, dass Garn-Fb ausbluten. Es ist der Horror, wenn du deine Socke nach dem Einweichen für das Spannen aus dem Wasser nimmst und siehst, dass dein geliebtes tiefdunkles Violett das helle Grau, mit dem du es kombiniert hast, total verfärbt hat. Sehr dunkle, satte Fb neigen am meisten zum Ausbluten, doch es kann auch mit jeder anderen Fb passieren, wenn das Garn bei der Herstellung nicht gründlich ausgewaschen wurde. Wenn du dunkle und helle Fb kombinierst, gib am besten einen Farbfänger mit ins Sockenbad (in der Drogerie oder online erhältlich).

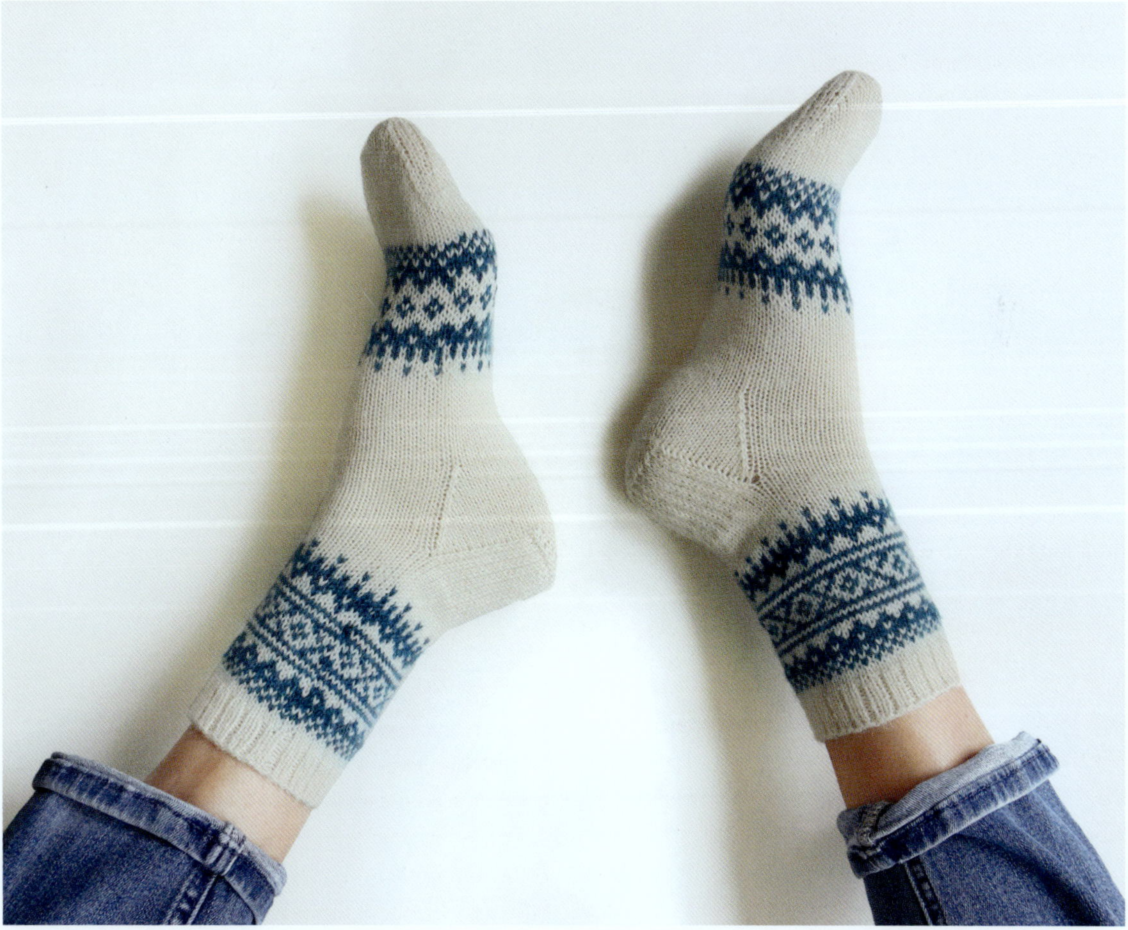

Scandiland-Socken

Hallo Leute! Das sind nun die Socken, für die wir die ganze Zeit geübt haben! Sind sie schwierig? Überhaupt nicht! Sind viele Fäden zu vernähen? Ein paar. (Okay, das ist gelogen. Es sind mehr als ein paar. Die Innenseite meiner Socken sah aus wie ein einziger Fadenwust. So. Viele. Fäden. Aber ich habe einfach ein altes Pixies-Album aufgelegt, und dank Kim Deals genialen Bass-Riffs habe ich es geschafft.)

Bis hierher habe ich sehr darauf geachtet, die Anzahl der zu vernähenden Fäden möglichst gering zu halten. Ich weiß, dass du das nicht gern machst. Und ich weiß, dass du weißt, dass ich es nicht gern mache. Aber bei manchen Projekten geht es nicht anders. Am Ende bleiben viele Fäden, und da musst du durch. Doch es wird dir egal sein, denn du wirst voller Stolz deine fertigen Socken betrachten und flüstern: „Es hat sich gelohnt.“

Also lege Wollnadel und Schere bereit (dann kannst du zwischendurch schon ein paar Fäden vernähen), und los geht’s!

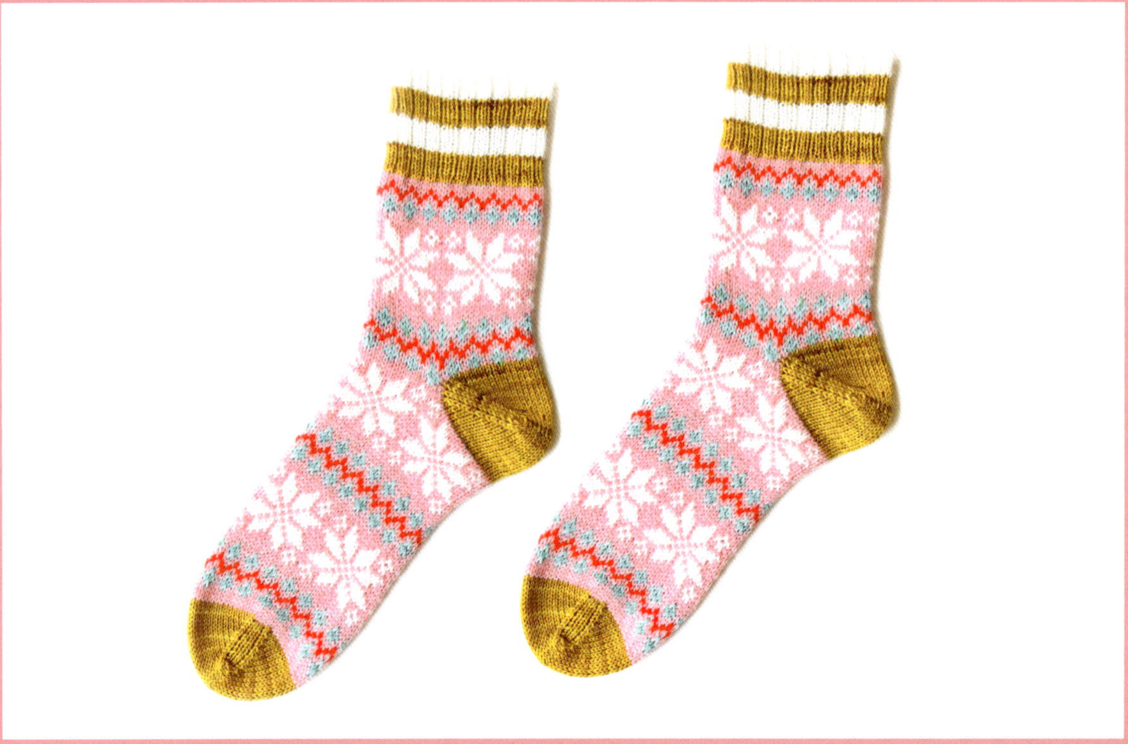

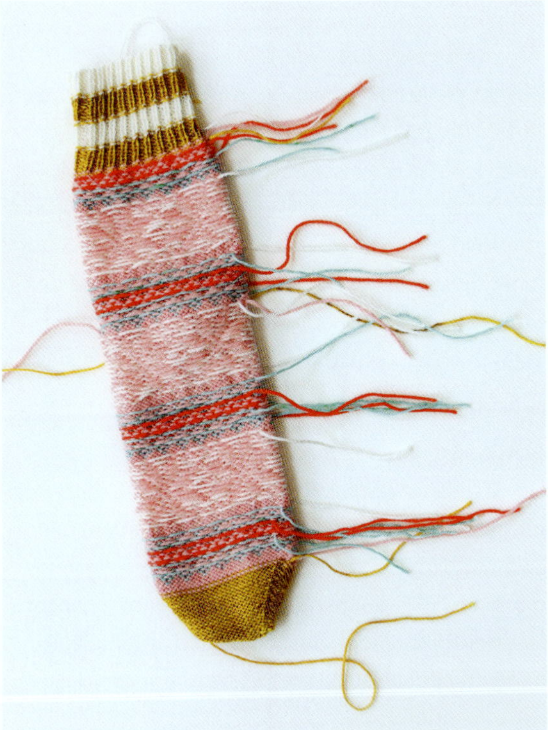

Siehst du? Ein Albtraum! Aber ich habe meine Zeit gestoppt: Ich habe 22 Minuten gebraucht, um all diese Fäden zu vernähen. 22 Minuten lang hält man so ziemlich jede unangenehme Aufgabe aus.

MATERIAL

Garn: Knit Picks Stroll (75% Superwash Merino, 25% Polyamid; LL 211 m/50 g): 122-147/161-186 m in Dogwood Heather (HF)

Knit Picks Stroll (75% Superwash Merino, 25% Polyamid; LL 211 m/50 g): 38-56/71-84 in Bare (KF1)

La Bien Aimée Merino Super Sock (75% Merinowolle, 25% Polyamid; LL 425 m/100 g): 34-49/62-76 m in Yellow Brick Road (KF2)

Knit Picks Stroll (75% Superwash Merino, 25% Polyamid; LL 211 m/50 g): 16-22/27-30 m in Buoy (Fb 28180) (KF3)

Knit Picks Stroll (75% Superwash Merino, 25% Polyamid; LL 211 m/50 g): 20-28/36-42 m in Wonderland Heather (Fb 25028) (KF4)

Tipp: Jedes 4-fädige Sockengarn ähnlicher LL ist geeignet!

Stricknadeln: 2,25 mm und 2,75 mm

Sonstiges: Wollnadel, Maschenmarkierer (davon 1 verschließbar), Schere, Maßband

Maschenprobe: 38 M = 10 cm mit Nd 2,75 mm im Jacquard-Muster in Rd und gespannt

Größen

S-M/L-XL

Maße

Die Zahlen unten beziehen sich auf den Umfang am Fußballen; es sind nicht die Maße der fertigen Socke.
18-20/23-25 cm

Wie du siehst, habe ich die Sterne an meiner Beispielsocke in Weiß gestrickt, während sie im Zählmuster in Dunkelrosa dargestellt sind. Vielleicht liegt das daran, dass ich jetzt über vierzig bin oder dass ich schon immer schlecht sehen konnte. Wer weiß? Klar ist nur: Im Original-Zählmuster mit weißen Sternen konnte ich die verflixten Dinger nicht erkennen, also habe ich ihre Fb geändert.

Zählmuster

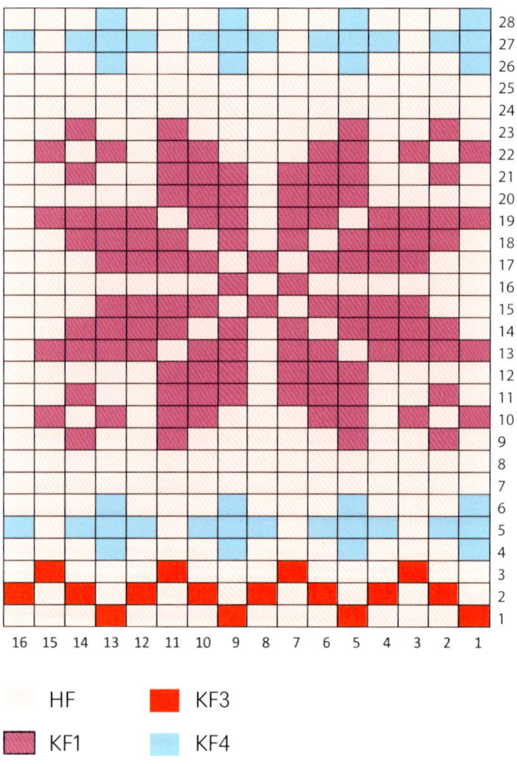

Ein Wort zu den Größen (nicht überspringen!)

Str hat so viel mit Mathe zu tun. (Ob ich wohl vor 18 Jahren überhaupt damit angefangen hätte, wenn ich das gewusst hätte? Vermutlich nicht.) Das Motiv dieser Socken wird über einen Rapport von 16 M gestrickt. Damit es in mehreren Größen funktioniert, hätte ich den Abstand zwischen den Sternen vergrößern müssen, und das wollte ich einfach nicht! Genau wie Bridget Jones sind sie perfekt, so wie sie sind.

An diesem Punkt kommt die Magie verschiedener Nd-Stärken ins Spiel. Für Größe S oder L str du die ganze Socke (ja, auch die Jacquard-Partien) mit 2,25 mm-Nd. Du arb mit extra M, sodass du keine dickeren Nd brauchst, um die geringere Dehnbarkeit der Spannfäden auszugleichen. In Größe M oder XL wechselst du die Nd-Stärke wie in der Anleitung angegeben.

ANLEITUNG

Bündchen

Tipp: Dieses Bündchen ist geringelt. Auf Seite 92 findest du den genialen Trick für saubere Fb-Übergänge an Rippen.

Mit Nd 2,25 mm in KF1 **63/81 M** anschl und zur Rd schließen, darauf achten, dass die M sich nicht verdrehen. Beginne im 2/1-Rippenmuster: Fortl [2 M rechts, 1 M links].

Noch 7 Rd im Rippenmuster in KF1 str, dann zu KF2 wechseln. In Rippen 8 Rd in KF2 str, dann wieder 8 Rd in KF1 und zum Schluss 8 Rd in KF2. In der letzten Rd des Rippenmusters müssen wir unsere M auf eine gerade Zahl bringen.

S-M: Rippen bis 3 M vor Ende, kfb, 1 M rechts, 1 M links. **64 M.**
L-XL: Rippen bis 3 M vor Ende, 2 M rechts zusammen, 1 M links. **80 M.**

Schaft

KF1 und KF2 abschneiden. Zur HF wechseln; nur in den Größen M und XL zu Nd 2,75 mm wechseln. 2 Rd ohne Abnahmen rechts str, dann 1x die 1.-28. Rd des Zählmusters str; dabei die KF hinzunehmen bzw. beenden. In jeder Rd den Rapport von 16 M **4/5x** wdh.

Dann die 1.-6. Rd des Zählmusters str.

Maschenmarkierer für die nachträgliche Ferse setzen

In der nächsten Rd (dies sollte die 7. Rd des Zählmusters sein) **48/60 M** rechts str und die letzte soeben gestrickte M mit einem verschließbaren MM markieren. Dann weiter bis zum Rd-Ende str. Damit hast du die spätere Position der nachträglichen Ferse markiert. Du solltest nun an der 8. Rd des Zählmusters sein.

Fuß

Weiter nach dem Zählmuster str (fortl alle 24 Rd wdh), bis dein Fuß die gewünschte Länge hat. Die folg Tabelle hilft dir beim Bestimmen der Länge (gemessen vom hinteren Ende der Ferse bis zum Ende der Spitze).

(Alle Größen sind europäische Schuhgrößen)
Damen Größe 34-37,5: 20,5-23 cm
Damen Größe 37,5-41: 23-25,5 cm
Damen Größe 41,5-44,5: 26-28 cm
Herren Größe 37,5-41: 23,5-25,5 cm
Herren Größe 41,5-44,5: 26-28 cm
Herren Größe 45-48: 28,5-30,5 cm

Bei einer Socke mit nachträglicher Ferse musst du sowohl die Länge der Ferse als auch die Länge der Spitze berücksichtigen (beide sind gleich lang):

S: 4 cm
M: 4 cm
L: 4 cm
XL: 4,5 cm

Von deiner gewünschten Fußlänge (vom Ende der Ferse bis zum Ende der Spitze) ziehst du nun beide Maße (Ferse und Spitze) ab. Beispiel: Meine gewünschte Fußlänge ist 23 cm. Ich ziehe die Länge meiner Spitze (4 cm) und Ferse (4 cm) ab; es bleiben 15 cm, die ich bis zum Beginn der Abnahmen für die Spitze str muss.

Spitze

Die HF und KF1, KF 3 und KF4 abschneiden. Zurück zu Nd 2,25 mm wechseln und in KF2 1 Rd rechte M str, dann mit den Abnahmen für die Spitze beginnen:

1. Rd: 1 M rechts, ssk, **26/34 M** rechts, 2 M rechts zusammen, 1 M rechts, MMs, 1 M rechts, ssk, **26/34 M** rechts, 2 M rechts zusammen, 1 M rechts.
2. Rd: Alle M rechts str.
3. Rd: 1 M rechts, ssk, rechte M bis 3 M vor folg MM, 2 M rechts zusammen, 1 M rechts, MM abh, 1 M rechts, ssk, rechte M bis 3 M vor Rd-Ende, 2 M rechts zusammen, 1 M rechts.

Die 2. und 3. Rd wdh, bis noch 28/36 M verbleiben.

Die Öffnung an der Spitze im M-Stich schließen (siehe Seite 33).

Ferse nachträglich einstricken

Zuerst die M der Rd oberhalb und unterhalb deines verschließbaren MM auf die Nd 2,25 mm legen (Anleitung für die nachträgliche Ferse siehe Seite 39-40).

Die nachträgliche Ferse genau wie zuvor die Spitze str. KF2 ansetzen und 3 Rd ohne Abnahmen rechts str. Dann M abnehmen wie folgt:

1. Rd: 1 M rechts, ssk, **26/34 M** rechts, 2 M rechts zusammen, 1 M rechts, MMs, 1 M rechts, ssk, **26/34 M** rechts, 2 M rechts zusammen, 1 M rechts.
2. Rd: Alle M rechts str.
3. Rd: 1 M rechts, ssk, rechte M bis 3 M vor folg MM, 2 M rechts zusammen, 1 M rechts, MM abh, 1 M rechts, ssk, rechte M bis 3 M vor Rd-Ende, 2 M rechts zusammen, 1 M rechts.

Die 2. und 3. Rd wdh, bis noch **28/36 M** verbleiben. Die Öffnung an der Ferse im M-Stich schließen (siehe Seite 33).

Info: Höhe und Passform deiner Ferse kannst du anpassen. Dazu mehr oder weniger Abnahme-Rd str. Probiere die Socke zwischendurch an, um zu sehen, wie sie passt. Beende die Abnahmen, wenn du die M an der Fersenspitze leicht ohne Lücke aneinanderlegen kannst.

Fertigstellen

Alle Fäden vernähen und die Socken spannen (siehe Kapitel 4).

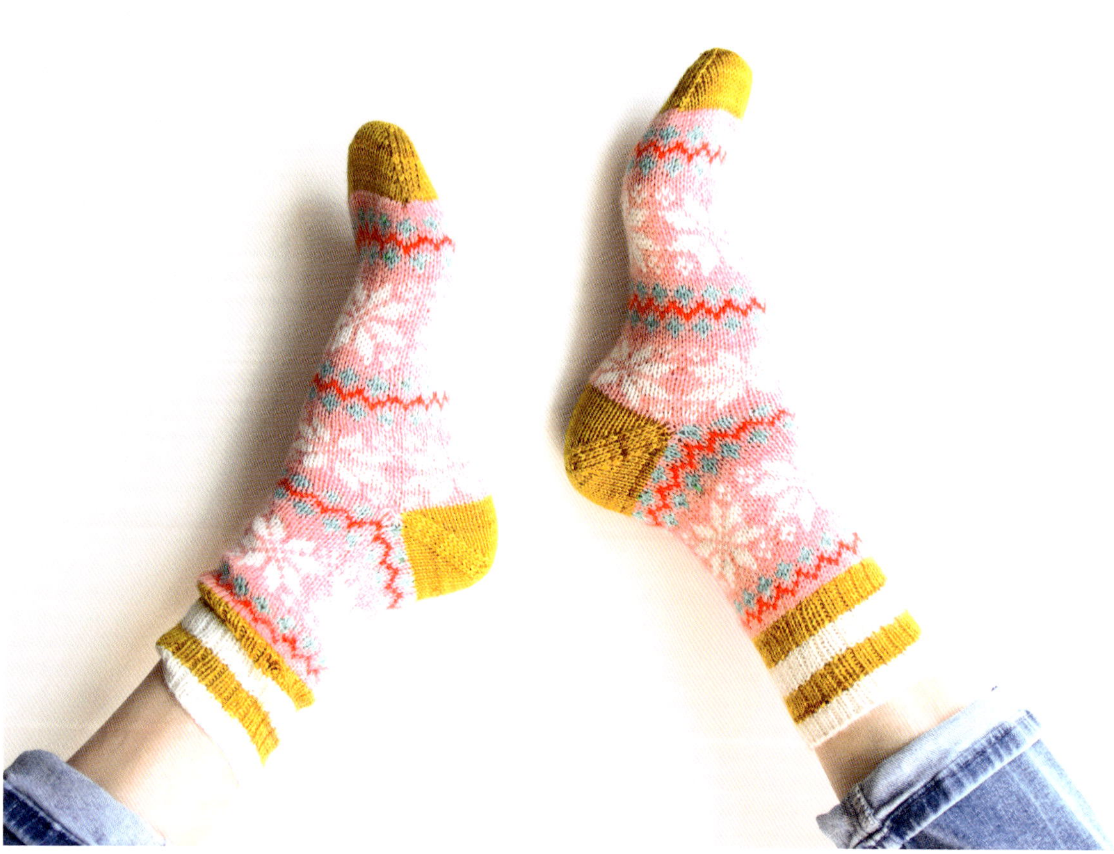

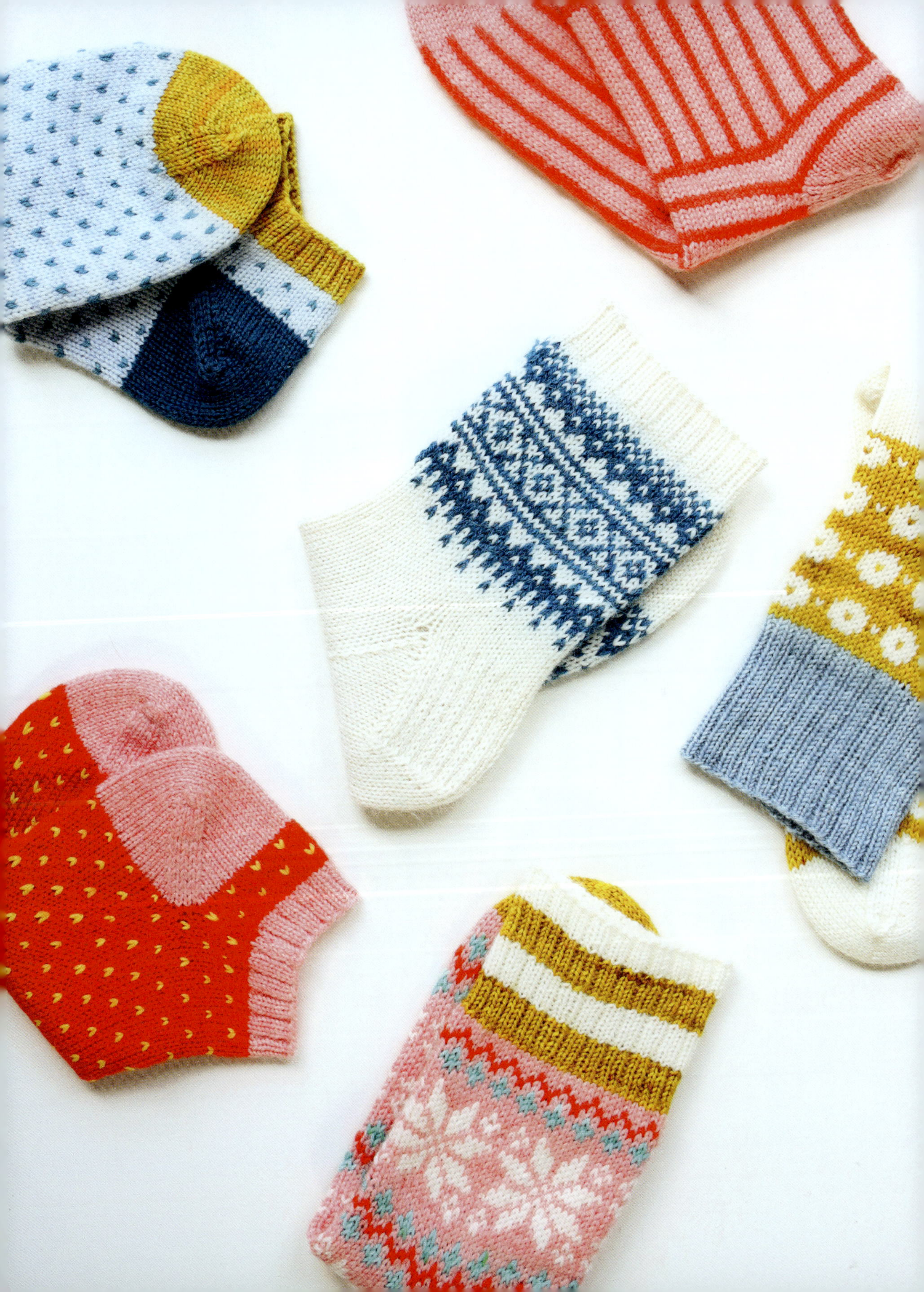

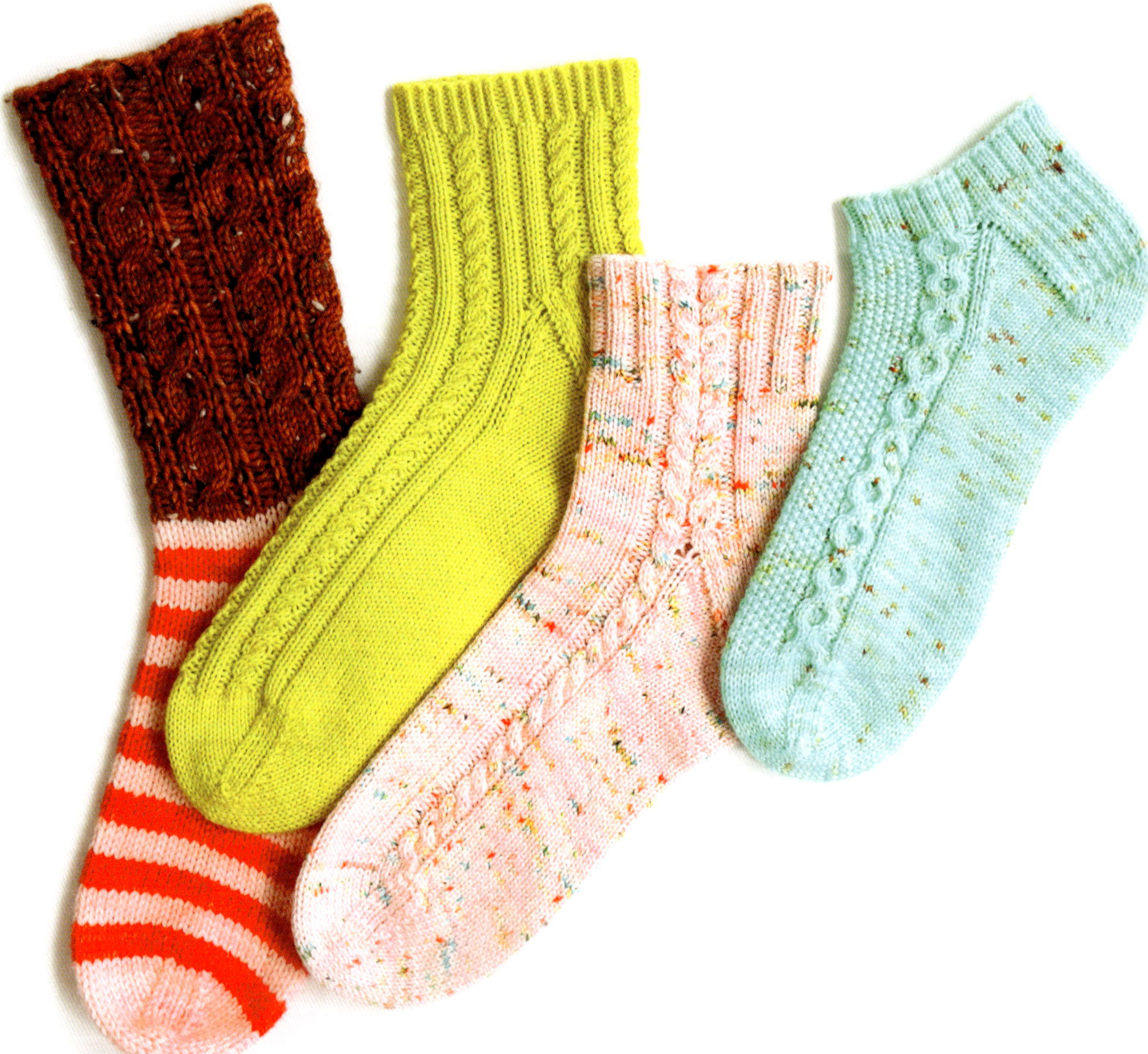

Kapitel 12
SOCKEN MIT ZOPFMUSTER

Vor Jahren sah ich eine Anleitung für eine Zopfmusterjacke, die absolut cool und kuschelig aussah. Ich stellte mir vor, in diese Jacke gekleidet eine Figur in Twin Peaks darzustellen oder dieses coole Mädel zu sein, das spät an einem verschneiten Abend mit einer guten Flasche Wein auf einer Party aufkreuzt und mit ihren aufregenden Geschichten von ihrem letzten Trekking-Abenteuer in Tibet alle in ihren Bann zieht.

In Wirklichkeit bin ich davon weit entfernt. Ich bin das Mädel, das keine Milchprodukte essen darf, es aber trotzdem tut und dann, wenn es ihr nicht gut geht, auf der Couch fünf Zentimeter des komplizierten Zopfmusters strickt, bevor es sie langweilt und sie es mit einem Seufzer in die Ecke pfeffert. Ein Jahr habe ich für die doofe Jacke gebraucht und war die ganze Zeit genervt. „Ich HASSE Zopfmuster", sagte ich (zu meinen Hunden, sonst war keiner da). „Nie wieder!"

Aber ich finde Zopfmuster superschön – umso nerviger, dass sie so schwer zu stricken waren. Deshalb waren Socken wie immer die Rettung! An Socken kam ich mit Zöpfen klar und fand es sogar amüsant, wenn sie sich auf so ein kleines, schnelles Projekt beschränkten.

Also, ob du sie nun gern strickst (ich beneide dich!) oder überlegst, dieses Kapitel komplett zu überspringen (das verstehe ich, ehrlich, aber probiere, wenigstens ein Paar zu stricken!), ich habe Zopfmustersocken entworfen, die SPASS machen sollen und weder langweilig noch allzu kompliziert sind!

Zopfmuster und ihre Abkürzungen

Z4h = 4er-Zopf hinten
Für diesen Zopf 2 M auf die Zopfnd nehmen und hinter die Arbeit legen. Die nächsten 2 M (der linken Nd) rechts str, dann die 2 M der Zopfnd rechts str. Die M werden dadurch nach rechts verkreuzt.

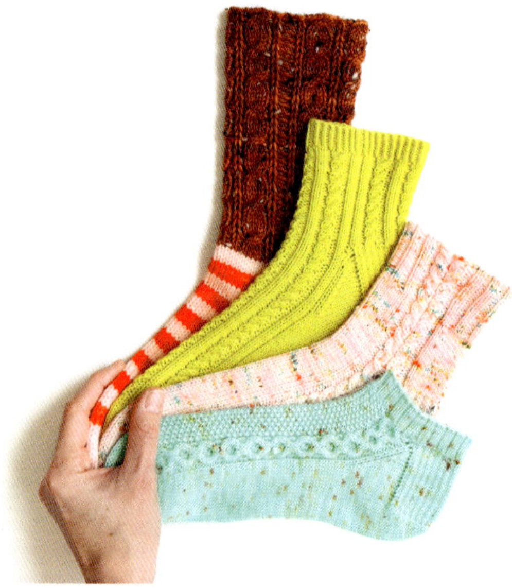

Z4v = 4er-Zopf vorn
Für diesen Zopf 2 M auf die Zopfnd nehmen und vor die Arbeit legen. Die nächsten 2 M (der linken Nd) rechts str, dann die 2 M der Zopfnd rechts str. Die M werden dadurch nach links verkreuzt.

Die Ziffer gibt an, über wie viele M der Zopf gearbeitet wird. „Z6h" würde zum Beispiel bedeuten, dass 3 M auf der Zopfnd hinter die Arbeit gelegt und 3 M der linken Nd gestrickt werden.

Zopfmusteranleitungen enthalten oft eine Strickschrift, doch die Muster in diesem Kapitel sind relativ einfach. Ich wollte dir eine schöne Auswahl klassischer Muster bieten und habe die Anleitungen für die Zopfmuster in Textform geschrieben statt mit einer Strickschrift.

Harriet-Socken

Wir fangen ganz langsam an, okay? Nur ein paar Zöpfchen an den Seiten mit ganz viel glatt rechts dazwischen. Ich liebe dieses Modell, weil man es leicht abwandeln kann. An den Seiten kannst du jedes beliebige Zopfmuster einbauen. Ein kleiner Abstecher in die Buchhandlung oder Bücherei kann deine Sockenreise so bereichern. In Mustersammlungen findest du Anleitungen für alle möglichen einfachen und komplizierten Zopfmuster, die du an den Socken unterbringen kannst.

Genau wie bei Lace kommen Zöpfe bei stark gesprenkeltem Garn oder Farbverlauf nicht so gut zur Geltung. Ich verwende lieber uni, Ton in Ton gefärbtes oder leicht gesprenkeltes Garn. (Aber Du entscheidest selbst!)

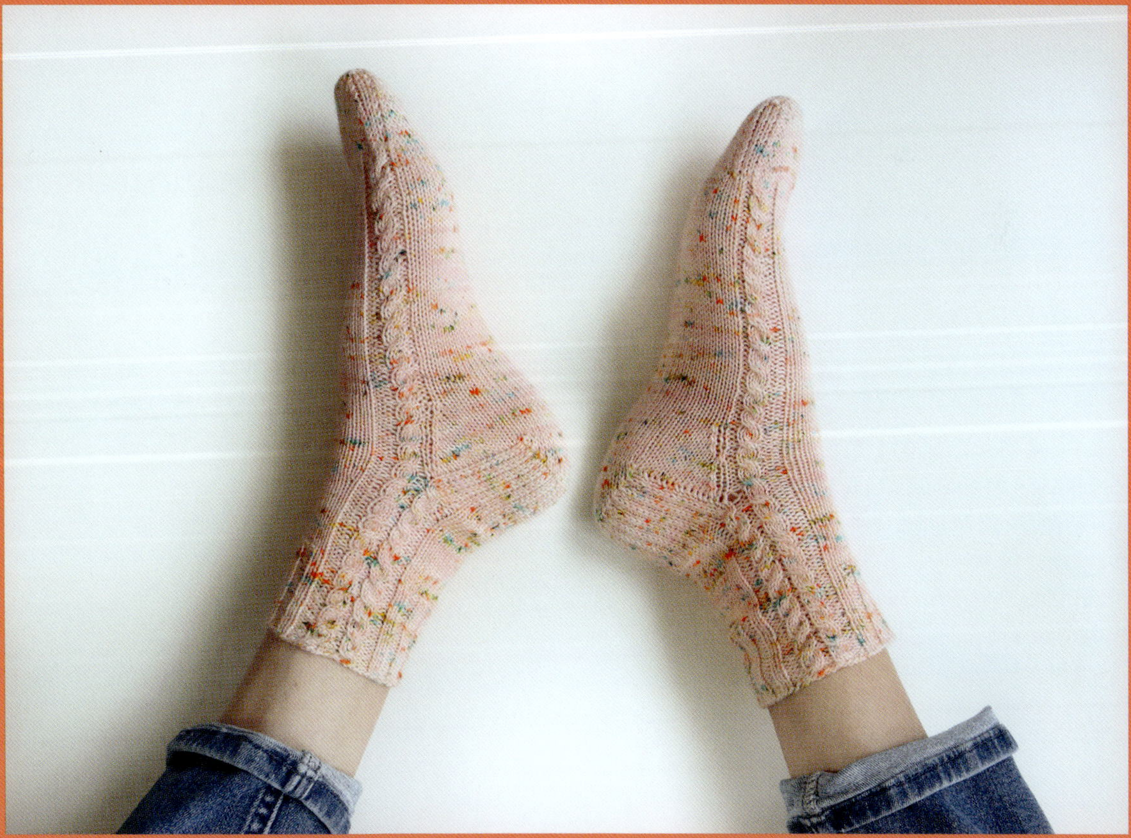

MATERIAL

Garn: Madelintosh Tosh Twist Light (75% Superwash Merino, 25% Polyamid; LL 384 m/100 g): 166/191/212/239/269 m in Anime Dreams

Tipp: Jedes 4-fädige Sockengarn ähnlicher LL ist geeignet!

Stricknadeln: 2,25 mm

Sonstiges: Wollnadel, Maschenmarkierer, Zopfnadel, Schere, Maßband

Maschenprobe: 38 M = 10 cm im Zopfmuster in Rd und gespannt

Größen

Kind/S/M/L/XL

Maße

Die Zahlen unten beziehen sich auf den Umfang am Fußballen; es sind nicht die Maße der fertigen Socke.
13-15/18/20/23/25 cm

ANLEITUNG

Bündchen

46/54/62/70/78 M anschl und zur Rd schließen, darauf achten, dass die M sich nicht verdrehen. Beginne im Zopf- und 2/2-Rippenmuster wie folgt:

1.-3. Rd: 4 M rechts, **3/4/5/6/7x** [2 M links, 2 M re], 2 M links, 4 M rechts, 1 M links, 4 M rechts, **3/4/5/6/7x** [2 M links, 2 M re], 2 M links, 4 M rechts, 1 M links.
4. Rd: Z4h, **3/4/5/6/7x** [2 M links, 2 M re], 2 M links, Z4v, 1 M links, Z4h, **3/4/5/6/7x** [2 M links, 2 M re], 2 M links, Z4v, 1 M links.

Die 1.-4.Rd wdh, bis das Bündchen 5 cm hoch ist oder bis zur gewünschten Länge. Nach einer 4. Rd enden.

Schaft

Wir behalten die Zöpfe bei. In einer Setup-Rd müssen wir die M-Zahl anpassen und das Muster etablieren:

Setup-Rd: 4 M rechts, 2 M links, **9/13/17/21/25 M** rechts, 1 M zun (QF), 1 M rechts, 2 M links, 4 M rechts, 1 M links, 4 M rechts, 2 M links, **9/13/17/21/25 M** rechts, 1 M zun (QF), 1 M rechts, 2 M links, 4 M rechts, 1 M links. **48/56/64/72/80 M**.

Nun alle Rd des folg Zopfmusters wdh, bis die Arbeit (mit Bündchen) 10 cm lang ist oder die gewünschte Länge hat. Achtung! Aufgrund der Setup-Rd wird beim 1. Str des Zopfmusters mit der 2. Rd begonnen. Vor der Ferse mit einer beliebigen Rd enden.

Zopfmuster

1.-3. Rd: 4 M rechts, 2 M links, **11/15/19/23/27 M** rechts, 2 M links, 4 M rechts, 1 M links, 4 M rechts, 2 M links, **11/15/19/23/27 M** rechts, 2 M links, 4 M rechts, 1 M links.
4. Rd: Z4h, 2 M links, **11/15/19/23/27 M** rechts, 2 M links, Z4v, 1 M links, Z4h, 2 M links, **11/15/19/23/27 M** rechts, 2 M links, Z4v, 1 M links.

Fersenwand

Die ersten **24/28/32/36/40 M** im Zopfmuster str, dann über die übrigen **24/28/32/36/40 M** die Fersenwand in R str wie folgt:

1. R (Hin-R): 2 M rechts, fortl [1 M abh, 1 M rechts]. Wenden.
2. R (Rück-R): 1 M abh Fv, linke M bis Ende. Wenden.
3. R: Fortl [1 M abh, 1 M rechts]. Wenden.

Die 2. und 3. R wdh, bis die Fersenwand **4,5/5/5/6/6,5 cm** hoch ist. Nach einer 3. R enden.

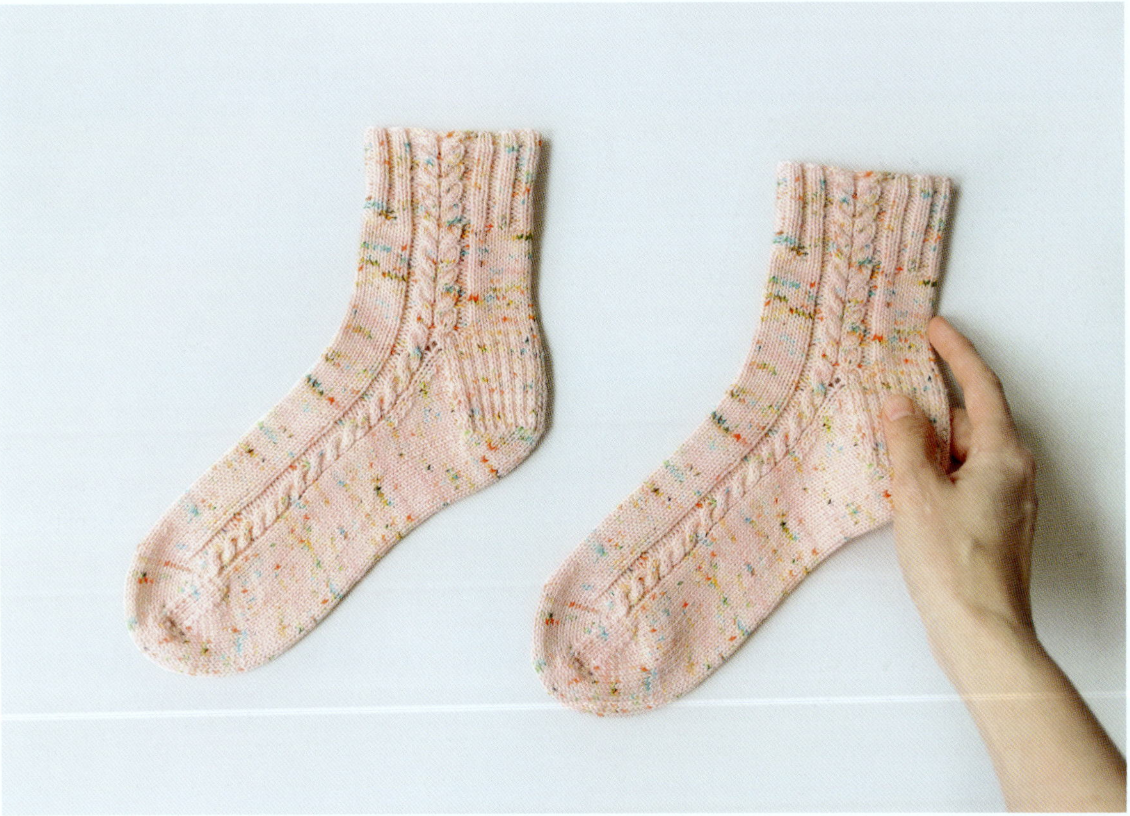

Käppchen

1. R (Rück-R): 1 M abh Fv, **12/14/16/18/20 M** links, 2 M links zusammen, 1 M links, wenden.
2. R (Hin-R): 1 M abh, 3 M rechts, ssk, 1 M rechts, wenden.
3. R: 1 M abh Fv, 4 M links, 2 M links zusammen, 1 M links, wenden.
4. R: 1 M abh, 5 M rechts, ssk, 1 M rechts, wenden.

Du hast folg Muster für dein Käppchen eingeteilt: 1 M abh, rechte oder linke M bis 1 M vor der Lücke vom Wenden in der Vor-R, ssk oder 2 M links zusammen, 1 M rechts oder links, wenden. In diesem Muster fortfahren, bis alle Fersen-M gestrickt sind. Mit einer Hin-R enden. Du solltest nun **14/16/18/20/22 Fersen-M** haben.

Spickel

Die rechte Seite der Arbeit liegt oben. Entlang der linken Seite der Fersenwand **10/12/14/16/18 M** aufnehmen und rechts str.

Nun die stillgelegten **24/28/32/36/40 M** rechts str. MMs und **10/12/14/16/18 M** aus der rechten Seite der Fersenwand aufnehmen und rechts str. Die Fersen-M rechts str, dann die zuvor aus der Fersenwand aufgenommenen M rechts str. Damit bist du am Rd-Ende angekommen und hast alle M aufgenommen. Du solltest insgesamt **58/68/78/88/98 M** auf den Nd haben.

Achtung: Ab jetzt wird das Zopfmuster nur noch am Fußrücken fortgesetzt, d.h. dass statt 4 Zöpfen nur noch 2 gestrickt werden: Zopf, 2 M links, dann glatt rechts bis 2 M vor dem nächsten Zopf, 2 M links, Zopf, 1 M links, glatt rechts bis 1 M vor Rd-Ende, 1 M links.

Spickelabnahmen

1. Rd: 24/28/32/36/40 M im Zopfmuster str, MM abh, 1 M rechts, ssk, rechte M bis 3 M vor Rd-Ende, 2 M rechts zusammen, 1 M links.
2. Rd: Ohne Abnahmen gerade hoch str.

Diese beiden Rd wdh, bis noch **48/56/64/72/80 M** auf den Nd liegen.

Fuß

Weiter die ersten **24/28/32/36/40 M** im Zopfmuster und glatt rechts bis zur letzten M str, dann 1 M links. Wenn der Fuß bis zur Spitze deines kleinen Zehs reicht, mit den Abnahmen für die Spitze beginnen. Falls du die Socken beim Str nicht gut anprobieren kannst oder sie ein Geschenk sein sollen, hilft dir folg Tabelle beim Bestimmen der richtigen Länge (gemessen vom hinteren Ende der Ferse bis zum Ende der Spitze).

(Alle Größen sind europäische Schuhgrößen)
Kind: 15-19 cm
Damen Größe 34-37,5: 20,5-23 cm
Damen Größe 37,5-41: 23-25,5 cm
Damen Größe 41,5-44,5: 26-28 cm
Herren Größe 37,5-41: 23,5-25,5 cm
Herren Größe 41,5-44,5: 26-28 cm
Herren Größe 45-48: 28,5-30,5 cm

Bei einer Socke mit Käppchenferse musst du auch die Länge der Spitze berücksichtigen:

Kind: 3 cm
S: 4 cm
M: 4 cm
L: 4 cm
XL: 4,5 cm

Von deiner gewünschten Fußlänge (vom hinteren Ende der Ferse bis zum Ende der Spitze) ziehst du das Maß der Spitze ab. Beispiel: Meine gewünschte Fußlänge ist 23 cm. Ich ziehe die Länge meiner Spitze (4 cm) ab; es bleiben 19 cm, die ich bis zum Beginn der Abnahmen für die Spitze str muss.

Mit der Spitze kannst du nach jeder beliebigen Rd des Zopfmusters beginnen.

Spitze

1. Rd: 1 M rechts, ssk, **18/22/26/30/34 M** rechts, 2 M rechts zusammen, 1 M rechts, MMs, 1 M rechts, ssk, **18/22/26/30/34 M** rechts, 2 M rechts zusammen, 1 M rechts.
2. Rd: Alle M rechts str.
3. Rd: 1 M rechts, ssk, rechte M bis 3 M vor folg MM, 2 M rechts zusammen, 1 M rechts, MM abh, 1 M rechts, ssk, rechte M bis 3 M vor Rd-Ende, 2 M rechts zusammen, 1 M rechts.

Die 2. und 3. Rd wdh, bis noch **20/24/28/32/36 M** verbleiben.

Die Öffnung an der Spitze im M-Stich schließen (siehe Seite 33).

Fertigstellen

Alle Fäden vernähen und die Socken spannen (siehe Kapitel 4).

Seefahrer-Socken

Ich verspreche dir, dass diese Socken nicht mit meiner schrecklichen Allover-Zopfmusterjacke zu vergleichen sind. Das würde ich dir nicht antun. Dauern sie etwas länger als das vorherige Modell? Ja schon, aber das Muster ist leicht zu merken und strickt sich intuitiv. Du kannst dabei immer noch aufmerksam das Hörbuch von Dolly Partons Biographie anhören (für mich ein jährliches Ritual). Ich bin der festen Überzeugung, dass jeder Mensch ein Paar Allover-Zopfmuster-Socken braucht. Stricke sie wie ich in einer Neonfarbe oder in einem neutraleren Ton – du wirst sie den ganzen Winter tragen wollen!

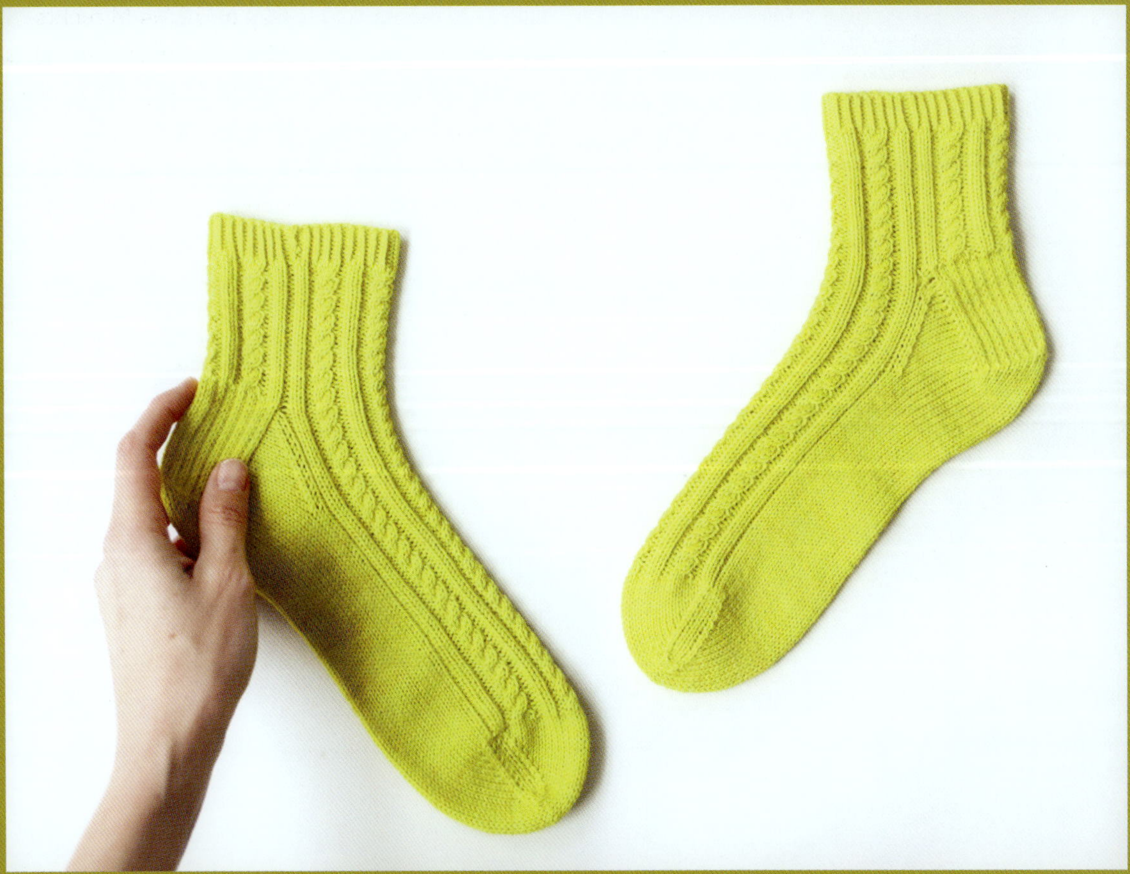

MATERIAL

Garn: Hedgehog Fibres Sock (90% Superwash Merino, 10% Polyamid; LL 400 m/100 g): 165/190/214/248 m in UFO

Tipp: Jedes 4-fädige Sockengarn ähnlicher LL ist geeignet!

Stricknadeln: **Größen M und L:** 2,25 mm **Größen S und XL:** 2,75 mm

Sonstiges: Wollnadel, Maschenmarkierer, Zopfnadel, Schere, Maßband

Maschenprobe: 38 M = 10 cm im Zopf- und Rippenmuster in Rd und gespannt

Achtung: Du siehst, dass für die Größen M und L andere M-Zahlen angeschlagen werden als üblich. In den Größen S und XL wird eine andere Nd-Stärke verwendet. Bei einem Muster mit vielen Zöpfen sind die Socken weniger dehnbar. Damit sie trotzdem gut sitzen, müssen wir entweder mehr M anschl oder mit dickeren Nd str. Hinzu kommt, dass die Zöpfe in jeder Größe symmetrisch angeordnet werden müssen. Daher haben manche Größen mehr M, andere die normale M-Zahl, aber dazu eine größere Nd-Stärke.

Größen

S/M/L/XL

Maße

Die Zahlen unten beziehen sich auf den Umfang am Fußballen; es sind nicht die Maße der fertigen Socke.
18/20/23/25 cm

ANLEITUNG

Bündchen

56/68/76/80 M anschl und zur Rd schließen, darauf achten, dass die M sich nicht verdrehen. Beginne im halb verschr 1/1-Rippenmuster: Fortl [1 M rechts verschr, 1 M links].

2,5 cm oder bis zur gewünschten Länge im Rippenmuster str.

Schaft

Zur Vorbereitung des Zopf- und Rippenmusters die folg Setup-Rd in der gewünschten Größe str. Nach dieser Setup-Rd sieht man schon die Mustereinteilung in rechte und linke M.

S: 2x [1 M links, 2 M rechts, 1 M links, 4 M rechts, 1 M links, 2 M rechts, 1 M links, 4 M rechts, 1 M links, 2 M rechts, 1 M links, 4 M rechts, 1 M links, 2 M rechts, 1 M links].
M: 2x [1 M links, 2 M rechts, 2 M links, 4 M rechts, 2 M links, 2 M rechts, 2 M links, 4 M rechts, 2 M links, 2 M rechts, 2 M links, 4 M rechts, 2 M links, 2 M rechts, 1 M links].
L: 2x [1 M rechts, 2 M links, 4 M rechts, 2 M links, 2 M rechts, 2 M links, 2 M rechts, 2 M links, 4 M rechts, 2 M links, 2 M rechts, 2 M links, 2 M rechts, 2 M links, 4 M rechts, 2 M links, 1 M rechts].
XL: 2x [1 M rechts, 2 M links, 4 M rechts, 2 M links, 2 M rechts, 2 M links, 4 M rechts, 2 M links, 2 M rechts, 2 M links, 4 M rechts, 2 M links, 2 M rechts, 2 M links, 4 M rechts, 2 M links, 1 M rechts].

Nun beginnt das Zopf- und Rippemuster. Je nach Größe die 4 Rd fortl wdh:

S

1., 2. und 4. Rd: 2x [1 M links, 2 M rechts, 1 M links, 4 M rechts, 1 M links, 2 M rechts, 1 M links, 4 M rechts, 1 M links, 2 M rechts, 1 M links, 4 M rechts, 1 M links, 2 M rechts, 1 M links].
3. Rd: 2x [1 M links, 2 M rechts, 1 M links, Z4h, 1 M links, 2 M rechts, 1 M links, Z4h, 1 M links, 2 M rechts, 1 M links, Z4h, 1 M links, 2 M rechts, 1 M links].

M

1., 2. und 4. Rd: 2x [1 M links, 2 M rechts, 2 M links, 4 M rechts, 2 M links, 2 M rechts, 2 M links, 4 M rechts, 2 M links, 2 M rechts, 2 M links, 4 M rechts, 2 M links, 2 M rechts, 1 M links].
3. Rd: 2x [1 M links, 2 M rechts, 2 M links, Z4h, 2 M links, 2 M rechts, 2 M links, Z4h, 2 M links, 2 M rechts, 2 M links, Z4h, 2 M links, 2 M rechts, 1 M links].

L

1., 2. und 4. Rd: 2x [1 M rechts, 2 M links, 4 M rechts, 2 M links, 2 M rechts, 2 M links, 2 M rechts, 2 M links, 4 M rechts, 2 M links, 2 M rechts, 2 M links, 2 M rechts, 2 M links, 4 M rechts, 2 M links, 1 M rechts].
3. Rd: 2x [1 M rechts, 2 M links, Z4h, 2 M links, 2 M rechts, 2 M links, 2 M rechts, 2 M links, Z4h, 2 M links, 2 M rechts, 2 M links, 2 M rechts, 2 M links, Z4h, 2 M links, 1 M rechts].

XL

1., 2. und 4. Rd: 2x [1 M rechts, 2 M links, 4 M rechts, 2 M links, 2 M rechts, 2 M links, 4 M rechts, 2 M links, 2 M rechts, 2 M links, 4 M rechts, 2 M links, 2 M rechts, 2 M links, 4 M rechts, 2 M links, 1 M rechts].
3. Rd: 2x [1 M rechts, 2 M links, Z4h, 2 M links, 2 M rechts, 2 M links, Z4h, 2 M links, 2 M rechts, 2 M links, Z4h, 2 M links, 2 M rechts, 2 M links, Z4h, 2 M links, 1 M rechts].

Diese 4 Rd wdh, bis der Schaft 8 cm lang ist oder die gewünschte Länge hat.

Fersenwand

NUR Größen M und L: Über die ersten **34/38 M** weiter im Zopf- und Rippemuster str. Dann 1 M rechts, ssk, rechts str bis 3 M vor Ende, 2 M rechts zusammen, 1 M rechts. **66/74 M.** Weiter mit der Anleitung für die Fersenwand.

Die ersten **28/34/38/40 M** weiter im Zopf- und Rippemuster str, dann über die übrigen **28/32/36/40 M** die Fersenwand in R str wie folgt:

1. R (Hin-R): 2 M rechts, fortl [1 M abh, 1 M rechts]. Wenden.
2. R (Rück-R): 1 M abh Fv, linke M bis Ende. Wenden.
3. R: Fortl [1 M abh, 1 M rechts]. Wenden.

Die 2. und 3. R wdh, bis die Fersenwand **5/5/6/6,5 cm** hoch ist. Nach einer 3. R enden.

Käppchen

1. R (Rück-R): 1 M abh Fv, **14/16/18/20 M** links, 2 M links zusammen, 1 M links, wenden.
2. R (Hin-R): 1 M abh, 3 M rechts, ssk, 1 M rechts, wenden.
3. R: 1 M abh Fv, 4 M links, 2 M links zusammen, 1 M links, wenden.
4. R: 1 M abh, 5 M rechts, ssk, 1 M rechts, wenden.

Du hast folg Muster für dein Käppchen eingeteilt: 1 M abh, rechte oder linke M bis 1 M vor der Lücke vom Wenden in der Vor-R, ssk oder 2 M links zusammen, 1 M rechts oder links, wenden. In diesem Muster fortfahren, bis alle Fersen-M gestrickt sind. Mit einer Hin-R enden. Du solltest nun **16/18/20/22 Fersen-M** haben.

Spickel

Die rechte Seite der Arbeit liegt oben. Entlang der linken Seite der Fersenwand **12/14/16/18 M** aufnehmen und rechts str.

Nun die stillgelegten **28/34/38/40 M** weiter im Zopf- und Rippenmuster str. MMs und **12/14/16/18 M** aus der rechten Seite der Fersenwand aufnehmen und rechts str. Die Fersen-M rechts str, dann die zuvor aus der Fersenwand aufgenommenen M rechts str. Damit bist du am Rd-Ende angekommen und hast alle M aufgenommen. Du solltest insgesamt **68/80/90/98 M** auf den Nd haben.

Spickelabnahmen

1. Rd: 28/34/38/40 M weiter im Zopf- und Rippenmuster str, MM abh, 1 M rechts, ssk, rechte M bis 3 M vor Rd-Ende, 2 M rechts zusammen, 1 M rechts.
2. Rd: Ohne Abnahmen gerade hoch str.

Diese beiden Rd wdh, bis noch **56/66/74/80 M** auf den Nd liegen.

NUR Größen M und L: Am Fuß wird über die ersten **34/38 M** weiter im Zopf- und Rippenmuster gestrickt (Fußrücken), über die übrigen **32/36 M** glatt rechts (Fußsohle).

Fuß

Weiter die ersten **28/34/38/40 M** im Zopf- und Rippenmuster und die übrigen **28/32/36/40 M** glatt rechts str, bis der Fuß bis zur Spitze deines kleinen Zehs reicht. Falls du die Socken beim Str nicht gut anprobieren kannst (bei einem Nd-Spiel oder extra kurzen Rundstrick-Nd kann das schwierig sein) oder deine Socken ein Geschenk sein sollen, hilft dir die folg Tabelle beim Bestimmen der richtigen Länge (gemessen vom hinteren Ende der Ferse bis zum Ende der Spitze).

(Alle Größen sind europäische Schuhgrößen)
Damen Größe 34-37,5: 20,5-23 cm
Damen Größe 37,5-41: 23-25,5 cm
Damen Größe 41,5-44,5: 26-28 cm
Herren Größe 37,5-41: 23,5-25,5 cm
Herren Größe 41,5-44,5: 26-28 cm
Herren Größe 45-48: 28,5-30,5 cm

Bei einer Socke mit Käppchenferse musst du auch die Länge der Spitze berücksichtigen:

S: 4 cm
M: 4 cm
L: 4 cm
XL: 4,5 cm

Von deiner gewünschten Fußlänge (vom hinteren Ende der Ferse bis zum Ende der Spitze) ziehst du nun das Maß der Spitze ab. Beispiel: Meine gewünschte Fußlänge ist 23 cm. Ich ziehe die Länge meiner Spitze (4 cm) ab; es bleiben 19 cm, die ich bis zum Beginn der Abnahmen für die Spitze str muss.

Mit der Spitze kannst du nach jeder beliebigen Rd des Zopf- und Rippenmusters beginnen.

Spitze

NUR Größen M und L: Eine Abnahme-Rd str, um die richtige M-Zahl für die Spitze zu erhalten: 1 M rechts, ssk, **28/32 M** rechts, 2 M rechts zusammen, rechts str bis Ende. **64/72 M**. Weiter mit der Anleitung für die Spitze.

1 Rd rechte M str, dann mit den Abnahmen für die Spitze beginnen:

1. Rd: 1 M rechts, ssk, **22/26/30/34 M** rechts, 2 M rechts zusammen, 1 M rechts, MMs, 1 M rechts, ssk, **22/26/30/34 M** rechts, 2 M rechts zusammen, 1 M rechts.
2. Rd: Alle M rechts str.
3. Rd: 1 M rechts, ssk, rechte M bis 3 M vor folg MM, 2 M rechts zusammen, 1 M rechts, MM abh, 1 M rechts, ssk, rechte M bis 3 M vor Rd-Ende, 2 M rechts zusammen, 1 M rechts.

Die 2. und 3. Rd wdh, bis noch **24/28/32/36 M** verbleiben.

Die Öffnung an der Spitze im M-Stich schließen (siehe Seite 33).

Fertigstellen

Alle Fäden vernähen und die Socken spannen (siehe Kapitel 4).

Kuschelsocken mit Zöpfen

Dicke Zopfmustersocken braucht man im Winter so dringend wie Suppe und guten Lesestoff. Egal ob du in deinem Lieblingssessel am Kamin lümmelst, auf den kalten Fliesen im Wäschekeller stehst oder für Besorgungen draußen im Schnee herumstapfst, diese Socken helfen dir, eisige Temperaturen und leichte Winterdepressionen zu überstehen.

Da ich Überraschungen liebe, haben meine Socken am Fuß bunte Ringel. Ist doch schön, wenn man die Winterstiefel auszieht und diese unerwarteten Farbtupfer erblickt!

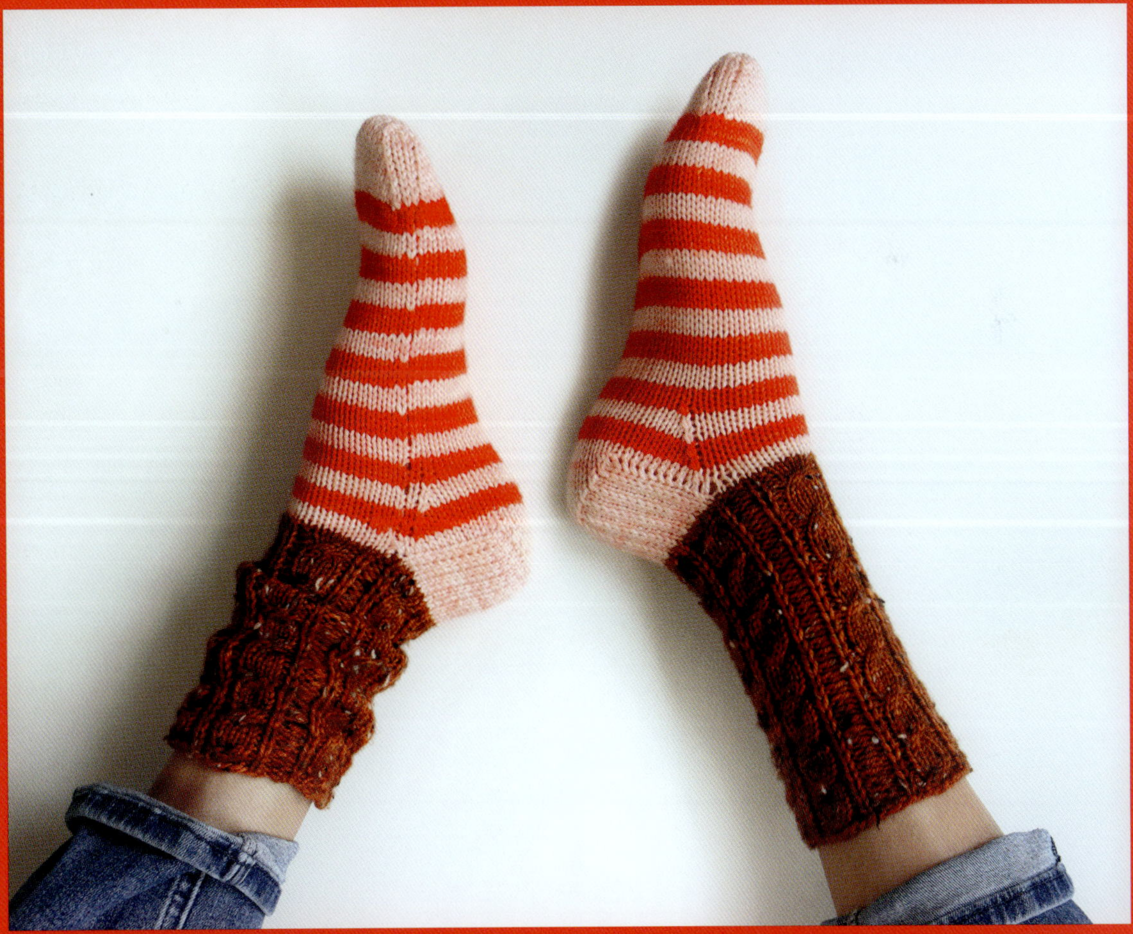

MATERIAL

Garn: Little Lionhead Knits DK Merino Tweed (85% Superwash Bluefaced Leicester, 15% Donegal Nep; LL 225 m/110 g): 88/108/121/143 m in Golden Brown (HF)

Little Lionhead Knits Soft Sock DK (85% Superwash Merino, 15% Polyamid; LL 225 m/100 g): 55/66/81/94 m in Depression Glass (KF1)

Little Lionhead Knits Soft Sock DK (85% Superwash Merino, 15% Polyamid; LL 225 m/100 g): 42/53/63/80 m in Let's Picnic (KF2)

Tipp: Jedes 6-fädige Sockengarn ähnlicher LL ist geeignet!

Stricknadeln: 3,25 mm

Sonstiges: Wollnadel, Maschenmarkierer, Zopfnadel, Schere, Maßband

Maschenprobe: 22 M = 7,5 cm im Zopfmuster in Rd und gespannt

Größen

S/M/L/XL

Maße

Die Zahlen unten beziehen sich auf den Umfang am Fußballen; es sind nicht die Maße der fertigen Socke.
18/20/23/25 cm

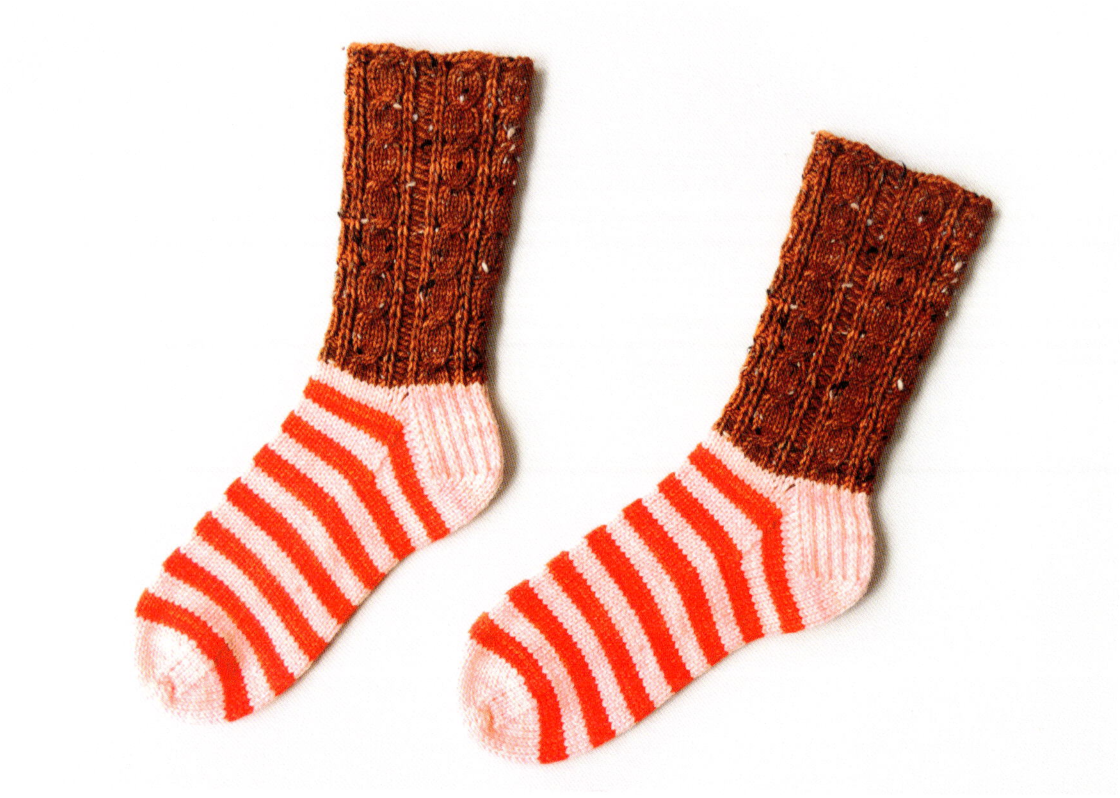

ANLEITUNG

Schaft

In der HF **40/48/56/64 M** anschl und zur Rd schließen, darauf achten, dass die M sich nicht verdrehen.

1 M abh: In ungeraden Rd 1 M abheben wie zum Linksstr mit dem Faden hinter der M, in geraden Rd 1 M rechts str.

Je nach Größe das Zopfmuster einteilen wie folgt:

S

1., 2., 4., 5. und 6. Rd: 2x [1 M links, 1 M abh, 2 M links, 4 M rechts, 2 M links, 1 M abh, 2 M links, 4 M rechts, 2 M links, 1 M abh].
3. Rd: 2x [1 M links, 1 M abh, 2 M links, Z4h, 2 M links, 1 M abh, 2 M links, Z4h, 2 M links, 1 M abh].

M

1., 2., 4., 5. und 6. Rd: 2x [1 M links, 1 M abh, 1 M links, 4 M rechts, 1 M links, 1 M abh, 1 M links, 4 M rechts, 1 M links, 1 M abh, 1 M links, 4 M rechts, 1 M links, 1 M abh, 1 M links].
3. Rd: 2x [1 M links, 1 M abh, 1 M links, Z4h, 1 M links, 1 M abh, 1 M links, Z4h, 1 M links, 1 M abh, 1 M links, Z4h, 1 M links, 1 M abh, 1 M links].

L

1., 2., 4., 5. und 6. Rd: 2x [1 M links, 1 M abh, 1 M links, 4 M rechts, 1 M links, 1 M abh, 1 M links, 4 M rechts, 1 M links, 1 M abh, 1 M links, 4 M rechts, 1 M links, 1 M abh, 1 M links, 4 M rechts].
3. Rd: 2x [1 M links, 1 M abh, 1 M links, Z4h, 1 M links, 1 M abh, 1 M links, Z4h, 1 M links, 1 M abh, 1 M links, Z4h, 1 M links, 1 M abh, 1 M links, Z4h].

XL

1., 2., 4., 5. und 6. Rd: 2x [1 M links, 4 M rechts, 2 M links, 1 M abh, 2 M links, 4 M rechts, 2 M links, 1 M abh, 2 M links, 4 M rechts, 2 M links, 1 M abh, 2 M links, 4 M rechts].
3. Rd: 2x [1 M links, Z4h, 2 M links, 1 M abh, 2 M links, Z4h, 2 M links, 1 M abh, 2 M links, Z4h, 2 M links, 1 M abh, 2 M links, Z4h].

Die 1.-6 Rd des Zopfmusters wdh, bis der Schaft 17 cm lang ist oder die gewünschte Länge hat. Die HF abschneiden. Die Zöpfe sind fertig. Den Rest glatt rechts in Ringeln str.

Fersenwand

Zu KF1 wechseln und die ersten **20/24/28/32 M** rechts str, dann über die übrigen **20/24/28/32 M** die Fersenwand in R str wie folgt:

1. R (Hin-R): 2 M rechts, fortl [1 M abh, 1 M rechts]. Wenden.
2. R (Rück-R): 1 M abh Fv, linke M bis Ende. Wenden.
3. R: Fortl [1 M abh, 1 M rechts]. Wenden.

Die 2. und 3. R wdh, bis die Fersenwand **5/5/6/6,5 cm** hoch ist. Nach einer 3. R enden.

Käppchen

1. R (Rück-R): 1 M abh Fv, **10/12/14/16 M** links, 2 M links zusammen, 1 M links, wenden.
2. R (Hin-R): 1 M abh, 3 M rechts, ssk, 1 M rechts, wenden.
3. R: 1 M abh Fv, 4 M links, 2 M links zusammen, 1 M links, wenden.
4. R: 1 M abh, 5 M rechts, ssk, 1 M rechts, wenden.

Du hast folg Muster für dein Käppchen eingeteilt: 1 M abh, rechte oder linke M bis 1 M vor der Lücke vom Wenden in der Vor-R, ssk oder 2 M links zusammen, 1 M rechts oder links, wenden. In diesem Muster fortfahren, bis alle Fersen-M gestrickt sind. Mit einer Hin-R enden. Du solltest nun **12/14/16/18 Fersen-M** haben.

Spickel

Die rechte Seite der Arbeit liegt oben. Entlang der linken Seite der Fersenwand **8/8/8/10 M** aufnehmen und rechts str.

Nun die stillgelegten **20/24/28/32 M** rechts str. MMs und **8/8/8/10 M** aus der rechten Seite der Fersenwand aufnehmen und rechts str. Die Fersen-M rechts str, dann die zuvor aus der Fersenwand aufgenommenen M rechts str. Damit bist du am Rd-Ende angekommen und hast alle M aufgenommen. Du solltest insgesamt **48/54/60/70 M** auf den Nd haben.

Spickelabnahmen

1. Rd: 20/24/28/32 M rechts, MM abh, 1 M rechts, ssk, rechte M bis 3 M vor Rd-Ende, 2 M rechts zusammen, 1 M rechts.
2. Rd: Ohne Abnahmen rechts str.

Diese beiden Rd wdh, bis noch **40/48/56/64 M** auf den Nd liegen. Dabei gleichzeitig das Ringelmuster arb wie folgt:

KF1: 4 Rd
KF2: 4 Rd

Tipp: Hilfreiche Tipps für zweifarbige Ringel findest du auf Seite 72!

Fuß

Weiter im Ringelmuster glatt rechts str, bis der Fuß bis zur Spitze deines kleinen Zehs reicht. Falls du die Socken beim Str nicht gut anprobieren kannst oder sie ein Geschenk sein sollen, hilft dir die folg Tabelle beim Bestimmen der richtigen Länge (gemessen vom hinteren Ende der Ferse bis zum Ende der Spitze).

(Alle Größen sind europäische Schuhgrößen)
Damen Größe 34-37,5: 20,5-23 cm
Damen Größe 37,5-41: 23-25,5 cm
Damen Größe 41,5-44,5: 26-28 cm
Herren Größe 37,5-41: 23,5-25,5 cm
Herren Größe 41,5-44,5: 26-28 cm
Herren Größe 45-48: 28,5-30,5 cm

Bei einer Socke mit Käppchenferse musst du auch die Länge der Spitze berücksichtigen:

S: 4 cm
M: 4 cm
L: 4 cm
XL: 4,5 cm

Von deiner gewünschten Fußlänge (vom hinteren Ende der Ferse bis zum Ende der Spitze) ziehst du nun das Maß der Spitze ab. Beispiel: Meine gewünschte Fußlänge ist 23 cm. Ich ziehe die Länge meiner Spitze (4 cm) ab; es bleiben 19 cm, die ich bis zum Beginn der Abnahmen für die Spitze str muss.

Spitze

KF2 abschneiden und 1 Rd rechte M str, dann mit den Abnahmen für die Spitze beginnen:

1. Rd: 1 M rechts, ssk, **14/18/22/26 M** rechts, 2 M rechts zusammen, 1 M rechts, MMs, 1 M rechts, ssk, **14/18/22/26 M** rechts, 2 M rechts zusammen, 1 M rechts.
2. Rd: Alle M rechts str.
3. Rd: 1 M rechts, ssk, rechte M bis 3 M vor folg MM, 2 M rechts zusammen, 1 M rechts, MM abh, 1 M rechts, ssk, rechte M bis 3 M vor Rd-Ende, 2 M rechts zusammen, 1 M rechts.

Die 2. und 3. Rd wdh, bis noch **20/24/28/32 M** verbleiben.

Die Öffnung an der Spitze im M-Stich schließen (siehe Seite 33).

Fertigstellen

Alle Fäden vernähen und die Socken spannen (siehe Kapitel 4)

Socken mit Waben- und Perlmuster

An traditionellen Strickmustern liebe ich vor allem, wie sie sich die Natur zum Vorbild nehmen. Unseren Strick-Vorfahren (mögen sie stets über uns wachen und unsere Nadeln zu friedlichen Siegen führen) ist es gelungen, mit Fäden und Stöckchen Dinge aus ihrem täglichen Leben abzubilden.

Ein Musterstreifen im Wabenmuster an einem Aran-Pullover ist eine perfekte Darstellung von Bienenwaben. Und das Perlmuster (Englisch „Moss Stich"), eine einfache Kombination rechter und linker Maschen, sieht wirklich aus wie ein bemooster Waldboden. Die Romantikerin in mir ist hin und weg von diesen Mustern, die hier ein Paar süßer kurzer Söckchen zieren.

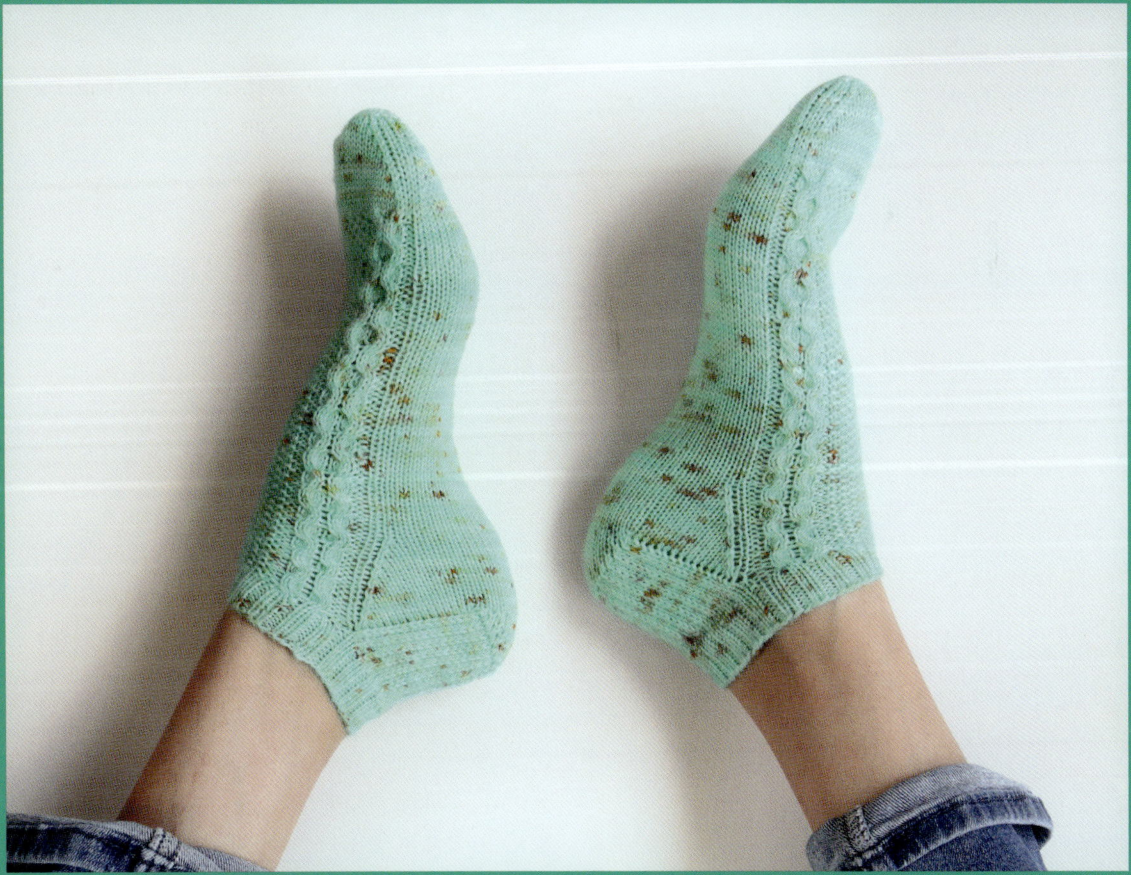

MATERIAL

Garn: Little Lionhead Knits Fingering Weight Soft Yarn (85% Superwash Merino, 15% Polyamid; LL 400 m/100 g): 123/138/161/184/209 m in Mid Century

Tipp: Jedes 4-fädige Sockengarn ähnlicher LL ist geeignet!

Stricknadeln: 2,25 mm

Sonstiges: Wollnadel, Maschenmarkierer, Zopfnadel, Schere, Maßband

Maschenprobe: 38 M = 10 cm im Waben- und Perlmuster in Rd und gespannt

Größen

Kind/S/M/L/XL

Maße

Die Zahlen unten beziehen sich auf den Umfang am Fußballen; es sind nicht die Maße der fertigen Socke.
13-15/18/20/23/25 cm

Waben- und Perlmuster

1. und 5. Rd: 1 M links, 8 M rechts, 1 M links, **2/4/6/8/10x** [1 M rechts, 1 M li], 1 M links, 8 M rechts, 1 M links, rechte M bis Ende.
2., 4., 6. und 8. Rd: 1 M links, 8 M rechts, 1 M links, **2/4/6/8/10x** [1 M links, 1 M re], 1 M links, 8 M rechts, 1 M links, rechte M bis Ende.
3. Rd: 1 M links, Z4h, Z4v, **2/4/6/8/10x** [1 M rechts, 1 M li], 1 M links, Z4h, Z4v, 1 M links, rechte M bis Ende.
7. Rd: 1 M links, Z4v, Z4h, **2/4/6/8/10x** [1 M rechts, 1 M li], 1 M links, Z4v, Z4h, 1 M links, rechte M bis Ende.

ANLEITUNG

Bündchen

48/57/63/72/81 M anschl und zur Rd schließen, darauf achten, dass die M sich nicht verdrehen. Beginne im 2/1-Rippenmuster: Fortl [2 M rechts, 1 M links].

2 cm oder bis zur gewünschten Länge im Rippenmuster str. In der letzten Rd des Bündchens müssen wir unsere M auf eine gerade Zahl bringen. Bei der Kindergröße und bei Größe L ist die M-Zahl bereits gerade und du kannst einfach zur Setup-Rd springen. Ansonsten je nach Größe folg Zu- oder Abnahme arb:

S: Rippen bis 3 M vor Ende, 2 M rechts zusammen, 1 M links. **56 M.**

M: Rippen bis 3 M vor Ende, kfb, 1 M rechts, 1 M links. **64 M.**

XL: Rippen bis 3 M vor Ende, 2 M rechts zusammen, 1 M links. **80 M.**

Setup-Runde

Für die Mustereinteilung die 1. Rd des Waben- und Perlmusters str:

1 M links, 8 M rechts, 1 M links, **2/4/6/8/10x** [1 M rechts, 1 M li], 1 M links, 8 M rechts, 1 M links, rechte M bis Ende.

Fersenwand

Über die ersten **24/28/32/36/40 M** die 2. Rd des Waben- und Perlmusters str, dann über die übrigen **24/28/32/36/40 M** die Fersenwand in R str wie folgt:

1. R (Hin-R): 2 M rechts, fortl [1 M abh, 1 M rechts]. Wenden.
2. R (Rück-R): 1 M abh Fv, linke M bis Ende. Wenden.
3. R: Fortl [1 M abh, 1 M rechts]. Wenden.

Die 2. und 3. R wdh, bis die Fersenwand **4,5/5/5/6/6,5 cm** hoch ist. Nach einer 3. R enden.

Käppchen

1. R (Rück-R): 1 M abh Fv, **12/14/16/18/20 M** links, 2 M links zusammen, 1 M links, wenden.
2. R (Hin-R): 1 M abh, 3 M rechts, ssk, 1 M rechts, wenden.
3. R: 1 M abh Fv, 4 M links, 2 M links zusammen, 1 M links, wenden.
4. R: 1 M abh, 5 M rechts, ssk, 1 M rechts, wenden.

Du hast folg Muster für dein Käppchen eingeteilt: 1 M abh, rechte oder linke M bis 1 M vor der Lücke vom Wenden in der Vor-R, ssk oder 2 M links zusammen, 1 M rechts oder links, wenden. In diesem Muster fortfahren, bis alle Fersen-M gestrickt sind. Mit einer Hin-R enden. Du solltest nun **14/16/18/20/22 Fersen-M** haben.

Spickel

Die rechte Seite der Arbeit liegt oben. Entlang der linken Seite der Fersenwand **10/12/14/16/18 M** aufnehmen und rechts str.

Nun die stillgelegten **24/28/32/26/40 M** im Waben- und Perlmuster str (du solltest in der 3. Rd des Musters sein). MMs und **10/12/14/16/18 M** aus der rechten Seite der Fersenwand aufnehmen und rechts str. Die Fersen-M rechts str, dann die zuvor aus der Fersenwand aufgenommenen M rechts str. Damit bist du am Rd-Ende angekommen und hast alle M aufgenommen. Du solltest insgesamt **58/68/78/88/98 M** auf den Nd haben.

Weiter die Spickelabnahmen str und am Fußrücken das Waben- und Perlmuster fortsetzen (du solltest in der 4. Rd des Musters sein). Während der Spickelabnahmen am Fußrücken fortl die 8 Rd des Musters wdh.

Spickelabnahmen

1. Rd: Die ersten **24/28/32/36/40 M** weiter im Waben- und Perlmuster str, MM abh, 1 M rechts, ssk, rechte M bis 3 M vor Rd-Ende, 2 M rechts zusammen, 1 M rechts.
2. Rd: Ohne Abnahmen gerade hoch str.

Diese beiden Rd wdh, bis noch **48/56/64/72/80 M** auf den Nd liegen.

Fuß

Weiter die ersten **24/28/32/36/40 M** im Waben- und Perlmuster und die übrigen **24/28/32/36/40 M** glatt rechts (nur rechte M) str, bis der Fuß bis zur Spitze deines kleinen Zehs reicht. Falls du die Socken beim Str nicht gut anprobieren kannst oder sie ein Geschenk sein sollen, hilft dir die folg Tabelle beim Bestimmen der richtigen Länge (gemessen vom hinteren Ende der Ferse bis zum Ende der Spitze).

(Alle Größen sind europäische Schuhgrößen)
Kind: 15-19 cm
Damen Größe 34-37,5: 20,5-23 cm
Damen Größe 37,5-41: 23-25,5 cm
Damen Größe 41,5-44,5: 26-28 cm
Herren Größe 37,5-41: 23,5-25,5 cm
Herren Größe 41,5-44,5: 26-28 cm
Herren Größe 45-48: 28,5-30,5 cm

Bei einer Socke mit Käppchenferse musst du auch die Länge der Spitze berücksichtigen:

Kind: 3 cm
S: 4 cm
M: 4 cm
L: 4 cm
XL: 4,5 cm

Von deiner gewünschten Fußlänge (vom hinteren Ende der Ferse bis zum Ende der Spitze) ziehst du nun das Maß der Spitze ab. Beispiel: Meine gewünschte Fußlänge ist 23 cm. Ich ziehe die Länge meiner Spitze (4 cm) ab; es bleiben 19 cm, die ich bis zum Beginn der Abnahmen für die Spitze str muss.

Mit der Spitze kannst du nach jeder beliebigen Rd des Waben- und Perlmusters beginnen.

Spitze

Noch 1 Rd rechte M str, dann mit den Abnahmen für die Spitze beginnen:

1. Rd: 1 M rechts, ssk, **18/22/26/30/34 M** rechts, 2 M rechts zusammen, 1 M rechts, MMs, 1 M rechts, ssk, **18/22/26/30/34 M** rechts, 2 M rechts zusammen, 1 M rechts.
2. Rd: Alle M rechts str.

3. Rd: 1 M rechts, ssk, rechte M bis 3 M vor folg MM, 2 M rechts zusammen, 1 M rechts, MM abh, 1 M rechts, ssk, rechte M bis 3 M vor Rd-Ende, 2 M rechts zusammen, 1 M rechts.

Die 2. und 3. Rd wdh, bis noch **20/24/28/32/36 M** verbleiben.

Die Öffnung an der Spitze im M-Stich schließen (siehe Seite 33).

Fertigstellen

Alle Fäden vernähen und die Socken spannen (siehe Kapitel 4).

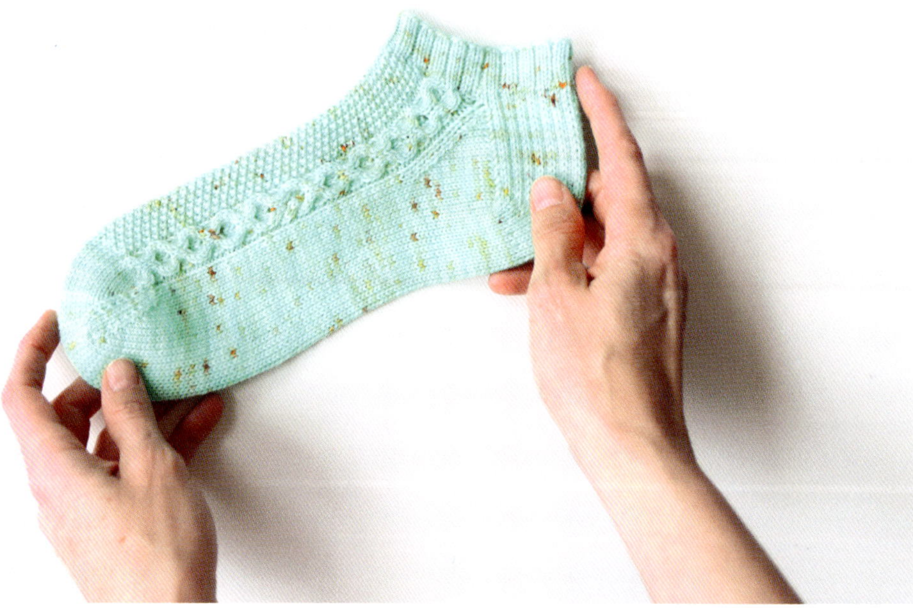

DANK

Als ich begann, davon zu träumen, einmal ein Buch zu veröffentlichen, war ich noch ein schlaksiges, ungelenkes Mädel in der Pampa von Oklahoma. Vielen Dank an Meredith Clark, die meinen Traum wahr werden ließ, als sie mich fragte, ob ich mit Abrams zusammenarbeiten wollte. Was für eine aufregende E-Mail das war!
An Shawna Mullen, die mir etwas Furcht einflößte, weil sie eine echte Verlegerin in einem echten New Yorker Buchverlag ist: Danke dafür, dass Sie sich einer Erstlingsautorin angenommen haben (und alles andere als furchteinflößend sind!). Ich denke, dass so etwas immer entweder genial oder schrecklich ist – dazwischen gibt es nichts. Sie haben mich geduldig begleitet und ermutigt (wunderbarerweise genau dann, wenn ich es am dringendsten brauchte).
Ein dickes Dankeschön an Lisa Silverman (Chefredaktion), Jenice Kim (Design) und das Team bei Abrams, die irgendwie aus meinen seltsamen Notizen zu meiner Vision dieses Buches schlau geworden sind. Das ist selbst mir nicht gelungen, und dabei habe ich sie doch geschrieben! Wie ihr es geschafft habt, aus diesem Unsinn so ein schönes Buch zu machen, in dem perfekt rüberkommt, wie ich bin, ist mir ein Rätsel.
Danke an Jessica Schwab für die exzellente technische Redaktion! Und für ihre Geduld, wenn ich regelmäßig stapelweise Anleitungen auf einmal bei ihr ablud.
Meine Familie verdient ein extra dickes Dankeschön. Mein Mann Dave – danke, dass du in den sechs Monaten meiner Arbeit an diesem Buch alles andere gemacht hast. (Wirklich alles – kochen, putzen, Steuererklärung, Hundekotze aufwischen, die Kids zur Schule fahren, die besten Kinofilme ausfindig machen und die besten Playlists abspielen, mit mir in die Buchhandlung gehen, wenn ich am Ende war, mir Kaffee kaufen, wenn ich total am Ende war, und gespannt zuhören, wenn ich dir Teile des Buches vorlas, von denen du nur Bahnhof verstandest, weil du nicht stricken kannst.) Aber vor allem danke dafür, dass du daran geglaubt hast, dass ich dieses Buch schreiben kann, und danke für deine geniale Krankenversicherung.
Meine Kinder Memphis und Sailor – danke für euer Verständnis, wenn ich keine Zeit hatte, weil ich an dem Buch arbeiten musste. Ich hoffe, die Tatsache, dass ich endlich alle Sperren an euren Handys aufgehoben habe, entschädigt euch dafür! Bitte kommuniziert jetzt nicht hemmungslos online mit wildfremden Leuten – ich möchte euch nicht aus einer Sekte in Florida befreien müssen.
Und danke an all meine Leser:innen, an alle, die mit mir das Sockenstricken gelernt haben, und an meine ganze Online-Community. Ohne euch wäre ich niemals hier!

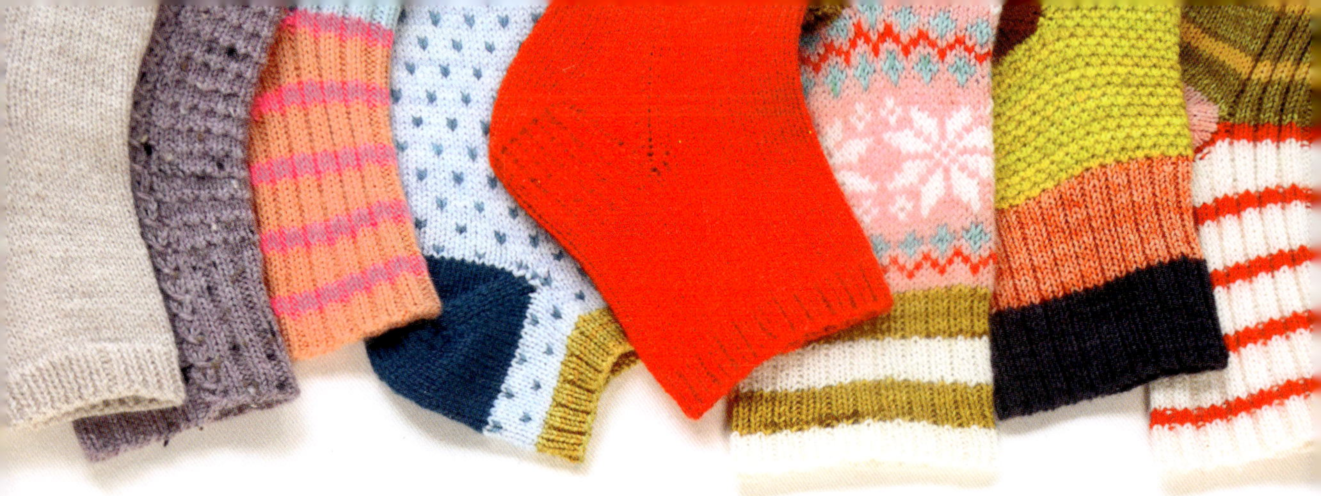

ÜBER DIE AUTORIN

Bevor das Sockenstricken ihr Leben bestimmte, arbeitete Summer Lee als politische Reporterin und Werbefotografin. Die in Oklahoma geborene stolze Angehörige des Muscogee-Creek-Volksstammes lässt sich von den Faben und der wilden, unberechenbaren Natur ihres Heimatstaates inspirieren. Sie lebt in Tulsa, Oklahoma, zusammen mit ihrem Mann, zwei Teenagern, einem Hund, der sie vergöttert, und noch einem Hund, der sie ohne triftigen Grund nicht leiden kann.

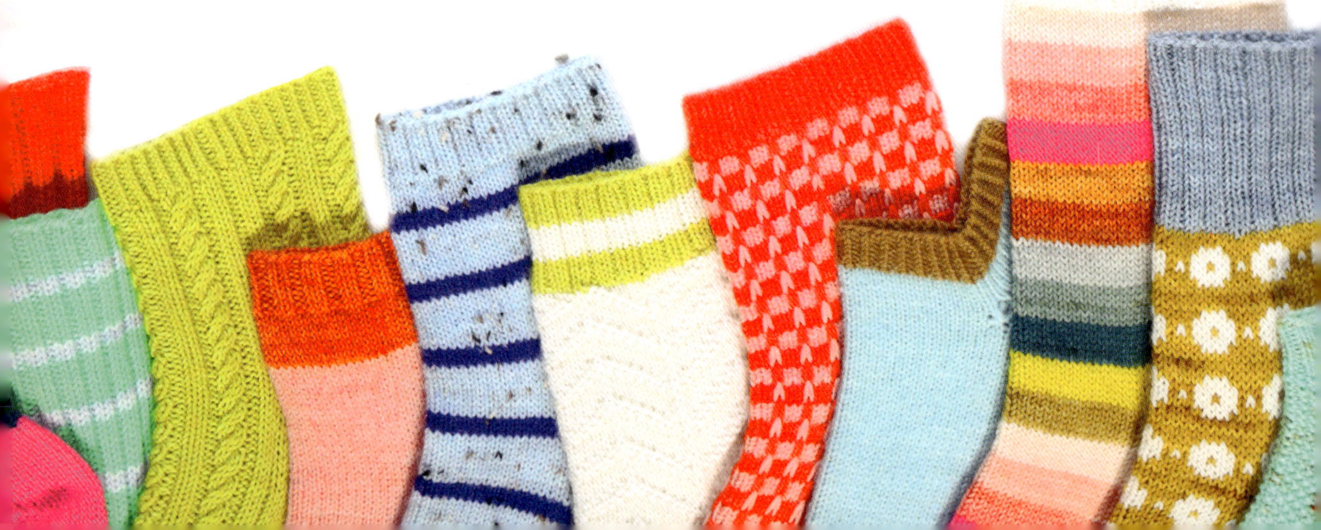